高等院校应用型规划教材——经济管理系列

# 市场调查与预测
## (第 2 版)

孟 雷 主 编
李宏伟 副主编

清华大学出版社
北京

## 内 容 简 介

本书以适应市场调查与市场预测教学及实践为宗旨,突出应用性和实践性,在编写内容上充分考虑了企业开展市场调查与预测的运作流程。全书共分为十章,主要内容包括市场调查概述、市场调查计划与组织、市场调查方式、市场调查方法、市场调查技术、市场调查资料的整理与分析、市场预测概述、判断分析预测法、时间序列分析预测法、回归分析预测法和马尔科夫预测法。

本书实例丰富,在编写的过程中,各章节都附有一定的应用案例,可用于帮助和指导学习者学习、理解相关的理论和知识,能够有效适应市场调查与市场预测的教学需要,可作为高等院校经济类专业、工商管理类专业、信息管理与信息系统专业和统计学专业等相关专业的市场调查与预测课程的教材或教学参考书,也可作为从事市场调查、市场预测、信息管理和市场研究等工作的广大实际工作者的参考书籍或培训用书。

本书封面贴有清华大学出版社防伪标签,无标签者不得销售。
版权所有,侵权必究。举报:010-62782989,beiqinquan@tup.tsinghua.edu.cn。

图书在版编目(CIP)数据

市场调查与预测/孟雷主编. —2版. —北京:清华大学出版社,2019(2022.1重印)
(高等院校应用型规划教材——经济管理系列)
ISBN 978-7-302-52159-4

Ⅰ.①市… Ⅱ.①孟… Ⅲ.①市场调查—高等学校—教材 ②市场预测—高等学校—教材 Ⅳ.①F713.52

中国版本图书馆 CIP 数据核字(2019)第 013864 号

责任编辑:陈冬梅　桑任松
封面设计:王红强
责任校对:王明明
责任印制:杨　艳

出版发行:清华大学出版社
　　　　网　　址:http://www.tup.com.cn, http://www.wqbook.com
　　　　地　　址:北京清华大学学研大厦A座　　邮　编:100084
　　　　社 总 机:010-62770175　　邮　购:010-62786544
　　　　投稿与读者服务:010-62776969, c-service@tup.tsinghua.edu.cn
　　　　质量反馈:010-62772015, zhiliang@tup.tsinghua.edu.cn
　　　　课件下载:http://www.tup.com.cn, 010-62791865
印 装 者:大厂回族自治县彩虹印刷有限公司
经　　销:全国新华书店
开　　本:185mm×260mm　　印　张:14.25　　字　数:350千字
版　　次:2012年1月第1版　2019年4月第2版　印　次:2022年1月第6次印刷
定　　价:45.00元

产品编号:072088-02

# 第 2 版前言

随着市场经济的不断发展，市场信息在企业经营管理决策中发挥着越来越重要的作用，同样，市场调查和预测工作也受到了企业的高度重视。"市场调查和预测"课程，作为市场营销专业的核心课程以及经管类专业的必修课程，也越来越受欢迎。为此，我们在参阅国内外大量资料的基础上，借鉴国内、外同行已有的研究成果，并结合编者多年的教学和实践经验编写了本书。

本书在广泛介绍现代市场调查和预测基础理论和基本技能、方法的基础上，力图把这些理论和方法与企业的营销管理实践紧密结合，本书具有如下特点。

(1) 内容充实，结构清晰。

在编写内容上充分考虑了企业开展市场调查和预测的运作流程，全书共分为十章。第一章是市场调查概述，概括介绍市场信息和市场调查的相关理论，第二章介绍市场调查的策划，第三章介绍市场调查方式，第四章介绍市场调查方法，第五章介绍市场调查技术，第六章介绍市场调查资料的整理与分析，第七章介绍市场预测概述，第八章介绍判断分析预测法，第九章介绍时间序列分析预测法，第十章介绍回归分析与马尔科夫预测法。

(2) 注重应用性、实践性。

"市场调查和预测"是一门应用性很强的课程，在编写的过程中，各章节都附有一定的应用案例，可用于帮助和指导学习者学习、理解相关的理论和知识，培养学习者形成对现实生活中周围企业市场调查的观察力、领悟力和敏感度，同时培养作为一名优秀的营销人员所必备的策划和分析能力，并引导学生在系统性思维的基础上，形成一定的发散思维、逆向思维以及创造性思维能力，最终提高学习者综合应用技能。

本书在第 1 版的基础上，对判断分析预测法进行了补充，对时间序列分析预测法进行了完善，各章增加了课堂训练、案例分析和综合应用分析等内容，体现了立足实践、应用为本的教学理念。

本书由渤海大学管理学院孟雷教授担任主编，渤海大学李宏伟担任副主编。具体编写分工如下：第一章至第六章由孟雷编写，第七章至第十章由李宏伟编写；全书由孟雷负责整体策划并统稿。

本书在编写过程中，吸取了国内外学术界和实业界众多专家和学者的研究成果，在此特向这些作者表示衷心感谢！有些未能一一列出，敬请谅解。

本书的写作得到了渤海大学管理学院李福学教授和孙晓红教授的大力支持，在此表示感谢！

尽管编者做了最大的努力，以保证本书的质量，但是由于水平和经验所限，若有错误和不当之处，敬请专家和学者批评指正。

编　者

# 第1版前言

随着市场经济的不断发展，市场信息在企业经营管理决策中发挥着越来越重要的作用，同时市场调查和预测工作也受到了企业的高度重视。"市场调查与预测"课程，作为市场营销专业的核心课程以及经管类专业的必修课程也越来越受欢迎。为此，我们在参阅国内外大量资料的基础上，借鉴国内外同行已有的研究成果，并结合编者多年的教学和实践经验编写了本书。

本书在广泛介绍现代市场调查和预测基础理论和基本技能、方法的基础上，力图把这些理论和方法与企业的营销管理实践紧密结合，本书具有如下特点。

### 1. 内容充实，结构清晰

在编写内容上充分考虑了企业开展市场调查与预测的运作流程，全书共分为十章。第一章为市场调查概述，概括介绍市场信息和市场调查的相关理论，第二章为市场调查计划与组织，第三章为市场调查方式，第四章为市场调查方法，第五章为市场调查技术，第六章为市场调查资料的整理与分析，第七章为市场调查预测概述，第八章为定性预测法，第九章为时间序列分析预测法，第十章为回归分析预测法和马尔科夫预测法。

### 2. 注重应用性和实践性

"市场调查与预测"是一门应用性很强的课程，在编写的过程中，各章节都附有一定的应用案例，可用于帮助和指导学习者学习、理解相关的理论和知识，培养学习者形成对现实生活中周围企业市场调查的观察力、领悟力和敏感度，同时培养作为一名优秀的营销人员所必备的策划和分析能力，并引导学生在系统性思维的基础上，形成一定的发散思维、逆向思维以及创造性思维能力，最终提高学习者综合应用技能。

本书由渤海大学管理学院孟雷教授担任主编，渤海大学李宏伟老师担任副主编。具体编写分工如下：第一章、第二章、第三章、第五章、第六章由孟雷编写；第四章由渤海大学管理学院研究生张美玲编写；第七章、第八章、第九章、第十章由李宏伟编写；全书由孟雷和李宏伟负责整体策划并统稿。

本书在编写过程中，吸取了国内外学术界和实业界众多专家和学者的研究成果，在此特向这些作者表示衷心感谢！有些未能一一列出，敬请谅解。本书的写作得到了渤海大学李福学教授和孙晓红教授的大力支持，清华大学出版社的编辑给予了极大的支持，在此一并感谢。

尽管编者做了最大的努力，以保证本书的质量，但由于水平和经验所限，难免有不当之处，敬请专家和学者批评指正。

编　者

# 目 录

## 第一章 市场调查概述 .................. 1

### 第一节 市场信息与市场调查 ............ 2
一、市场信息 .......................... 2
二、市场调查的含义 .................... 5
三、市场调查的类型 .................... 7

### 第二节 市场调查的内容 ................ 9
一、市场营销宏观环境调查 .............. 9
二、市场营销微观环境调研 ............. 11

### 第三节 市场调查的原则、要求与流程 ... 13
一、市场调查的原则 ................... 13
二、市场调查的要求 ................... 14
三、市场调查的步骤 ................... 16

思考与训练 ........................... 19
应用分析 ............................. 19

## 第二章 市场调查策划 ................. 21

### 第一节 市场调查计划的制订 ........... 24
一、确定调查目的 ..................... 24
二、确定调查对象和调查单位 ........... 24
三、确定调查项目 ..................... 25
四、制订调查提纲和调查表 ............. 26
五、确定调查方式和方法 ............... 26
六、确定调查地点 ..................... 27
七、确定调查时间和调查工作期限 ....... 27
八、确定调查资料整理和分析方法 ....... 27
九、确定提交调查报告的方式 ........... 27
十、制订调查的组织计划 ............... 28

### 第二节 市场调查的组织及实施 ......... 29
一、市场调查组织 ..................... 29
二、市场调查人员 ..................... 32

思考与训练 ........................... 35
应用分析 ............................. 35

## 第三章 市场调查方式 ................. 37

### 第一节 全面调查 ..................... 39
一、全面调查的含义与方式 ............. 39
二、全面调查的实施要点 ............... 40
三、全面调查的优点与局限性 ........... 41

### 第二节 重点调查与典型调查 ........... 41
一、重点调查 ......................... 41
二、典型调查 ......................... 42

### 第三节 抽样调查 ..................... 44
一、抽样调查 ......................... 44
二、随机抽样调查的类型 ............... 47
三、非随机抽样类型 ................... 53

思考与训练 ........................... 59
应用分析 ............................. 59

## 第四章 市场调查方法 ................. 63

### 第一节 文案调查法 ................... 64
一、文案调查法的含义与特点 ........... 64
二、文案调查的功能 ................... 65
三、文案调查法的局限性 ............... 66
四、文案调查法的基本要求 ............. 66
五、文案调查资料的来源 ............... 67
八、义案调查的方法 ................... 68

### 第二节 访问调查法 ................... 69
一、访问法的含义与类型 ............... 69
二、焦点小组访问法 ................... 74
三、深层访问法 ....................... 75

### 第三节 观察调查法 ................... 78
一、观察法的含义及特征 ............... 78
二、观察法的实施条件及优缺点 ......... 78
三、观察法的类型及应用 ............... 80

第四节　实验调查法 ................................. 83
　　一、实验法的含义及特征 ..................... 83
　　二、实验法的实施步骤 ......................... 84
　　三、实验法的优缺点 ............................. 84
　　四、实验法的常用方法 ......................... 85
思考与训练 ................................................. 87
应用分析 ..................................................... 88

## 第五章　市场调查技术 ........................... 89

第一节　测量技术 ..................................... 91
　　一、测量与量表 ..................................... 92
　　二、测量的基本技术 ............................. 93
第二节　问卷设计技术 ............................. 99
　　一、问卷设计含义与问卷的结构 ......... 99
　　二、问题的设计 ................................... 101
　　三、答案的设计 ................................... 104
　　四、问卷设计的原则与程序 ............... 108
思考与训练 ............................................... 110
应用分析 ................................................... 110

## 第六章　市场调查资料的整理与分析 ... 113

第一节　市场调查资料的审核 ............... 116
　　一、审核的意义与原则 ....................... 116
　　二、原始资料的审核 ........................... 117
　　三、现成资料的审核 ........................... 117
第二节　市场调查资料的整理 ............... 118
　　一、资料整理的意义和原则 ............... 118
　　二、分类或分组 ................................... 119
　　三、汇总 ............................................... 121
　　四、制表和绘图 ................................... 121
第三节　市场调查资料的分析 ............... 122
　　一、定量分析 ....................................... 122
　　二、定性分析 ....................................... 125
第四节　市场调查报告的撰写 ............... 127
　　一、市场调查报告的格式与内容 ....... 127
　　二、市场调查报告的撰写形式
　　　　与技巧 ........................................... 130
思考与训练 ............................................... 136
应用分析 ................................................... 136

## 第七章　市场预测概述 ........................... 139

第一节　市场预测的内涵 ....................... 141
　　一、市场预测的概念和特征 ............... 141
　　二、市场预测的意义 ........................... 143
　　三、市场调查与预测的关系 ............... 144
第二节　市场预测的内容和种类 ........... 144
　　一、市场预测的内容 ........................... 144
　　二、市场预测的种类 ........................... 147
第三节　市场预测的方法与步骤 ........... 149
　　一、预测方法 ....................................... 149
　　二、预测步骤 ....................................... 152
第四节　市场预测的原理和要求 ........... 154
　　一、市场预测的原理 ........................... 154
　　二、市场预测的要求 ........................... 156
思考与训练 ............................................... 157
应用分析 ................................................... 157

## 第八章　判断分析预测法 ....................... 159

第一节　经验判断分析法 ....................... 160
　　一、集合意见预测法 ........................... 160
　　二、德尔菲法 ....................................... 163
　　三、类推预测法 ................................... 165
第二节　指标判断分析法 ....................... 166
　　一、市场景气指标预测法 ................... 166
　　二、转导法 ........................................... 168
　　三、联测法 ........................................... 169
　　四、购买力区域指数法 ....................... 170
第三节　其他判断分析法 ....................... 172
　　一、市场测试法 ................................... 172
　　二、市场因子推演法 ........................... 173

思考与训练 ................................. 173
应用分析 ................................. 174

## 第九章 时间序列分析预测法 ................. 175

### 第一节 时间序列预测法概述 ................. 176
一、时间序列数据与时间序列
　　预测法 ................................. 177
二、时间序列预测法的主要步骤 ......... 178

### 第二节 移动平均预测法和指数平滑
　　预测法 ................................. 178
一、移动平均预测法 ..................... 178
二、指数平滑预测法 ..................... 183

### 第三节 趋势曲线模型预测法 ............... 186
一、直线趋势模型预测法 ............... 186
二、二次抛物线趋势模型预测法 ....... 188
三、指数曲线趋势模型预测法 ......... 189
四、修正指数曲线趋势模型
　　预测法 ............................... 191
五、龚柏兹曲线趋势模型预测法 ....... 192
六、逻辑斯谛曲线趋势模型
　　预测法 ............................... 194

### 第四节 季节变动预测法 ..................... 196
一、无趋势变动的季节模型 ............. 197
二、含趋势变动的季节模型 ............. 199
思考与训练 ................................. 205
应用分析 ................................. 206

## 第十章 回归分析预测法与马尔科夫
　　预测法 ................................. 209

### 第一节 回归分析预测法 ..................... 210
一、回归分析预测法的概念
　　与步骤 ............................... 211
二、回归分析预测法的类型 ............. 212
三、一元线性回归分析预测模型
　　与应用 ............................... 212

### 第二节 马尔科夫预测法 ..................... 215
一、马尔科夫预测法基本原理 ......... 215
二、马尔科夫预测模型及其应用 ..... 216
思考与训练 ................................. 217
应用分析 ................................. 218

## 参考文献 ................................. 219

# 第一章

## 市场调查概述

**本章要点及学习指导**

本章重点掌握市场调查的基本理论,主要包括市场信息的特征与种类,市场调查的内涵、类型,以及市场调查的内容、原则要求与流程。通过对本章内容的学习,学习者要认识市场调查的重要性,并在此基础上准确确定市场调查的内容,提高市场调查的效率。

引导案例：

### 通过在线客户行为和态度研究 (U&A) 提升店铺转化率

哈根达斯在同类企业中率先开展了电子商务。作为第一批开通天猫商城官方旗舰店的国际知名企业之一，他们在天猫商城的运营过程中也遇到不少问题。店铺开张之初，引来了大批的流量，但是实际的转化率却不高。

通过初步的用户调查，哈根达斯发现，绝大部分访客对哈根达斯的品牌都非常喜爱，并且很多都是慕名而来，为的就是看看哈根达斯的天猫旗舰店，每日的 UV(独立访客)甚至超过了 10 000，但实际的转化率并不理想，于是他们展开了客户行为和态度的研究(U&A)。

通过在线调查，哈根达斯发现，页面中大量使用了二维码，而对于消费者，没有做到充足的解释，导致消费者迷惑是转化率低的罪魁祸首。由于冰激凌并不便于通过常规渠道运送，故哈根达斯采取了二维码的形式来发货，通过彩信或者邮件的形式，将二维码发送至访客的手机，访客凭借手机中的二维码到实体店中兑换冰激凌。虽然这从一定程度上给访客带来了便利，但由于缺乏充分的沟通和说明，引起了消费者的困惑，这是导致店铺转化率低下的主要原因，其次是价格和优惠活动问题，这是影响用户转化和决策的重要因素。

根据调查结果，哈根达斯制订了针对性的解决方案：第一，店铺首页增加详细的二维码说明；第二，开展仅限网购的促销活动；第三，突出二维码购物"送亲友"概念。改进后，哈根达斯旗舰店转化率提升了 0.3%（店铺每天 UV ≥ 10 000）。

(资料来源：http://www.diaoyanbao.com/success-stories-haagendazs-tmall-flagship-store)

问题探究：

哈根达斯开展的市场调查有什么特点？

市场调查是企业营销活动的起点，通过市场调查收集相关的市场信息，企业可以从中发现更多的市场机会，避免环境威胁，充分利用企业自身的优势，制订有效的营销战略和策略。

# 第一节　市场信息与市场调查

## 一、市场信息

开展市场调查，就是要通过各种方式和途径收集相关的市场信息。

市场信息是指被人们传递、接收、理解了的有关市场经济活动的各种消息、情报、数据和资料的总称。

就性质而言，市场信息是对市场运行过程与状况的客观描述，是对经济事物运行变化状态及其相互关系的现实反映。在形式上，市场信息一般通过新闻、报道、报告、通告、法令、政策、指示、广告、报表、文件、书信、合同、语言和图像等表现出来。

## (一)市场信息的特征

市场信息既具有一般信息所共有的基本特性，也具有与一般信息不同的特性。总的来看，市场信息主要有以下特征。

### 1．市场信息的复杂性和多样性

当前社会正处于一个信息时代，日常生活中我们所见到的、所听到的几乎都是市场信息。可以说，市场信息无处不在、无时不有。随着市场范围的日趋扩大，市场主体的不断增多，交易规模的逐渐壮大，市场信息也日益复杂和多样。从内容和形式上来看，既有过去的信息，又有各种现时和未来的信息；既有企业内部的各种信息，又有企业外部的各种信息；既有各种微观信息，又有各种宏观信息；既有报告、新闻、文件形式的信息，又有语言、文字、图像等形式的信息。

### 2．市场信息的可获取性和可加工性

市场上每时每刻都在产生着各式各样的信息，市场信息既可以识别，也可以获取。其获取的方式，既可以通过实地调查收集第一手资料，也可以查阅现成的第二手资料。在获取市场信息的过程中，针对大量的原始记录和原始数据，获取者可以根据自己的特定需求，对其进行加工处理。加工后的信息，内容上并没有改变，但是表达的形式和角度不同，使其能更好地满足于特定的使用要求和目的。

### 3．市场信息的有序性和可传递性

市场信息虽然复杂多样，但并不是杂乱无章、无规律可循。一定的市场信息总是产生于一定的市场主体、一定的市场范围、一定的业务领域和一定的时间。一定的市场信息既是过去市场信息的发展与延续，又预示着未来的发展变化趋势。人们通过广泛系统地收集有关信息，可以了解市场的运行状况及变化动态，为进行科学的预测和管理决策提供可靠的依据。同时，市场信息一经生成只有经过传递，才能为接收者接收，从而发挥其作用。随着通信技术与传播手段的发展，借助先进的传递工具和渠道，各种市场信息可以在更广阔的空间范围内传递，更好地发挥其价值。

### 4．市场信息的有用性和时效性

市场信息既产生于企业、消费者和政府的经济活动之中，又服务于各种经济活动，在企业、消费者和政府的经济决策中发挥着导向作用。同时，市场信息无时无刻不在发生变化，但是特定的市场信息只能适用于特定的时期，人们既不能用过去的市场信息替代现在的市场信息，也不能用现在的市场信息替代未来的市场信息。各种市场信息，一旦过时就

毫无价值。

**【课堂讨论】**

举例说明生活中常见的市场信息有哪些？发挥着什么作用？

## (二)市场信息的种类

市场信息的内容极其庞杂，可从不同的角度对市场信息进行分类。

**1. 从市场信息产生的时间来看，可将市场信息分为历史信息、当前信息和预测信息**

历史信息是反映已经发生的市场运行现象与过程的信息，是企业、消费者和政府以前市场经济活动所产生的各种信息。例如，前几年企业产品的产销量、企业的利润额、各地居民的收入支出状况等，它们基本以文献资料的形式保存下来。

当前信息是反映正在发生的市场运行现象与过程的信息，是企业、消费者和政府正在进行的市场经济活动所产生的各种信息。例如，政府正在实施的某项政策或法规、企业目前所生产的产品种类、居民的现实收入情况、目前市场上竞争者的数目等，它们基本以即期新闻、公告、行业调查报告等形式发布出来。

预测信息是指揭示市场未来变动趋势的信息，是企业、消费者和政府未来经济活动中可能产生的各种信息。例如，某行业发展趋势分析报告、消费者未来所能达到的收入水平、未来市场某种产品的需求等，它们通常以各种规划和预测趋势报告的形式体现出来。

**2. 从信息的产生过程来看，可将市场信息分为原始信息和加工信息**

原始信息是指未被加工过的信息，客观而又直接地反映了事物的真实情况。原始信息包括的范围很广泛，有企业生产、销售、资金周转等方面所做的原始凭证、单据以及记载各种原始数据的资料。如市场调查中得到的各种问卷资料、数据。原始信息可以反复利用，并且可以从各个角度进行分析，供企业进行营销决策和评估营销效果之用。

加工信息是指人们按照一定的目标和要求对原始信息进行分类、汇总、整理、检索等处理后的信息。如市场调查后的汇总报表、统计资料、信息索引等。加工信息是经过人类的大脑直接或间接劳动后的产物，或多或少地增加了主观成分，所以，加工信息处理时要尊重客观事实，运用科学的方法和手段。科学合理的信息处理所形成的加工信息，对于市场营销者具有很强的适用性和很高的参考价值。

**3. 从信息来源来看，可将市场信息分为内部信息和外部信息**

内部信息是指来自企业内部生产经营过程和管理控制活动的信息，如企业的成本、利润、销售量、利润率、销售增长率、市场占有率、劳动生产率、投资收益率、产品产销率等，一般以计划、会计、统计报表、财务分析、经营报告等数据和资料反映出来。

外部信息是指来自于企业以外的环境系统的信息，包括国家的政策、法规，经济运行情况,市场供求状况,同业竞争情况,消费发展趋势等信息,通常由政府部门、金融机构、经济信息机构、行业组织、新闻媒体机构以公告、报告、新闻等各种形式进行发布。

**4. 从市场信息的特征来看,可将市场信息分为定性信息和定量信息**

定性信息是指那些非计量形式的、市场上各种客观事物的表征。定性市场信息反映了市场上各种事物及其发展趋势的质的规定性。例如,"市场上某种商品供不应求""某企业生产的产品在市场上很畅销"等。

定量信息是指那些计量形式的、市场上各种客观事物的表征。定量市场信息反映市场上各种事物及其发展趋势的量的规定性。例如,"市场上某种商品市场占有率提高了10%""某年企业年销售利润增加了600万元"等。

【知识拓展】

### 市场研究

市场研究是通过市场调查和市场预测收集商品从生产经营者转移到消费者过程中市场活动发展变化的市场信息,据以综合研究系统分析,向企业经营管理者提供有价值的决策依据,实现正确决策的一种信息组织活动。具有描述、诊断和预测三种功能。

## 二、市场调查的含义

调查就是了解情况,认识客观事物,它是一种社会实践活动。市场是企业市场营销活动的一个重要组成部分,从微观的企业市场营销角度来考虑,传统观念上的市场调查,就是对消费者的调查,包括对用户或消费者个人购买和使用产品的情况进行调查。其主要任务就是对企业目标市场购买产品与服务的事实、意见、动机、购买方式、满意度等方面的市场情报进行收集和整理分析,以便为企业更好地满足顾客需要提供依据。现代观念上的市场调查,不仅包括对消费者进行的调查,还包括对企业的营销环境和营销活动状况的调研,如对经济形势、政策法律的调查;对企业的产品策略、价格策略、分销策略以及各种促销策略及效果的调研。其调查领域涵盖了一切与调研主体的营销活动有关的所有市场营销信息。

概括地说,市场调查是企业为了探讨商品可能的销售数量和达成的途径,对商品或劳务在从生产者到达消费者的过程中所发生的有关市场营销问题的资料进行系统的设计、收集、整理和分析,从而把握目标市场的变化规律,为营销决策提供可靠依据的调查研究活动。理解这一概念的内涵,必须注意以下几个方面的特征。

**1. 市场调查是企业的一种有目的的活动**

市场调查是各类企业为解决市场营销问题,为营销决策提供依据而开展的活动。这一特征说明,市场调查本身不是目的,它是服从和服务于企业的市场营销活动的,并且是营销活动不可缺少的一个有机组成部分。

2. 市场调查是一个系统的过程

市场调查不是单个资料记录、整理或分析的活动,而是一个经过周密策划、精心组织、科学实施的,由一系列工作环节、步骤、活动和成果组成的过程。这一特征充分说明,市场调查是一项比较复杂的工作,需要有科学的理论和方法对其进行指导,同时也需要进行科学的组织和管理。

3. 市场调查包含多项活动

市场调查包含着对市场信息的判断、收集、记录、整理、分析、研究和传播等多项活动。这些活动对企业的营销调研策划工作都是必不可少的,它们互相联系、互相依存,共同组成市场调查的完整过程。

从本质上讲,市场调查是一项市场信息收集和处理工作。它运用一定的技术、方法和手段,遵循一定的程序,收集加工市场信息,为决策提供依据。它应包含信息工作中的确定信息需求、信息处理、信息管理和信息提供的全部职能。

【知识拓展】

### 市场调查的作用

在现代市场经济条件下,市场调查在以下几方面发挥作用:能为市场预测和管理决策提供信息;有利于提高企业经济效益;有利于提高企业竞争能力;能促进产品更新换代;能增进宏观经济对企业的调控能力。

【案例分析1-1】

### 美国礼维公司的市场调查

以生产牛仔裤闻名世界的美国礼维公司,从20世纪40年代末期的累计销售额800万美元,到80年代的20亿美元,40年时间增长250倍,得益于他们的分类市场调查。公司设有专门机构负责市场调查,在调查时应用心理学、统计学等知识和手段,按国别分析消费者的心理和经济情况的变化、环境的影响、市场竞争条件和时尚趋势等,并据此制订出销售、生产计划。1974年公司对联邦德国市场的调查表明,多数顾客首先要求合身,公司随即派人到该国各地的学校和工厂进行合身测验,一种颜色的裤子就定出45种尺寸,因而扩大了销路。公司根据市场调查,了解到美国青年喜欢合身、耐穿、价廉、时髦的服装,就把合身、耐穿、价廉、时髦作为生产产品的主要目标,故而产品长期打入了美国青年人的市场。近年来,在市场调查中,公司了解到许多美国女青年喜欢穿男裤,公司经过精心设计,推出了适合妇女需要的牛仔裤和便装裤,使妇女服装的销售额不断上升。因此,虽然在美国及国际服装市场上竞争相当激烈,但礼维公司靠分类市场调查,他们制订的生产与销售计划同市场上的实际销售量只差1%～3%。

(资料来源：http://www.china-b.com/jyzy/scyx/20090302/479897_1.html)

结合以上案例，请分析市场调查在企业经营中发挥什么样的作用？

## 三、市场调查的类型

### (一)按照调查的目的和功能分类

市场调查按照调查的目的和功能划分，可以分为探索性调查、描述性调查、因果性调查和预测性调查。

#### 1. 探索性调查

探索性调查是为了发现问题而进行的一种初步的定性调查，是为了使问题更明确而进行的小规模调查活动。这种调查特别有助于把一个大而模糊的问题表达为小而准确的子问题，并识别出需要进一步调研的信息。例如，某公司的市场份额上一季度下降了，公司无法一一查明原因，就可以用探索性调查来发掘问题：是经济衰退的影响？是促销工作不力？是销售代理效率低？还是消费者的习惯改变了？等等。这就要在探索性调查中发掘关键原因所在，然后再进行深入具体的调查。探索性调查利用现成资料或请有关专家咨询等一些简单的方法进行，以求迅速发现关键问题。总之，探索性调查具有灵活性的特点，适合于调查那些我们知之甚少的问题。探索性调查要解决"做什么"的问题。

#### 2. 描述性调查

描述性调查是寻求对"谁""什么事情""什么时候""什么地点"这样一些问题的回答。它要描述哪些因素有相关关系，而不追究何是因、何是果。这种调查一般要对资料进行收集、记录、整理和分析，并对问题的性质、形式、存在、变化等具体情况作出现象和本质性的描述。它可以描述不同消费者群体在需要、态度、行为等方面的差异。描述的结果，尽管不能对"为什么"作出回答，但也可用作解决营销问题所需的全部信息。例如，某商店了解到该店73%的顾客主要是年龄在22～35岁之间的妇女，并经常带着家人、朋友一起来购物。这种描述性调查提供了重要的决策信息，使商店重视直接向妇女开展促销活动。描述性调查要解决"是什么"的问题。

【知识拓展】

| 描述性调查的应用 |
| --- |
| 在开展描述性调查时，一定要明确6W，即对象(who)、内容(what)、时间(when)、地点(where)、目的(why)和方法(way)。 |

### 3. 因果性调查

因果性调查是调查一个因素的改变是否引起另一个因素改变的研究活动，目的是识别变量之间的因果关系，如预期价格、包装及广告费用等对销售额的影响。这项工作要求调研人员对所研究的课题有一定程度的认识，能够判断一种情况出现了，另一种情况会接着发生，并能说明其原因所在。因果性调查要解决的是"为什么"的问题。

### 4. 预测性调查

预测性调查为了预测未来一定时期内某一营销因素的变动趋势及其对企业市场营销活动的影响而进行的市场调查，如服装市场需求趋势调查、某产品市场需求量调查等。

## (二)按照调查的方式分类

市场调查按照调查方式划分，可以分为普查、抽样调查、重点调查、典型调查等类型。

### 1. 普查

普查是对调查对象的全部单位无一例外地逐个进行的调查，是一种专门组织的一次性的全面调查，如我国国家统计局组织的人口普查就是对全国的每个人都进行的调查。

### 2. 抽样调查

抽样调查是一种非全面调查，它是从全部调查研究对象中抽选一部分单位进行调查，并据以对全部调查研究对象作出估计和推断的一种调查方法。在市场调查中，抽样调查方法是应用最广泛的一种调查方法。

### 3. 重点调查

重点调查是一种为了解社会经济现象的基本情况而组织的非全面调查。它是从所要调查的全部单位中选择一部分重点单位进行调查，借以从数量上说明总体的基本情况。重点单位是指这些单位在全部总体中虽然数目不多、所占比例不大，但就调查的标志值来说却在总量中占很大的比例。通过对这部分重点单位的调查，可以从数量上说明整个总体在该标志总量方面的基本情况。

### 4. 典型调查

典型调查也是一种非全面调查，它是从众多的调查研究对象中有意识地选择若干个具有代表性的典型单位进行深入、周密、系统的调查研究，以达到了解总体的特征和本质的方法。进行典型调查的主要目的不在于取得社会经济现象的总体数值，而在于了解与有关数字相关的具体情况。典型调查适用于调查总体同质性比较大的情形。

### (三) 按照市场调查的方法分类

市场调查按照调查方法划分，可分为文案调查法和实地调查法。

#### 1. 文案调查法

文案调查法又称间接调查法，是利用企业内部和外部现有的各种信息、情报资料，对调查内容进行分析研究的一种调查方法。

#### 2. 实地调查法

实地调查法又称直接调查法，是研究者直接参与调查活动，亲自收集资料，并对调查内容进行分析研究的一种调查研究方法。实地调查法主要包括访问法、观察法和实验法等。

## 第二节　市场调查的内容

### 一、市场营销宏观环境调查

#### 1. 人口环境调查

人口因素对市场需求总量与市场需求结构的影响是十分明显的。人口环境调查的具体内容有以下几个方面。

(1) 人口总量及增长率。

(2) 人口地理分布。

(3) 人口结构，如民族构成、年龄构成、性别构成等。

(4) 家庭数量及构成。

#### 2. 经济环境调查

经济环境直接影响市场购买力，进而影响市场供需状况，经济环境调查主要涉及以下几个方面。

(1) 当前及未来一个阶段的全球(区域、国家或地区)经济形势，经济发展阶段及发展趋势。

(2) 一个国家(或地区)的能源和资源状况、交通运输条件、经济增长速度及趋势、产业结构、国民生产总值、通货膨胀率、失业率以及农、轻、重比例关系等。

(3) 一个国家(或地区)的国民收入、消费水平、消费结构、价格水平和物价指数等。

#### 3. 政治环境调查

政治环境调查主要是了解对市场影响和制约的国内外政治形势以及相关的方针政策，其稳定程度会影响企业投资及经营风险。对于国际市场，由于国别不同，情况就复杂得多，主要可以从以下几个方面进行调查。

(1) 政治制度、对外政策，以及政权更迭和政治趋势。

(2) 国家或地区之间的政治关系。

(3) 政治和社会动乱，如罢工、暴乱、战争等社会动乱发生的概率及影响。

(4) 国有化政策，了解各国对外国投资的政策等。

### 4．法律环境调查

企业营销活动必须严格遵守各国、各地的法律法规，为此需要关注以下几个方面。

(1) 与企业经营直接相关的法律法规，如经济合同法、商标法、专利法、广告法、环境保护法等多种经济法规和条例，这些都对企业营销活动产生了重要的影响。

(2) 对外贸易方面的法律法规，如对外贸易法、货物进出口管理条例、海关法、反倾销法等，企业进入国际市场时必须事先了解。

### 5．科技环境调查

科学技术是第一生产力，企业产品科技含量的多少直接影响产品的市场竞争力，为此企业需要做好科技环境的调查。

(1) 及时了解新技术、新材料、新产品、新能源的状况，国内外科技总的发展水平和发展趋势。

(2) 本企业所涉及的技术领域的发展情况、专业渗透范围、产品技术质量检验指标和技术标准等。

### 6．自然环境调查

各个国家和地区由于地理位置不同，气候和其他自然环境也有很大的差异，自然环境的发展变化会给企业的发展带来市场机会或环境威胁。为此企业需要调查营销环境的以下因素。

(1) 各地的地形、地貌、气候的特点。

(2) 各地的自然资源状况及发展变化趋势。

(3) 环境污染及保护情况。

### 7．社会文化环境调查

社会文化环境在很大程度上决定着人们的价值观念和购买行为，它影响着消费者购买产品的动机、种类、时间、方式及地点，经营活动必须适应所涉及国家(或地区)的文化和传统习惯，才能为当地消费者所接受。社会环境调查主要包括以下几个方面。

(1) 目标市场的语言文字状况、宗教信仰、价值观、审美观、风俗习惯和受教育程度等。

(2) 流行时尚和消费流行趋势。

## 二、市场营销微观环境调研

### 1．消费者调查

满足消费者的需求是企业生产和经营的中心任务。消费者调查的目的在于使企业掌握消费者的购买心理、购买动机和购买习惯等，以便正确选择目标市场，制订正确的营销策略。消费者调查的具体内容包括以下几个方面。

(1) 消费者不同群体的需求差别，如不同年龄、性别、职业、民族、文化程度的人们需求上的差别。

(2) 现有消费者和潜在消费者的数量及地区分布状况等。

(3) 消费者的个人收入和家庭平均收入水平、购买力的大小和购买商品的数量等。

(4) 消费者的购买动机、购买习惯和购买行为等。

(5) 消费者对产品的购后评价，诸如产品的使用性能、价格、售后服务等方面是否满意，这是重要的市场信息反馈。

### 2．市场竞争状况调查

市场竞争的调查，就是了解本企业在市场上所处的地位，以便不断提高本企业在市场上的优势。市场竞争状况调查包括以下几个方面。

(1) 竞争单位的情况，包括竞争单位数和企业名称、竞争单位的生产能力、生产方式、技术水平、销售量及销售的地区和市场、销售价格及价格策略、销售推广策略、销售渠道以及其他竞争策略和手段、竞争单位所处的地理位置、运输条件、外贸状况、新产品开发状况和企业特长等。

(2) 竞争产品的情况，包括产品的质量、性能、用途、规格、式样、包装和价格等。

(3) 本企业和竞争企业的市场占有率和市场覆盖率。

### 3．产品调查

企业进行产品调查的目的是为了向市场提供适销对路的产品，提高产品的竞争能力。具体调查的内容包括以下几点。

(1) 消费者对本企业新、老产品的评价、意见和要求，如对产品质量、性能等方面是否满意。

(2) 消费者对本企业产品需求的发展变化。

(3) 产品的包装是否美观、轻便、安全和方便运输。

(4) 产品的服务顾客是否满意，如何改进。

(5) 产品处在生命周期的哪一阶段，何时淘汰老产品、推出新产品。

(6) 产品的销售额、销售量、利润率及市场占有率的历史资料。

### 4．价格调查

价格的高低直接影响产品在市场上的销售状况，通过价格调查可以使企业掌握市场上同类商品的定价状况，为企业合理确定价格提供依据。企业进行价格调查的内容包括以下几点。

(1) 消费者对本企业产品价格的认可程度。

(2) 消费者对产品价格变动的反应。

(3) 产品最适宜的售价是多少？

(4) 新产品如何定价？老产品如何调价？

### 5．销售渠道调查

渠道是企业产品销售的途径，对于企业来说至关重要，目前可供选择的销售渠道有很多，既可以选择直接渠道，也可以选择间接渠道，但对于大多数消费品，更多的是选择利用中间商来分销。为了选好中间商，有必要了解以下几个方面的情况。

(1) 企业现有销售渠道能否满足销售商品的需要？

(2) 企业是否有通畅的销售渠道？如果不通畅，阻塞的原因是什么？

(3) 销售渠道中各个环节的商品库存是否合理？能否满足随时供应市场的需要？有无积压或脱销现象？

(4) 销售渠道中的每一个环节对商品销售提供哪些支持？能否为销售提供技术服务或开展推销活动？

(5) 市场上是否存在经销某种或某类商品的权威性机构？如果存在，他们促销的商品目前在市场上所占的份额是多少？

(6) 市场上经销本商品的主要中间商，对经销本商品有何要求？

通过上述调查，有助于企业评价和选择中间商，开辟合理的、效益最佳的销售渠道。

### 6．促销调查

企业常用的促销手段有人员推销、广告、销售促进、公关宣传等。每种促销手段各有利弊，在不同的阶段，其促销效果各不相同。促销调查的内容包括以下几点。

(1) 采用人员推销的效果如何？其为企业带来的销售业绩是否有所增加？

(2) 消费者对不同广告媒体的评价，广告能否引起消费者对企业及产品的注意？

(3) 销售促进的销售效果如何？采用哪种手段销售更好？

(4) 公关宣传的销售效果如何？企业形象是否有所提升？

【课堂训练】

请列出大学生网络购物状况调查的内容。

## 第三节　市场调查的原则、要求与流程

### 一、市场调查的原则

市场调查要遵循以下几个原则。

**1. 先易后难原则**

市场调查的一项核心工作就是市场信息资料的收集。在进行市场调查之前，调查人员必须先了解可以从哪些渠道得到需要的资料，尽量避免不必要的、重复的实地调查，以节约调查时间和费用。调查人员必须综合考虑调查目的、调查要求、调查费用和调查时间等因素，遵循"先易后难、由内到外"的原则，逐步开展信息资料的收集工作。

"先易后难"是指市场调查过程中要先收集汇总那些比较容易得到的历史资料和公开发表的现成资料，对那些较难得到的资料或需要实地调查的原始资料，只能在现有资料不足以说明情况时才去收集，以作为必要的补充。

"由内到外"是指先从本单位的内部资料着手，然后再到外部去收集相关信息，这样才能做到速度快、费用省。

**2. 实事求是原则**

实事求是就是从客观存在的实际情况出发，在正确的理论指导下，进行科学的分析研究，从现实事物本身得出其发展的客观规律性，并用于指导行动。市场调查要把收集到的资料、情报和信息进行筛选、整理和分析，为企业的营销决策与营销活动提供依据。所以，市场调查工作必须坚持实事求是原则，防止任何的偏见和主观臆断性，保证通过调研所获得的各类信息具有真实性，这样才能得出符合实际的正确结论，从而正确地指导企业的营销活动。坚持实事求是原则，首先必须在思想上提高认识。其次，必须在制订方案、实施调研与预测、信息处理和分析研究的整个过程中，始终坚持从实际出发，如实反映客观实际情况，以客观存在的事实为依据，反对弄虚作假、谎报虚报数字等错误做法。

**3. 系统性原则**

企业的营销活动不是孤立的行为，而是与社会方方面面有着千丝万缕的联系，这些因素与企业的营销活动之间存在着相互作用、相互制约的关系。因此，企业在进行市场调查时应全面收集有关企业生产经营的信息资料，综合考虑各种因素，遵循系统性原则。具体地说，在开展市场调查时，分析问题应从整体出发，处理好整体与局部之间的关系；要全面地考虑问题，注意工作的各个环节、问题的各个方面；既要了解企业生产经营的实际，又要了解竞争对手的有关情况；既要认识到企业内部资源和能力对经营的影响，也要调查社会环境各方面对企业和消费者的影响。

同时也要认识到各种市场现象之间总是存在着一定的因果关系，人们可以从已知的原因推断未知的结果。一般来说，原因在前，结果在后，但有时原因与结果同时产生。市场调查的目的在于了解和掌握各种市场及其影响因素的状况与发展趋势。因此，在市场调研时，要对市场现象的因果关系进行具体、深入、全面的分析，正确把握主要原因与次要原因、必然趋势和偶然趋势，从而采用正确的因果分析方法使调查的结果更为准确。

### 4．动态性原则

任何事物都不是一成不变的，总有其过去、现在和未来。这种发展变化也有一定的规律可循。市场总是处在不断的发展变化之中，而且随着整个社会的发展，这种变化的速度在不断加快。坚持动态性原则，就是在市场调查中要树立动态的观念，坚持以发展的眼光而不是静止地看待市场及其影响因素，既要分析事物的历史和现状，又要研究其未来的发展变化趋势。资料收集时应注意关注事物发展的动态，并及时补充最新的信息，以做出更切合实际的结论。

### 5．科学性原则

坚持科学性原则，就是按客观规律办事。客观规律是可以认识的，人们通过"实践—认识—再实践—再认识"的过程，就可以揭示客观事物的发展变化规律。在市场调查中遵循科学性原则，首先，要树立现代信息观念，明确市场信息对市场营销活动的重要意义，认识科学的市场调查的重要性，坚持在市场调查的全过程中实事求是。其次，要有严格的规章制度，不但要明确营销调研人员的职责，还要有严格的检查、考核、奖惩方面的规章制度；不但要有处理分析业务工作的规则、程序，还要有明确的质量、时间、保密等方面的要求和规定。规章制度除了要求完备以外，一旦制定，还必须严格执行。再次，要有科学合理的标准。信息工作是一项技术性、科学性很强的工作，如果没有科学合理的标准，最终形成的信息将失去应有的价值，甚至给使用者造成危害。为此，必须根据市场调查工作的不同类别、不同特点、不同要求，确定相应的工作标准。最后，还必须采用科学合理的市场调研方法、程序和技术。总之，市场调查是一项繁琐、复杂的工作，有了严格的制度、科学合理的标准，还必须有科学、认真、高效的工作态度，只有这样才能保证市场调查工作的高质和高效。

## 二、市场调查的要求

市场调查的要求具有准确性、及时性、全面性、适用性、经济性。具体说明如下。

### 1．准确性

准确性是指在市场调查过程中，对信息的收集、加工、整理、分析和提供必须做到真实、精确。真实是定性的要求，即收集、处理、分析和提供的市场信息资料必须是真正反映客观实际的,而不是虚假瞒报的。精确是定量的要求,即收集、处理、分析和提供的市场信息资料应尽量减少其误差和模糊度。

准确是信息工作的生命,市场信息的收集、处理、分析和提供都必须准确。因为市场调查活动对各种信息资料的收集、处理、分析和提供是为企业的营销预测和管理决策提供依据,只有提供的信息资料是准确的,才会得出可靠的预测、作出正确的决策和采取有效的行动。

### 2．及时性

及时性是指在市场调查的过程中要强调时间性,尽量提高其速度。营销调研必须及时,首先是因为市场信息都有一定的时效性。在一定的时间内使用信息资料的效果最大,超过一定的时间段,使用效果将大打折扣,有的甚至无效。其次是因为在现代社会经济条件下,市场形势和营销环境的变化十分迅速,它在客观上要求信息资料的处理与分析与之同步。再次是因为企业的经营决策和市场营销活动要求必须及时提供所需的信息资料,以作为其决策依据。最后是因为信息资料的处理与分析本身是一个过程,需耗费一定的时间,如果不提高效率、加快速度,很容易使信息资料出现滞后现象,影响其效用。

从整个营销调研工作来看,及时性要求还包括及时收集各类信息资料、及时加工处理、及时反馈、及时传输、及时使用以及及时更新等内容。

### 3．全面性

全面性是指在市场调查过程中,对信息资料的收集、处理、分析与提供必须强调全面客观地反映市场的变化和特征,形成系统化的信息资料。

全面是在准确的基础上的进一步要求。市场信息资料的收集、处理、分析和提供不仅是对收集来的资料进行整理与运算,而且要进行大量的分析、综合、判断、演绎和推理,使处理和分析后的信息更全面、更科学,更能正确反映市场的本来面貌和本质及其发展变化趋势,全面、系统化的信息资料具有更高的价值,更有利于使用,更能有效地指导企业的市场营销活动。

### 4．适用性

适用性是指在市场调查过程中对信息的收集、处理、分析和提供要适用,具体包括:采用的信息资料的收集、处理、分析和提供的方法要适当;收集、处理、分析所形成和提供的信息资料要符合实际需要这两个方面。

现代社会是信息爆炸的社会,市场营销者面临着大量的信息资料。不适用的信息资料将会严重干扰营销者的营销决策,浪费其时间和精力。市场营销者所处的层次不同、岗位不同、需要解决的问题不同,对市场信息的需求无论是类型还是内容也都不尽相同。针对不同的需求,提供与之相适应的信息资料,才能实现市场调查与预测的真正目的。

### 5. 经济性

经济性是指在开展市场调查过程中，对市场信息资料的收集、处理、分析和提供都必须符合经济核算的要求，即以较少的调研费用，形成尽可能多的、有用的市场信息资料。

市场调查与预测是一项费时、费力、费财的活动，在调查内容不变的情况下，采用的调研方法不同，费用支出也会有所差别；同样，在费用支出相同的情况下，不同的调查方案也会产生不同的效果。由于各企业的财力情况不同，因此需要根据自己的实力去确定调查费用的支出，并制订相应的调查方案。对中小型企业来说，既没有大企业那样的实力开展大规模的市场调查，则可更多地采用参观访问、直接听取顾客的意见、搜集各种宣传媒体上的有关信息、收集竞争者的产品等方式进行调研。只要工作做得认真、仔细而又有连续性，同样会收到很好的调研效果。

## 三、市场调查的步骤

### (一)准备阶段

调查准备阶段的重点是根据企业的经营目标，发现与揭示问题，分析存在问题所处的总体环境，确定调查课题。

#### 1. 发现与揭示问题

进行市场调查要有的放矢，因此，必须首先发现问题，并找到其症结所在。观察企业经营是否存在问题，要对照企业的经营目标，善于从动态发展中寻找问题出现的痕迹。问题一般有两种：一种是出现了明显的困难，如产品积压滞销等情况；另一种是出现了潜在的困难，如销售人员感到推销工作越来越不顺利，则可能意味着接踵而至的业务衰退，这种情况的出现可能是出现了有力的竞争对手或顾客需求有了新的变化。

问题的发现可能由领导人员、管理人员、业务人员通过某些现象直观感觉到，也可能由会计系统或统计系统所提供的资料反映出来。一般可对市场信息进行以下几个方面的分析，如市场占有率的分析，销售状况分析，产品结构与质量分析，价格、成本、利润分析等。

通过分析，可能发现一些现象和问题，但从一定时间、一定地区来讲，总会有其中的某个或某几个问题是症结所在，这就是我们要揭示的问题。

#### 2. 分析存在问题所处的总体环境

找到问题的症结所在，还要分析这一问题处于什么样的总体环境之中，因为任何市场都是受其周围的总体环境的影响与制约的，市场是总体环境的一个客体，企业应了解目前的宏观环境、行业竞争环境等。

为了发现问题与弄清问题所处环境，在实践中可能会涉及更多方面的分析或者有所侧重。为了明确问题的关键所在，也可以先组织探索性调查。

### 3. 确定调查课题

调查课题是指市场调查的目标和重点。调查课题必须十分明确，因为它决定了整个调查的方向、需要收集的调查资料的内容和来源，使调查人员能在复杂的现象中有的放矢地开展工作。

【案例分析1-2】

**可口可乐公司的市场调查**

20世纪80年代初，虽然可口可乐在美国软饮料市场上仍处于领先地位，但由于百事可乐公司通过多年的促销攻势，以口味试饮来表明消费者更喜欢较甜口味的百事可乐饮料，并不断侵吞着可口可乐的市场。为此，可口可乐公司以改变可口可乐的口味来对付百事可乐对其市场的侵吞。

对新口味可口可乐饮料的研究开发，可口可乐公司花费了两年多的时间，投入了400多万美元的资金，最终开发出了新可乐的配方。在新可乐配方开发过程中，可口可乐公司进行了近20万人的口味试验，仅最终配方就进行了3万人的试验。在试验中，研究人员在不加任何标识的情况下，对新老口味可乐、新口味可乐和百事可乐进行了比较试验，试验结果是：在新老口味可乐之间，60%的人选择新口味可乐；在新口味可乐和百事可乐之间，52%的人选择新口味可乐。从这个试验研究结果看，新口味可乐应是一个成功的产品。

到1985年5月，可口可乐公司将口味较甜的新可乐投放市场，同时放弃了原配方的可乐。在新可乐上市初期，市场销售不错，但不久就销售平平，并且公司开始每天从愤怒的消费者那里接到1500多个电话和很多的信件，一个自称原口味可乐饮用者的组织举行了抗议活动，并威胁除非恢复原口味的可乐或将配方公之于众，否则将提出集体诉讼。

迫于原口味可乐消费者的压力，在1985年7月中旬，即在新可乐推出的两个月后，可口可乐公司恢复了原口味的可乐，从而在市场上新口味可乐与原口味可乐共存，但原口味可乐的销售量远大于新口味可乐的销售量。

请分析：

(1) 新口味可乐配方的市场营销调研中存在的主要问题是什么？

(2) 新口味可乐配方的市场调研的内容应包括哪些方面？

### 4. 制订调查计划

调查计划是为了达到一定的目标，按照科学的办法和方式，有计划地对某一情况、事件或问题进行全面了解，以便得出科学的结论。同时，找到行之有效的应对措施，提出合理建议的一系列活动安排。

调查计划的内容包括确定调查目的、确定调查对象与范围、明确调查内容、选择调查方法、安排调查时间、确定调查人员的分工与职责等。有关调查计划的内容将在第二章中详细介绍。

### (二)调查阶段

实施调查计划、落实调查方案是市场调查最重要的环节,其主要任务是组织调查人员深入实际,系统地收集各种可靠资料和数据。

#### 1. 收集现成资料

现成资料是通过文案调查收集的第二手资料,具有花费时间短、费用少的特点,在市场调查中应首先采用。

#### 2. 收集原始资料

当现有资料不足时,就需要收集原始资料,原始资料是通过实地调查搜集的第一手资料,调查者要深入现场,虽然比较费时、费力,但有时非常重要。

### (三)分析总结阶段

分析总结是将调查收集到的资料进行汇总整理、统计和分析。首先,要进行编辑整理,就是把零碎的、杂乱的、分散的资料加以筛选,去粗取精,去伪存真,以保证资料的系统性、完整性和可靠性。在资料编辑整理的过程中,要检查调查资料的误差,剔除那些错误的资料;之后要对资料进行评定,以确保资料的真实与准确。其次,要进行分类编号,就是把调查资料编入适当的类别并编上号码,以便于查找、归档和使用。再次,要进行统计,将已经分类的资料进行统计计算,有系统地制成各种计算表、统计表、统计图。最后,对各项资料中的数据和事实进行比较分析,得出一些可以说明有关问题的统计数据,直至得出必要的结论。

### (四)撰写提交调查报告

调查报告是市场调查成果的最终体现,因此,要十分重视调查报告的撰写,并按时提交调查报告。撰写调查报告应做到以下几点。

(1) 能客观、真实、准确地反映调查成果。

(2) 报告内容简明扼要,重点突出。

(3) 文字精练,语言中肯。

(4) 结论和建议应表达清晰,可归纳为要点。

(5) 报告后应附必要的表格、附件和附图,以便阅读和使用。

(6) 报告完整,印刷清晰、美观。

## 思考与训练

1. 什么是市场信息？它有哪些表现形式？
2. 企业为什么需要进行市场调查？
3. 如果进行大学生消费状况调查，应确定哪些调查内容？
4. 如果进行大学生消费状况调查，应如何选择调查方法？并说明理由。
5. 开展市场调查应遵循哪些原则？

## 应用分析

1. A公司是一家生产乐器的公司，产品闻名世界，其成功主要得益于市场调查。调查内容如下。

第一，对购买者的调查，其中包括性别、年龄、职业，分类十分细致。

第二，是对使用者的调查，使用者是购买者本人、家庭成员，还是其他人。每一类人员中，又分年龄、性别。

第三，购买方法的调查，是个人购买、团体购买，还是赠送。

第四，调查如何知道该产品的，是看见商店橱窗布置、报纸杂志广告、电视台广告，还是朋友告知、看见他人使用等。

第五，调查为什么选中了该产品，所拟答案有操作方便、音色优美、功能齐全、价格便宜、商店的介绍、朋友的推荐、孩子的要求等。

第六，调查使用后的感受，是非常满意、一般满意、普通，还是不满意，

另外，还分别对产品的性能、购买者所拥有的乐器、学习乐器的方法和时间、所喜爱的音乐、希望有哪些功能等方面作了详尽的设计。

请分析：该公司市场调查的课题是什么？调查内容的界定有何特点？

2. 1999年冬季，北京一家生产饮料的企业曾组织过一次市场调查，想了解消费者对一种新口味饮料的认同，为推出该新产品提供决策依据。

在此之前，大量的二手资料调查显示，中国人历来有喝热茶的习惯，超过60%的被访问者认为不能接受"凉茶"，中国人忌讳喝隔夜茶，冰茶更是不能接受。该企业项目小组认为，只有进行了实际的口味测试调查才能判断这种新产品的可行性。

通过现场测试，终于拿到调查结论，经过分析后，产品研发者们的信息被彻底动摇了，参与测试的消费者表现出对冰茶的抵抗，一致否定了装有冰茶的测试样本。就这样刚刚试制出的新产品在调研中被否定了。

后来各大知名品牌的冰茶产品在市场热销，该企业的一位当时负责市场调查的负责人

甚是惋惜地说：我们举行口味测试时是在冬季，被访问者从寒冷的室外来到现场，没等暖暖就进入测试，寒冷的状态、匆忙的进程都影响了访问者对口味的反应。测试者对口感温和浓烈的口味表现出了更多的认同，而对清凉清爽的冰茶则表示排斥，测试状态与实际消费状态的偏差让结果走向了反面。

请分析：该公司组织的市场调查工作存在哪些问题？

# 第二章

## 市场调查策划

**本章要点及学习指导**

本章重点掌握市场调查计划的内容与组织机构,主要包括制订市场调查计划的常用方法与组织实施。通过对本章内容的学习,学习者要了解市场调查机构的各种类型与调查人员应具备的基本素质,并在此基础上制订合理的市场调查计划,以保证调查工作的顺利开展。

引导案例：

## 居民住宅消费需求调查计划

一、调查目的

通过对××市部分居民的收入水平、住房状况、住宅消费与购房意向、存贷款观念等方面的实地调查，分析金融机构开展住宅储蓄及购房抵押贷款业务的市场需求与潜力，为市建行房地产信贷部在这两项业务上推出新举措提供客观、可靠的依据。

二、调查内容

(1) 被调查者及其家庭的基本情况。

(2) 被调查者家庭的住房现状及改善意向。

(3) 被调查者的储蓄观念。

(4) 被调查者对住宅存、贷业务的看法。

(5) 部分单位对其职工住房问题的计划。

三、调查对象及样本分布

1. 对象

经与委托方磋商，拟以××市近郊区的以下几类消费群体为对象进行调查。

(1) 中、高收入阶层。该阶层收入水平较高，购房倾向及实现性相对较强，是开展住宅存、贷款业务的主要对象，也是本次调查的重点。

(2) 普通工薪阶层。这一阶层人数众多，对改善住房条件的要求强烈，是发展住房存、贷款业务的潜在对象。

2. 样本分布

根据××市建行房信部的意见及其他客观情况，拟将此次调查的样本量定为500个。

参考近年来××市居民家庭生计调查资料和其他有关调查结果，拟采用分类抽样，并按以下数量分配调查样本：中、高收入阶层200户，普通工薪阶层300户。

3. 调查方式与方法

调查采取分层、分区与随机抽样调查相结合的方式，针对被调查者采取问卷调查的方法。

四、调查时间

20××年××月××日—20××年××月××日。

五、调查步骤及方法

1. 方案设计

方案内容主要包括调查对象的选定、样本抽取方法、调查问卷设计、组织实施步骤、采取方法及日程安排等。方案设计应力求系统、科学、可行。

2. 问卷印刷及试调查

为保证调查的顺利实施，提高调查质量，应于方案确定后和印刷调查问卷期间在各类调查对象中抽取少量样本进行试调查。通过调查了解问卷质量，摸索针对具体调查对象的访问技巧等，为全面推进调查做好准备。

3. 调查员培训

组织有经验的调查员进行培训，包括解说问卷内容、分配调查对象、掌握访问技巧、明确工作进程及质量要求等，其中应特别强调调查质量。

4. 正式调查

为提高效率、保证调查质量，本次调查采取多渠道、多方式的灵活调查方法，除按常规的入户调查及当街访问外，还可选择一些重点调查点，如三资企业、出租车乘降点、高级公寓、银行等地点进行调查，以提高调查针对性，减少被访者的外界干扰。此外，在不导致结果发生偏态的前提下，也可选取部分熟识的对象进行访问，以提高调查效果的真实度。

为保证调查质量，要求调查员现场指导填表，杜绝散发回收式调查。对所填问卷及时回收、仔细审查，对不合格问卷(包括填写方式不对和逻辑关系不明确等)应给予剔除。同时，设置问卷审核员，做到每天回收问卷，并仔细询问调查员的工作，发现问题及时解决。

该阶段的工作量较大，是决定调查质量的关键，必须妥善组织、加强监督。

对经审查合格的问卷，要及时编码，为进一步的录入、计算、分析工作做准备。

5. 数据处理及简要分析

对合格的问卷进行录入、计算，得出可供分析使用的初步计算结果，进而对所调查结果作出准确描述及初步分析，为进一步的分析提供依据。实施时需应用有关统计分析软件包及编制简单的计算程序。

该阶段的工作虽在室内进行，不可控因素相对较少，但智力含量高、技术性强，须给予相当的重视。

六、调查报告

将本次调查的实施情况、调查结果及初步分析结果付诸文字，形成《××市居民住宅消费需求调查报告》，以作为本次调查的最终结果。

七、调查问卷

(略)

(资料来源：王静. 现代市场调查. 北京：首都经济贸易大学出版社，1995)

问题探究：

结合案例，请分析一个完善的市场调查计划应具备哪些内容？

市场调查是一项复杂、严肃、技术性较强的工作，一项全国性的市场调查往往要组织成千上万人参加，为了在调查过程中统一认识、统一内容、统一方法、统一步调，圆满完成调查任务，就必须事先制订出一个科学、严密、可行的工作计划和组织措施，以便所有参加调查工作的人员都依此执行。

# 第一节　市场调查计划的制订

市场调查计划就是根据调查研究的目的和调查对象的性质，在进行实际调查之前，对调查工作的各个方面和各个阶段进行的通盘考虑和安排，提出相应的调查实施方案，制订出合理的工作程序。

市场调查的范围可大可小，但无论是大范围的调查工作，还是小规模的调查工作，都会涉及相互联系的各个方面和各个阶段。这里所讲的调查工作的各个方面是对调查工作的横向设计，就是要考虑到调查所要涉及的各个组成项目。这里所说的全部过程，是指调查工作所需经历的各个阶段和环节，即调查资料的收集、整理和分析等。只有对此事先作出统一的考虑和安排，才能保证调查工作有秩序、有步骤地顺利进行，减少调查误差，提高调查质量。

一般来说，市场调查计划包括以下 10 个方面的内容。

## 一、确定调查目的

制订调查计划首先要明确调查目的，因为只有确定了调查目的，才能进一步明确需要收集资料的范围、内容和选择合适的方法；否则就会因列入一些无关紧要的调查项目和内容而漏掉一些重要的调查项目，无法满足调查的要求。例如，我国组织开展第六次人口普查的目的即"将查清十年来我国人口在数量、结构、分布和居住环境等方面的变化情况，为科学制订国民经济和社会发展规划，统筹安排人民的物质和文化生活，实现可持续发展战略，构建社会主义和谐社会，提供科学准确的资料依据。"可见，确定调查目的，就是明确在调查中要解决哪些问题，通过调查要取得什么样的资料，取得这些资料有什么用途等问题。衡量一个调查设计是否科学的标准，主要就是看方案的设计是否体现调查目的的要求，是否符合客观实际。

## 二、确定调查对象和调查单位

明确了调查目的之后，就要确定调查对象和调查单位，这主要是为了解决向谁调查和由谁来具体提供资料的问题。调查对象就是根据调查目的、任务确定调查的范围以及所要调查的总体，它是由某些性质上相同的许多调查单位所组成的。调查单位就是所要调查的社会经济现象总体中的个体，即调查对象中的各个具体单位，它是调查中要调查登记的各个调查项目的承担者。例如，为了研究某市各广告公司的经营情况及存在的问题，需要对全市广告公司进行全面调查，那么，该市所有广告公司就是调查对象，每一个广告公司就是调查单位。

在确定调查对象和调查单位时，应该注意以下四个问题。

(1) 由于市场现象具有复杂多变的特点，因此，在许多情况下，调查对象也是比较复杂的，必须用科学的理论为指导，严格规定调查对象的含义，并指出它与其他有关现象的界限，以免造成调查登记时由于界限不清而发生的差错。例如，以城市职工为调查对象，就应明确职工的含义，划清城市职工与非城市职工、职工与居民等概念的界限。

(2) 调查单位的确定取决于调查目的和对象，调查目的和对象变化了，调查单位也要随之改变。例如，要调查城市职工本人的基本情况时，这时的调查单位就不再是每一户城市职工家庭，而是每一个城市职工了。

(3) 调查单位与填报单位是有区别的，调查单位是调查项目的承担者，而填报单位是调查中填报调查资料的单位。例如，对某地区工业企业设备进行普查，调查单位为该地区工业企业的每台设备，而填报单位是该地区每个工业企业。但在有的情况下，两者又是一致的。例如，在进行职工基本情况调查时，调查单位和填报单位都是每一个职工。在调查方案设计中，当两者不一致时，应当明确从何处取得资料并防止调查单位重复和遗漏。

(4) 不同的调查方式会产生不同的调查单位。如采取普查方式，调查总体内所包括的全部单位都是调查单位；如采取重点调查方式，只有选定的少数重点单位是调查单位；如采取典型调查方式，只有选出有代表性的单位是调查单位；如采取抽样调查方式，则用各种抽样方法抽出的样本单位都是调查单位。

## 三、确定调查项目

调查项目是指对调查单位所要调查的主要内容，确定调查项目就是要明确向被调查者收集什么资料，调查项目一般就是调查单位的各个标志的名称。例如，在消费者调查中，消费者的性别、民族、文化程度、年龄和收入等，其标志可分为品质标志和数量标志。品质标志是说明事物质的特征，不能用数量来表示，只能用文字表示，如上例中的性别、民族和文化程度；数量标志表明事物的数量特征，它可以用数量来表示，如上例中的年龄和收入。标志的具体表现是指在标志名称之后所表明的属性或数值，如上例中消费者的年龄为20岁或60岁，性别是男性或女性等。

在确定调查项目时，除要考虑调查目的和调查对象的特点以外，还要注意以下几个问题。

(1) 确定的调查项目应当既是调查任务所需，又是能够通过调查获得的。凡是调查目的需要又可以取得的调查项目要充分满足；否则不应列入。

(2) 项目的表达必须明确，要使答案具有确定的表示形式，如数字式、是否式或文字式等；否则，会使被调查者产生不同理解而做出不同的答案，造成汇总时的困难。

(3) 确定调查项目应尽可能做到项目之间相互关联，使取得的资料相互对照，从而了解现象发生变化的原因、条件和后果，以便于检查答案的准确性。

(4) 调查项目的含义要明确、肯定，必要时可附以调查项目解释。

## 四、制订调查提纲和调查表

当调查项目确定后,可将调查项目科学地分类、排列,构成调查提纲或调查表,以便调查登记和汇总。

调查表一般由表头、表体和表脚三个部分组成。

表头包括调查表的名称、调查单位(或填报单位)的名称、性质和隶属关系等。表头上填写的内容一般不作统计分析之用,但它是核实和复查调查单位的依据。

表体包括调查项目、栏号和计量单位等,它是调查表的主要部分。

表脚包括调查者或填报人的签名和调查日期等,其目的是为了明确责任,一旦发现问题便于查询。

调查表分单一表和一览表两种,单一表是每张调查表只登记一个调查单位的资料,常在调查项目较多时使用。它的优点是便于分组整理,缺点是每张表都注有调查地点、时间及其他共同事项,造成人力、物力和时间的耗费较大。一览表是一张调查表,可登记多个单位的调查资料,它的优点是当调查项目不多时,应用一览表能使人一目了然,还可将调查表中各有关单位的资料相互核对,其缺点是对每个调查单位不能登记更多的项目。

调查表拟订后,为便于正确填表、统一规格,还要附填表说明。其内容包括调查表中各个项目的解释,有关计算方法以及填表时应注意的事项等,填表说明应力求准确、简明扼要、通俗易懂。

## 五、确定调查方式和方法

在调查方案中,还要规定采用什么组织方式和方法取得调查资料。搜集调查资料的方式有普查、重点调查、典型调查、抽样调查等。具体调查方法有文案法、访问法、观察法和实验法等。在调查时,采用何种方式、方法不是固定和统一的,而是取决于调查对象和调查任务。在市场经济条件下,为准确、及时、全面地取得市场信息,尤其应注意多种调查方式和方法的结合运用。

【案例2-1】

**环球时装公司的侦探式销售调查**

日本的环球时装公司,从20世纪60年代创业时的零售企业发展成日本有代表性的大企业,靠的主要是掌握第一手"活情报"。它们在全国81个城市顾客集中的车站、繁华街道开设侦探性专营店,陈列公司所有产品,给顾客以综合印象,售货员主要任务是观察顾客的采购动向;事业部每周安排一天时间全员出动,3个人一组、5个人一群分散到各地调查,有的甚至到竞争对手的商店观察顾客情绪,向售货员了解情况,找店主聊天。调查结束后,当晚回到公司进行讨论,分析顾客消费动向,提出改进工作的新措施。

全国经销该公司时装的专营店和兼营店均制有顾客登记卡,详细地记载每一个顾客的年龄、性别、体重、身高、体型、肤色、发色、使用什么化妆品,常去哪家理发店以及兴趣、嗜好、健康状况、家庭成员、家庭收入、现时穿着及家中存衣的详细情况。这些卡片通过信息网存储在公司信息中心,只要调出卡片就能判断顾客眼下想买什么时装,今后有可能添置什么时装。侦探式销售调查,使环球公司迅速扩张,且利润率之高,连日本最大的企业丰田汽车公司也被它抛在后面。

(资料来源:袁秀珍.中外经营者,2002(8))

## 六、确定调查地点

在调查方案中,还要明确规定调查地点。调查地点与调查单位通常是一致的,但也有不一致的情况。当不一致时,有必要规定调查地点。例如,人口普查,规定调查登记常住人口,即人口的常住地点。若登记时不在常住地点,或不是本地常住的流动人口,均须明确规定处理办法,以免调查资料出现遗漏和重复。

## 七、确定调查时间和调查工作期限

调查时间是指调查资料所属的时间。如果所要调查的是时期现象,就要明确规定资料所反映的是调查对象从何时起到何时止的资料;如果所要调查的是时点现象,就要明确规定统一的标准调查时点。

调查期限是规定调查工作的开始时间和结束时间,包括从调查方案设计到提交调查报告的整个工作时间,也包括各个阶段的起始时间,其目的是使调查工作能及时开展、按时完成。为了提高信息资料的时效性,在可能的情况下,调查期限应适当缩短。

## 八、确定调查资料整理和分析方法

采用实地调查方法搜集的原始资料大多是零散的、不系统的,只能反映事物的表象,无法深入研究事物的本质和规律性,这就要求对大量原始资料进行加工和汇总,使之系统化、条理化。目前这种资料处理工作一般由计算机进行,这在设计中也应予以考虑,包括采用何种操作程序以保证必要的运算速度、计算精度及特殊目的。

随着经济理论的发展和计算机的运用,越来越多的现代统计分析手段可供分析时选择,如回归分析、相关分析、聚类分析等。每种分析技术都有其自身的特点和适用性,因此,应根据调查的要求,选择最佳的分析方法并在方案中加以规定。

## 九、确定提交调查报告的方式

调查报告是调查结果的集中表现。能否撰写出一份高质量的调查报告,是决定调查本身成败与否的重要环节。市场调查报告是市场调查研究成果的一种表现形式。它是通过文字、图标等形式将调查的结果表现出来，以使人们对所调查的市场现象或问题有一个全面系统的认识和了解。在制订调查计划时须明确提交的调查报告书的形式和份数以及报告书的基本内容、报告书中图表量的大小等。

## 十、制订调查的组织计划

调查的组织计划，是指为确保调查实施的具体工作顺利进行的计划。主要是指调查的组织领导、调查机构的设置、人员的选择和培训、工作步骤及其善后处理等，必要时还须明确规定调查的组织方式。

【案例2-2】

"3·15"消费者权益保护意识调查方案

一、调查的目的

自从"3·15"消费者保护日成立以来，维权意识越来越受到广大市民的重视。在市场经济高速发展的今天，却仍然存在严重侵犯消费者权益的情况，消费者被欺诈的现象时有发生。为了使消费者的利益得到更充分的保护，根据20××年中国消费者协会确定的"诚信、维权"3·15主题，为了解和保护消费者权益，大力宣传《中华人民共和国消费者权益保护法》《中华人民共和国产品质量法》等法律法规，组织开展这次的调查活动，揭示××市消费者权益保护意识的现状，为不断提高××市消费者权益保护工作水平，保证市场公平发展做出努力。

二、调查对象和调查单位

1. 调查对象：××市所有消费者
2. 调查单位：××市每一位消费者

三、调查项目

1. 消费者权益被侵犯情况
2. 消费者维权意识

四、调查提纲和调查表

(略)。

五、调查时间和调查工作期限

调查时间：20××年3月13日、14日、15日

调查工作期限：20××年3月1日—31日

六、调查地点——可选择地点

| 地　点 | 班　组 | 备　注 |
|---|---|---|
| ××商厦 | | |
| ××百货大楼 | | |
| ××商场 | | |
| ××商城 | | |
| ××超市 | | |
| ××超市 | | |
| ××交易中心 | | |
| ××销售中心 | | |

七、调查方式和方法

调查方式：便利抽样(街头拦访)

调查方法：访问法

八、调查资料整理和分析方法

调查资料整理方法：计算机汇总

分析方法：定性分析与定量分析相结合

九、提交报告的方式

3000字综合分析报告

十、调查的组织计划

1. 成立"3·15"行动领导小组(具体内容略)
2. 成立"3·15"行动工作小组(具体内容略)

分别在3月13日、14日、15日组织开展活动。

【课堂训练】

某网络公司为了了解上网网民的行为情况，拟组织一次网络抽样调查，请为其设计调查方案。

# 第二节　市场调查的组织及实施

## 一、市场调查组织

### (一)市场调查组织的类型

市场调查组织规模有大有小，其隶属关系及独立程度也不一样，名称更是五花八门，但归纳起来，基本上有以下几类。

### 1．各级政府部门设立的调查机构

我国最大的市场调查机构为国家统计部门，国家统计局、各级主管部门和地方统计机构负责管理和收集整理的市场调查资料，便于企业了解市场环境变化及发展，指导企业微观经营活动。此外，为适应经济形势发展的需要，统计部门还相继成立了城市社会经济调查队、农村社会经济调查队、企业调查队和人口调查队等调查队伍。除统计机构外，中央和地方的各级财政、银行、工商、税务等职能部门也都设有各种形式的市场调查机构。

### 2．新闻单位、大学和研究机关的调查机构

新闻单位、大学和研究机关的调查机构也都开展独立的市场调查活动，定期或不定期地公布一些市场信息。例如，以信息起家的英国路透社，在全球设立了众多的分社和记者站，目前已成为世界上最大的经济新闻提供者，经济信息收入成为该社的主要收入来源。

### 3．专业性市场调查机构

专业性市场调查机构在国外的数量是很多的，它们的产生是社会分工日益专业化的表现，也是当今信息社会的必然产物。这类调查机构主要有三种类型的公司，如表2-1所示。

表2-1　专业性市场调查机构简介

| 专业公司 | 主要职能 |
| --- | --- |
| 综合性市场调查公司 | 这类公司专门搜集各种市场信息，当有关单位和企业需要时，只需交纳一定的费用就可随时获得所需资料。同时，它们也承接各种调查委托，具有涉及面广、综合性强的特点 |
| 咨询公司 | 这类公司一般是由资深的专家、学者和有丰富实践经验的人员组成，为企业和单位进行诊断，充当顾问。这类公司在为委托方进行咨询时，也要进行市场调查，对企业的咨询目标进行可行性分析。当然，它们也可接受企业或单位的委托、代理或参与调查设计和具体的调查工作 |
| 广告公司的调查部门 | 广告公司为了制作出打动人心的广告，取得良好的广告效果，就要对市场环境和消费者进行调查。广告公司大都设立调查部门，经常大量地承接广告制作和市场调查任务 |

近年来，我国也出现了许多专门从事经济信息调查、咨询服务的公司，它们既有国有公司，也有集体、私营公司(集体和私营公司的不断发展趋势尤为引人注目)，它们承接市场调查任务，提供商品信息，指导企业生产经营活动，在为社会服务的同时，自身也取得了很好的经济效益。

### 4．企业内部的调查机构

目前国外许多大的企业和组织，根据生产经营的需要，大都设立了专门的调查机构，市场调查已成为这类企业固定性、经常性的工作。例如，可口可乐公司设立了专门的市场调研部门，并由一个副经理负责管理。这个部门的工作人员有调查设计员、统计员和行为科学研究者等。

## (二)市场调查机构的选择

当企业缺乏必要的市场调查机构，或对有效实施市场调查感到力不从心时，可以考虑借助企业外部的专业性市场调查机构来完成调查任务，如委托广告公司、咨询公司和信息中心等机构来进行市场调查。

【课堂讨论】

专业性的市场调查机构有哪些优势？

当企业需要委托市场调查专业机构进行调查时，应做到知己知彼，慎重地选择合作对象，以取得事半功倍的效果。企业在委托调查机构完成调查任务时，应明确以下几点。

(1) 希望调查机构提供何种调查活动。目前市场调查机构的活动范围日趋广泛，包括确定市场特征、衡量市场潜力、市场份额分析、企业趋势分析、竞争产品研究、价格调查、短期预测等。

(2) 希望提供综合性服务还是某种专门或特定性服务。

(3) 是长期合作还是短期合作。

(4) 是否希望他们提供某种额外的服务。

(5) 在调查时间上有何要求？提交调查报告的最后期限。

(6) 调查预算为多少。

(7) 资料是归企业独家享用还是与调查机构共享。

企业可以根据上述问题，作出委托调查计划，用来与市场调查机构进行洽谈。企业在选择市场调查机构时，必须了解和考虑以下几个方面的因素。

(1) 目前有哪些市场调查机构，如何与它们联系。

(2) 调查机构的信誉，是指调查机构在同业界的声誉和知名度，严守职业道德及公正原则的情况，限期完成工作的能力等。

(3) 调查机构的业务能力，是指调查机构内专业人员具有实务能力的高低，能否提供有价值的资讯，是否具备创新观念、系统观念、营销观念和观念沟通能力。

(4) 调查机构的经验，包括调查机构创建的时间长短、主要工作人员的服务年限、已完成的市场调查项目的性质及工作范围等。

(5) 市场调查机构所拥有的硬件和软件条件。硬件包括信息收集、整理和传递工具的现代化程度；软件包括调查人员的素质及配备情况。

(6) 调查机构收费的合理性，包括调查机构的收费标准和从事本项调查的费用预算等。对于委托调查的企业来讲，一旦委托调查机构进行市场调查后，应给予信任和授权，并提供充分的协助，使调查能顺利进行。对于受委托的调查机构来讲，应严守职业道德，时刻为用户着想，为用户提供满意的服务。在接受委托后，应迅速适应委托企业的经营环境，对现有资料加以消化，提出市场调查建议书，内容包括市场调查的重点及可能的结果、提供市场报告的时间、市场调查预算和收费条件及企业应有的协助等。在委托企业接受市场调查建议书后，即可实施调查。在提出市场报告后，还应注意随时为委托企业提供调查后的服务，以求取得长期合作的机会，并树立良好的信誉。

## 二、市场调查人员

### (一)市场调查人员的素质

市场调查人员是调查工作的主体，其数量和质量直接影响市场调查的结果，因此，市场调查机构必须根据调查工作量的大小及调查工作的难易程度，配备一定数量并有较高素质的工作人员。

按照市场调查的客观要求，调查人员应具备三方面的基本素质，如表2-2所示。

表2-2 调查人员应具备的基本素质

| 基本素质 | 具体要求 |
|---|---|
| 思想品德素质 | 坚持四项基本原则，具有强烈的社会责任感和事业心；具有较高的职业道德修养，工作中能实事求是、公正无私；工作认真细致；具有创新精神；谦虚谨慎、平易近人 |
| 业务素质 | 具有较广博的理论知识，具有较强的业务能力(具有利用各种情报资料的能力；具有对调查环境较强的适应能力；具有能够分析、鉴别、综合信息资料的能力；具有较强的语言和文字表达能力) |
| 身体素质 | 一是有体力，二是性格好 |

总之，一个合格的市场调查人员应是勤学好问、有思想、有知识并具有创造性的，他们必须善于倾听、善于思考、善于提出问题、分析问题和解决问题。但是也要注意以下两点。

(1) 人的素质和才能是有差异的，造成这种差异的原因既有先天因素，也有后天因素。无数事实证明，先天不足是可以通过后来的教育、培训来弥补的，是可以扭转的，要达到调查工作需要的理想标准，就要不断地通过各种途径，利用各种方法提高素质。

(2) 前面所讲到的各种素质是针对调查人员的个人素质而言的。在实际调查中，调查任务是通过组建一支良好的调查队伍来完成的。因此，除对调查人员基本思想、品德要求外，不必要、也不可能要求所有调查人员同时具备这些素质，而只能对调查队伍的整体结构加以考虑，包括职能结构、知识结构、年龄结构，甚至包括性别结构等，通过人员的有机组合，取长补短，提高调查效率。

【小资料】

> 调查人员的挑选需考虑以下因素：调查的方式；调查人员的职业道德水平；调查对象的人口特征；调查人员的语言交流能力；调查人员的身体素质。

## (二)市场调查人员的培训

### 1．培训的基本内容

市场调查人员的重要作用以及对调查人员的客观要求，都提出了对人员进行培训的问题。培训的内容应根据调查目的和受训人员的具体情况而有所不同，通常包括如表 2-3 所示的三项内容。

表2-3　调查人员培训的基本内容

| 培训项目 | 培训内容 |
| --- | --- |
| 思想道德方面的教育 | 组织调查人员学习市场经济的一般理论、国家有关政策和法规，充分认识市场调查的重要意义，使他们具有强烈的事业心和责任感，端正工作态度和工作作风，激发调查的积极性 |
| 性格修养方面的培养 | 对调查人员在热情、坦率、谦虚和礼貌等方面进行培训 |
| 市场调查业务方面的训练 | 不仅需要讲授市场调查原理、统计学、市场学和心理学等知识，还需要加强问卷设计、提问技巧、信息处理技术、分析技术及报告写作技巧等技能方面的训练，以及有关规章制度的教育。规章制度也应列入培训的内容，调查人员必须遵守组织内部和外部的各种规章制度，这是调查得以顺利进行的保证 |

例如，为了在国际上维护市场营销和民意调查中的道德准则，国际商会和欧洲民意及市场营销调查学会(ESOMAR)于 1977 年联合制定和颁发了有关准则，并于 1986 年作了修改，制定准则的主要目的是使被调查者的权利得到充分的保障。因此，调查人员就应了解并遵守国际准则和惯例，如承诺为被调查者保密的项目一定要说到做到，不能言而无信。

### 2．培训的途径和方法

(1) 培训的途径。培训有两条基本途径：一是业余培训；二是离职培训。业余培训是提高调查人员素质的有效途径，是调动调查人员学习积极性的重要方法，它具有投资少、见效快的特点。离职培训则是一种比较系统的训练方法，它可以使调查人员集中精力和时间进行学习。离职培训可以采取两种方式：一种是举办各种类型的调查人员培训班；另一种是根据调查人员的工作特点和本部门的需要,送他们到各类经济管理院校相应专业,系统学习一些专业基础知识、调查业务知识、现代调查工具的使用知识等。这种方法能使调查人员有较扎实的基础,但投资较大。

(2) 市场调查人员的培训方法。培训方法主要有以下几种,培训时可根据培训目的和受训人员的情况加以选用。

① 集中讲授方法。集中讲授方法就是请有关专家、调查方案的设计者,对调查课题的意义、目的、要求、内容、方法及调查工作的具体安排等进行讲解,在必要的情况下,还可讲授一些调查基本知识,介绍一些背景材料等,采用这种培训方法,应注意突出重点、针对性强、讲求实效。这是目前培训中采用的主要方法。

② 以会代训方法。以会代训方法即由主管市场调查的部门召集会议。通常有两种形式的会议:一是开研讨会,主要是就需要调查的主题进行研究,从拟定调查题目到调查的设计,资料的收集、整理和分析,调查的组织等各项内容逐一研究确定;二是开经验交流会,在会上大家可以互相介绍各自的调查经验,先进的调查方法、手段和成功的调查案例等,集思广益,博采众长,共同提高。采取以会代训方法,一般要求参加者有一定的知识水平和业务水平。

③ 以老带新方法。以老带新方法是一种传统的培训方法,它是由有一定理论和实践经验的人员,对新接触调查工作的人员进行传、帮、带,使新手能尽快熟悉调查业务,从而得到锻炼和提高。这种方法能否取得成效,取决于带者是否无保留地传授、学者是否虚心地求教。

④ 模拟训练方法。模拟训练方法即人为地制造一种调查环境,由培训者和受训者或受训者之间相互分别装扮成调查者和被调查者,进行二对一的模拟调查,练习某一具体的调查过程。模拟时,要将在实际调查中可能遇到的各种问题和困难表现出来,让受训者作出判断、解答和处理,以增加受训者的经验。采用这种方法,应事先做好充分准备,模拟时才能真实地反映调查过程中可能出现的情况。

⑤ 实习锻炼方法。实习锻炼方法即在培训者的策划下,让受训者到自然的调查环境中去实习和锻炼,这样能将理论和实践有机地结合,在实践中发现各种问题,在实践中培养处理问题的能力。采用这种方法应注意掌握实习的时间和次数,并对实习中出现的问题和经验及时进行总结。

【小资料】

| 市场调查员的岗位职责 |
| --- |
| 1. 岗位名称:市场调查员 |
| 2. 直接上级:市场部经理 |
| 3. 负责对象:市场调查 |

4. 工作目标：负责市场开拓的调查研究工作

5. 权力与责任

(1) 服从分配，听从指挥，并严格遵守公司的各项规章制度和有关规定。

(2) 负责对市场开拓调查工作。

(3) 负责对产品市场销售潜力的调查和分析。

(4) 负责对同业、客户的调研工作。

(5) 负责对产品在广告宣传效果的调研分析。

(6) 负责为新增营销点的环境、人口、布局等事项的调查。

(7) 负责为新增点做好前期调查研究工作。

(8) 对调查结果撰写可行性分析报告。

(9) 协助做好营销广告策划工作。

(10) 做好分析研究营销策略工作。

(11) 对所承担的工作全面负责。

6. 岗位要求

(1) 具有大专以上文化程度。

(2) 有较强的工作责任感和事业心。

(3) 原则性强，能吃苦耐劳。

7. 参加会议

(1) 参加每周一次工作会议。

(2) 参加每月、季度评比会。

(3) 参加公司召开的年度职工大会。

(资料来源：http://www.xqrj.net/Article_show.asp?ArticleID=930)

## 思考与训练

1. 校学生会准备组织一次"大学生消费状况调查"，请为其设计一份调查计划。
2. 企业如何选择调查机构？
3. 作为一名合格的市场调查人员应具备哪些素质？

## 应用分析

超市是人们经常购物的场所，顾客的满意将会影响到当地居民的生活幸福感。有鉴于此，迪纳市场研究院针对北京市城区的大中型超市进行了一次满意度调查。以了解整个北京市居民对超市这一零售业态的满意程度。本次调查在北京市共采集有效样本615个。调查通过电话访谈完成。分析框架采用迪纳市场研究院专门开发的超市满意度测量结构方程模型，并采用 PLS 算法计算得到满意度、忠诚度和影响满意度的各要素的用户评价分值，以及这些要素对满意度影响的大小。调查涉及的超市主要有家乐福、美廉美、京客隆、物美、超市发、华普和北京华联等。本次调查分析的主要结论包括：大中型超市整体顾客满意度得分与中国用户满意指数(CCSI)生活服务类中其他服务的平均得分相比较高；对大中型超市满意度影响最大的是经营的商品；顾客满意度对顾客忠诚度影响很大，顾客满意度提高 1 分，顾客忠诚度将提高 0.930 分；为了改善顾客满意度，从结构变量层次看，超市首先要关注促销；其次需要关注超市形象和超市政策；从操作层面看，在影响超市消费者满意度的 37 个具体要素中，需要重点提升的满意度驱动要素包括重视资源回收&环保、灵活调整收银台、积分卡优惠卡等。报告还对不同细分人群、主要超市的顾客满意度状况进行了分析。本次调查为超市如何改进服务质量、提高顾客满意度提供了数据支持和理论依据。

请结合资料分析：

本次调查的目的、内容、对象、范围、方法、手段、调查结论分别是什么？

# 第三章

## 市场调查方式

**本章要点及学习指导**

本章重点掌握市场调查的各种方式,主要包括全面调查、重点调查、典型调查、固定样本连续调查和抽样调查。通过对本章内容的学习,学习者要掌握几种调查方式的特点和操作要求,并在此基础上能够准确地选择不同的市场调查方式去组织调查,提高调查工作的效率。

**引导案例：**

## 美国盖洛普民意测验机构的抽样设计

为了获取居住在美国(50个州和哥伦比亚特区)的所有成年人(18岁和18岁以上者)对于一些社会问题的意见，盖洛普民意测验调查机构进行了分层、两阶段抽样调查。

具体设计如下。

(1) 按照地理位置、都市化程度和社区规模对全国各地区进行分层。

盖洛普抽样首先根据1980年人口普查资料，按照地区的人口规模和都市化程度进行分层，将全国各地区划分为以下7类：

① 中心城市人口在100万人和100万人以上。

② 中心城市人口在25万～100万人之间。

③ 中心城市人口在5万～25万人之间。

④ 人口规模低于以上三组，但其地理位置处在(人口普查局确认的)都市化地区。

⑤ 城市和乡镇(人口密集地区和人口普查标识地区)的人口数为2500～49999人之间。

⑥ 乡镇和村庄(人口密集地点和人口普查标识地点)的人口数在2500人以下。

⑦ 其他地区。

接下来，盖洛普抽样又把全国划分为若干地理区域：新英格兰地区、大西洋中部地区、中东部地区、中西部地区、东南部地区、山区和太平洋沿海地区。经过这样的以社区规模、都市化程度和地理区域的逐次分层之后，全国被划分为人口规模相等的若干地区，并且将这些地区按照各自的地理位置呈螺旋状的带状排列。这样，便可根据与人口规模等比例的原则，从这一带状分布的地区中抽出调查地区。

(2) 抽取调查地区。以多阶段概率抽样方式，分阶段抽取地区样区。

(3) 将抽中的调查地区进一步分成数个分区。然后仍然按照各分区的人口规模，等比例地抽取分区样本。倘若缺少分区的人口资料，而且各分区的地理面积差异又不大时，也可采取等概率方式抽取分区样本。

(4) 在进行入户调查时，若能取得分区中各街道的有关资料，则应按照与住宅数目等比例的抽样概率，抽取街道或街区样本。在那些缺少有关统计资料的分区中，可按照等概率的原则抽取街区或街段。

(5) 从调查地区中抽取家庭和个人。在城市以街区为单位，在乡村以乡(或者同等大小面积的地区)为单位，抽取入户调查点。在进行全国性调查时，大约需要300个这样的调查点。在每一个由街区或街段构成的调查点上，都要根据该地区的地图，随机地确定出抽样的起点。调查员将从这一点开始，顺着一条事先定好的访问路线，挨家挨户地进行调查。直到面访的男性和女性的被调查者人数达到任务规定的数额时，这次入户调查方告结束。

(6) 调整调查点。盖洛普抽样依据人口普查局最新公布的各地区人口结构抽样数据，定期地校正各地区抽样前分层的人口结构，使之与人口普查局的最新资料一致。例如，根据人口普查局的抽样数据，对样本中的受教育程度、年龄、性别等人口结构进行一些小的调整。

(资料来源：http://blog.sina.com.cn/s/blog_56a84e810100kqkd.html)

**问题探究：**

1. 什么是抽样设计？
2. 如何减少抽样设计中的误差？

# 第一节 全面调查

## 一、全面调查的含义与方式

### 1. 全面调查的含义

全面调查又称普查，是对调查对象的全部单位无一例外地逐个进行的调查，是一种专门组织的一次性的调查，如我国国家统计局组织的人口全面调查(也称人口普查)就是对全国的每个人都进行调查。

全面市场调查的目的是了解市场的一些至关重要的基本情况，对市场状况作出全面、准确的描述，从而为企业制订市场营销计划提供可靠的依据。如对某类商品的库存量、供货渠道以及消费对象的全面调查，都是为了掌握某种市场现象在一定时点上的整体情况而专门组织的一次性全面市场调查。

全面调查的规模大小取决于调查对象中所包含的个体单位的多少。全面调查在实际应用中有宏观、中观和微观之分。也就是说，并不一定所有的全面调查都是在全国范围来做，也可以在地区和部门范围内做，甚至可以在企业中做。只要是对调查对象全部单位逐个进行调查，都可以称为全面调查。如高校为了全面了解本校大学生的消费状况，就可以在本校内组织全面调查，对所有的学生无一例外地都进行调查。

### 2. 全面调查的方式

全面调查有两种方式：一种方式是由上级制订调查表，由下级根据已经掌握的资料进行填报，如我国的工业全面调查(也称工业普查)；另一种方式是组织专门的调查机构，派出专门的调查人员，对调查对象进行直接登记，如我国的人口全面调查。

【小资料】

**人口全面调查的特征**

人口全面调查是指在国家统一规定的时间内，按照统一的方法、统一的项目、统一的调查表和统一的标准时点，对全国人口普遍地、逐户逐人地进行的一次性调查登记。人口全面调查工作包括对人口全面调查资料的搜集、数据汇总、资料评价、分析研究、编辑出版等全部过程，它是当今世界各国广泛采用的搜集人口资料的一种最基本的科学方法，是提供全国基本人口数据的主要来源。

人口全面调查具有普遍性。作为全国人口全面调查来说，这个地域范围指的是一个国家的范围。例如，国务院发布的《第五次全国人口普查办法》中规定的地域范围是指"中华人民共和国境内"，一般在这个地域范围内常住的人，每个人都应被调查到。

人口全面调查的特征如下。

(1) 调查组织的高度集中性。它是国家统一组织的，按国家法定的全面调查方案协调进行的专门性调查。

(2) 全面调查对象登记的全面完整性。全面调查对象要包括某一地域内的全部人口。

(3) 调查登记的直接性。须按每个人的实际情况，使每一全面调查对象取得原始资料并逐项填报登记。

(4) 登记时点的标准性。要按照严格规定的同一标准时刻进行登记。

(5) 要按照现代化的统计原理、原则和方法，制订统一的、科学的全面调查纲要和调查方法。

## 二、全面调查的实施要点

为了保证全面调查工作的有效性，组织全面调查时必须注意以下几点。

### 1．调查项目要简明、统一

进行全面调查时需要调查的对象多、范围广，组织工作比较复杂，参与调查的人员也较多，所以调查项目不宜过多，应该简明具体。如第六次全国人口普查登记的内容主要包括姓名、性别、年龄、民族、户口登记状况、受教育程度、行业、职业、迁移流动、社会保障、婚姻、生育、死亡、住房情况等。后来随着现代信息技术的发展，调查项目才有所增加。同时，每个项目都应该有明确的操作定义、统一的计算公式，这样便于进行准确的调查和统计分析。

### 2．调查时间要统一

组织全面调查时必须统一规定调查资料所属的标准时点，以避免调查资料出现重复或遗漏，如全国第六次人口普查登记的标准时点是 2010 年 11 月 1 日零时。

### 3．正确确定调查期限、选择登记时间

为了提高资料的准确性，一般应选择在调查对象变动较小或登记、填报较为方便的时间，并尽可能在各全面调查地区同时进行，力求在最短时间内完成。

### 4．尽可能按一定周期进行

全面调查工作尽可能按照一定的周期进行，并保持内容的一致，以便于对历次全面调查资料进行对比和分析，研究现象的发展趋势及其规律性，如我国的人口普查每 10 年进行一次。

【课堂训练】

> 某公司为了完善人力资源管理系统，拟组织一次职工基本情况全面调查，请确定具体的内容。

## 三、全面调查的优点与局限性

### 1．全面调查的优点

全面调查的优点在于调查所得的资料具有全面性和准确性，因而，全面调查就成了了解全国、全省、全市和全县市场情况的最重要的方法。

### 2．全面调查的局限性

全面调查的局限性在于：一方面，全面调查的工作量大、花费大，组织工作异常复杂，而且时效性差；另一方面，调查的内容有限，只能调查一些最基本、最一般的现象，很难进行深入、细致的研究。

在市场调查中，全面调查的应用范围较窄，适应性较小，很少用于大范围的市场调查，只适用于某些小范围的市场调查，如商业批发企业对供应地区内的零售商店进行某种商品需要量的全面调查。

## 第二节　重点调查与典型调查

## 一、重点调查

### (一)重点调查的含义

重点调查是一种为了解社会经济现象的基本情况而组织的非全面调查。它是从所要调查的全部单位中选择一部分重点单位进行调查，借以从数量上说明总体的基本情况。重点单位是指这些单位在全部总体中虽然数目不多，所占比例不大，但就调查的标志值来说却在总量中占很大的比例，对全局起决定性作用。通过对这部分重点单位的调查，可以从数量上说明整个总体在该标志总量方面的基本情况。

如想了解我国棉花生产的基本情况，就可以通过对山东、江苏、湖北、河北、河南五个重点产棉区的棉花产量进行调查。再如想了解全国钢铁生产的基本情况，通过对首都钢铁公司、鞍山钢铁公司、包头钢铁公司、武汉钢铁公司、上海宝山钢铁公司、攀枝花钢铁公司等几个重点钢铁公司的调查就能掌握。可见，重点调查的优势在于调查的单位不多、花费的力量不大，却能了解到对全局有决定性影响的基本情况。

### (二)重点单位的选择

进行重点调查，关键的问题是要选好重点单位。

首先，重点单位的多少要根据调查任务而定。一般来说，选出的单位应尽可能少些，而其标志值在总体中所占的比例应尽可能大些。其基本标准是所选出的重点单位的标志值必须能够反映出所研究总体的基本情况。

其次，选择重点单位时往往存在以下情况：在某一问题上是重点单位，在另一问题上不一定是重点单位；在某一调查总体中是重点单位，在另一调查总体中不一定是重点单位；在这个时期是重点单位，在另一时期不一定是重点单位；重点之中又有重点等。这就要求针对不同的调查需要，认真选择每一次调查的重点单位。

最后，选中的单位应是管理健全、统计基础工作较好的单位。

### (三)重点调查的优、缺点

重点调查的优点是花费力量较小，能及时提供必要的资料，便于各级管理部门掌握基本情况，采取措施。

重点调查取得的数据只能反映总体的基本发展趋势，不能用以推断总体，因而也只是一种补充性的调查方法。目前主要是在一些企业集团的调查中运用。如为了掌握"三废"排放情况，就可选择冶金、电力、化工、石油、轻工和纺织等重点行业的工业进行调查。

## 二、典型调查

### (一)典型调查的含义

典型调查也是一种非全面调查，它是从众多的调查研究对象中，有意识地选择若干个具有代表性的典型单位进行深入、周密、系统的调查研究，以达到了解总体的特征和本质的方法。进行典型调查的主要目的不在于取得社会经济现象的总体数值，而在于了解与有关数字相关的生动具体情况。例如，铅笔的生产厂家想了解铅笔的需求情况，就可以在主要使用铅笔的中小学生中选择若干具有代表性的学校或班级，调查这些学校或班级的学生在一学期或一年中人均购买多少支铅笔，再根据全国中小学生数便可推算出全国每年铅笔的大致需求量。

### (二)典型调查的类型

典型调查适用于调查总体同质性比较大的情形。同时，它要求研究者有较丰富的经验，在划分类别、选择典型上有较大的把握。一般来说，典型调查有两种类型，一种是一般的典型调查，即对个别典型单位的调查研究。在这种典型调查中，只需在总体中选出少数几个典型单位，通过对这几个典型单位的调查研究说明事物的一般情况或事物发展的一般规律。另一种是具有统计特征的划类选点典型调查，即将调查总体划分为若干个类，再从每个类中选择若干个典型进行调查，以说明各类的情况。

### (三)典型调查的优、缺点

典型调查的优点在于调查范围小、调查单位少、灵活机动、具体深入、节省人力、财力和物力等。

其不足是在实际操作中选择真正有代表性的典型单位比较困难，而且还容易受人为因素的干扰，从而可能会导致调查的结论有一定的倾向性，且典型调查的结果一般情况下不能严格推及总体，只能大体反映同类事物的本质和变化趋势。

【小资料】

#### 固定样本连续调查

**1. 固定样本连续调查的含义**

固定样本连续调查也是一种非全面调查，是从调查对象的全部单位中抽取出一部分单位，组成固定样本，在一定时间内，通过对固定样本的连续调查来测定市场发展变化的趋势，如居民消费情况、储蓄情况、产品使用情况、商品购买情况和广告收视情况等。在实践中，我国的城市居民家庭生活调查、农村居民家庭生活调查、西方国家的住房调查等都采取固定调查户(样本)进行连续调查。

固定样本连续调查的调查对象可以是消费者，也可以是销售者(零售商或批发商)，还可以是生产者。消费者固定样本连续调查以居民家庭为调查对象，调查消费者需求的变化及购买行为、收入支出、消费结构等变化情况；零售商固定样本连续调查以零售商业企业为调查对象，调查零售销售量、商品结构、价格水平、费用、利润等的变化情况；批发商固定样本连续调查以批发商业企业为调查对象，调查批发销售量、进货渠道、批发渠道、费用、批零差率、利润等的变化情况；固定样本连续调查以生产企业为调查对象，调查产品成本变化的因素和趋势，为制订价格提供可靠资料。

**2. 固定样本连续调查的形式**

固定样本连续调查的方法有：在一定时间内定期与样本户进行个别面谈或问卷调查；向消费者分发购物日记簿，由消费者详细填写，然后由调查者定期回收汇总，这种方法称为消费者日记调查法。调查者定期到消费者活动场所进行直接的观察、记录，或通过机械(录音机、照相机、摄像机等)进行记录观察，这种方法称为观察调查法。

**3. 固定样本连续调查的优、缺点**

固定样本连续调查具有以下优点：①对同一对象长期连续的调查，能掌握变化动态，有利于趋势分析；②调查者和被调查者通过长期联系，能较好地合作，调查表回收率高；③固定样本的质量及代表性较高，取得的调查资料比较准确。

固定样本连续调查的缺点表现在：①调查时间长，费用较高；②调查时间过长，被调查者会产生厌烦情绪敷衍了事，影响调查资料的准确性；③固定样本成员会因迁移等原因而脱节，影响固定样本的代表性。

# 第三节 抽样调查

## 一、抽样调查

### (一)抽样调查的含义

抽样调查是指调查者采用从调查总体中抽选出一部分单位作为样本，对样本进行调查，并用样本所得的结果来推断总体的一种调查方法。该方法的主要优点有三个：一是时间短、收效快；二是费用少；三是质量高，资料可信程度高，特别适用于不可能或没必要组织全面调查的情形。但它也有缺点，即存在抽样误差。

### (二)抽样调查的分类

抽样调查分为随机抽样调查和非随机抽样调查两类。

**1. 随机抽样调查**

随机抽样是按照随机原则抽取样本，即在总体中抽取样本单位时，完全排除了人为主观因素的影响，使每一个单位都有同等的可能性被抽到。遵守随机原则，一方面可使抽取出来的部分单位的分布情况(如不同年龄、文化程度人员的比例等)有较大的可能性接近总体的情况，从而使根据样本所做出的结论对总体研究具有充分的代表性；另一方面，遵循随机原则，有助于调查人员准确地计算抽样误差，并有效地加以控制，从而提高调查的精度。

**2. 非随机抽样调查**

非随机抽样调查不遵循随机原则，它是从方便出发或根据主观的选择来抽取样本。非随机抽样无法估计和控制抽样误差，无法用样本的定量资料，只能采用统计方法来推断总体，但非随机抽样简单易行，尤其适用于做探测性研究。

### (三)抽样调查的特点

抽样调查的特点如下。

(1) 从经济上说，抽样调查节约人力、物力和财力。
(2) 抽样调查更节省时间，具有较强的时效性。
(3) 抽样调查具有较强的准确性。
(4) 通过抽样调查，可使资料收集的深度和广度都大大提高。

尽管抽样调查具有上述优点，但它也存在着某些局限性，它通常只能提供总体的一般资料，而缺少详细的分类资料，在一定程度上难以满足对市场经济活动分析的需要。此外，当抽样数目不足时，将会影响调查结果的准确性。

### (四)抽样调查的适用范围

抽样调查的适用范围如下。

(1) 对一些不可能或不必要进行全面调查的社会经济现象，最宜用抽样方式解决。例如，对有破坏性或损耗性质的商品进行质量检验；对一些具有无限总体的调查(如对森林木材积蓄量的调查)等。

(2) 在经费、人力、物力和时间有限的情况下，采用抽样调查方法可节省费用，争取时效，用较少的人力、物力和时间达到满意的调查效果。

(3) 运用抽样调查对全面调查进行验证，全面调查涉及面广、工作量大、花费时间和经费多，组织起来比较困难。但调查质量如何需要检查验证，这时，显然不能用全面调查方式进行。例如，工业全面调查前后需要几年的时间才能完成，为了节省时间和费用，常用抽样调查进行检查和验证。

(4) 对某种总体的假设进行检验，判断这种假设的真伪，以决定行为的取舍时，也经常用抽样调查来测定。

### (五)抽样调查中常用的概念

#### 1. 全及总体和抽样总体

全及总体简称总体，是指所要调查对象的全体。抽样总体简称样本，是从全及总体中抽选出所要直接观察的全部单位。例如，调查某学校学生的平均月生活费的收入和支出，可以按抽样调查理论从全体学生中抽取部分学生了解，那么全校学生就是全及总体，抽取的部分学生就是抽样总体。

#### 2．全及指标和抽样指标

1) 全及指标

全及指标是根据全及总体各单位指标值计算的综合指标，常用的全及指标有全及总体平均数、全及总体成数、全及总体方差和均方差。

全及总体平均数是全及总体所研究的平均值，根据所掌握资料的情况，可有简单式和加权式的计算方法。

全及总体成数是指一个现象有两种表现时，其中具有某种标志的单位数在全及总体中所占的比例。例如，产品可分为合格产品和不合格产品，产品总体中合格产品率或不合格产品率即是成数。

2) 抽样指标

抽样指标是根据抽样总体各单位标志值计算的综合指标。常用的抽样指标有抽样平均数、抽样成数、抽样方差和均方差等。

全及总体方差和均方差是用来说明全及总体标志变异程度的指标，是理解和应用抽样调查时很重要的基础指标。

3．重复抽样和不重复抽样

重复抽样又称回置抽样，是一种在全及总体中允许多次重复抽取样本单位的抽选方法，即从总体中随机抽出一个样本，再将它放回去，使它仍有被抽到的可能性，在整个抽样过程中，总体单位数保持不变，被抽中的样本单位的概率也是完全相同的。

不重复抽样又称不回置抽样，即先被抽选的单位不再放回全及总体中去，一经抽出，就不会再有第二次被抽中的机会了。在抽样过程中，样本总数逐渐减少。

4．总体分布和样本分布

总体分布是指全及总体中的各个指标值经过分组所形成的变量数列，而样本分布是指所有可能的样本指标经过分组而形成的变量数列。一般来讲，当总体分布为正态分布时，样本分布也是正态分布，但总体不是正态分布时，样本是否是正态分布主要取决于样本的数量大小，抽样调查的基本要求就是使样本分布尽可能地接近于总体分布。

如表 3-1 所示是总体指标和样本指标代表符号及计算公式。

表 3-1 总体指标和样本指标代表符号及计算公式

| 内 容 | 总 体 | 样 本 |
| --- | --- | --- |
| 单位数(单元) | $N$ | $n$ |
| 平均数 | $\bar{X} = \dfrac{\sum X}{N}$ | $\bar{x} = \dfrac{\sum x}{n}$ |
| 比例 | $P = \dfrac{N_1}{N}$ | $p = \dfrac{n_1}{n}$ |
| 平均数方差 | $\sigma^2 = \dfrac{\sum (X - \bar{X})^2}{N}$ | $s^2 = \dfrac{\sum (x - \bar{x})^2}{n}$ |
| 比率方差 | $\sigma^2 = P(1 - P)$ | $s^2 = p(1 - p)$ |

5．抽样框和抽样单元

抽样框是指供抽样所用的所有调查单位的详细名单。例如，要从 10 000 名职工中抽出 200 名组成一个样本，则 10 000 名职工的名册就是抽样框。

抽样框一般可以采用现成的名单，如户口、企业名录和企事业单位职工的名册等，在没有现成名单的情况下可由调查人员自己编制。应该注意的是，在利用现有的名单作为抽样框时，要先对该名单进行检查，避免有重复、遗漏的情况发生，以提高样本对总体的代表性。

## 二、随机抽样调查的类型

常用的等概率随机抽样组织形式有简单随机抽样、分层随机抽样、等距抽样、整群抽样和多阶段抽样。

### (一)简单随机抽样

简单随机抽样也称为纯随机抽样，它是对总体不作任何处理，不进行分类也不进行排序，而是按照随机原则直接从总体 $N$ 中抽取 $n$ 个单位组成样本。纯随机抽样的具体取样方法主要有以下三种。

#### 1．直接抽取法

直接抽取法是指从调查对象中直接抽选样本，如从仓库存放的某种产品中随机抽取若干件进行质量检查。

#### 2．抽签法

抽签法是指先给总体各单位编上序号，然后将号码写在纸片上，将其混合均匀后从中抽选，抽到哪个单位就调查哪个单位，直至抽够预先规定的数量为止。抽签法简单易行，但只适用于总体单位不是很多的情况。

#### 3．随机数表法

随机数表又称为乱数表，是指含有一系列组别的随机数字的表格。

使用随机数表时，首先要将调查总体中所有的单位加以编号，根据编号的位数确定选用随机数码表中若干位数字；然后在随机数表中任意选定一行或一列的数字作为开始数，接着可以按自上而下或自左而右，或隔一定间隔(隔行或隔列)顺序取数，凡属于编号范围内的数字号码，则该号码对应的单位就作为样本单位。如果是不重复抽样，则碰上重复的数字时应舍弃，直到抽够预定的数量为止。

### (二)分层随机抽样

分层随机抽样又称为分类随机抽样、类型抽样，是把调查总体按其属性不同分为若干层次(或类型)，然后在各层(或类型)中随机抽取样本。例如，调查人口可按年龄、收入、职业和居住位置等标志划分为不同的阶层，然后再按照要求在各个阶层中进行随机抽样。

分层随机抽样在市场调查中采用得较多。在分层时要注意各层之间要有明显的差异，每个单位应该被分配到一层，并且只能分配到一层，不能遗漏任何单位。同一层内的单位应该尽可能同质，不同层的单位应该尽可能异质。分出的层数不宜太多，根据经验，建议不超过六层；否则任何精确度上的收益会被增加的分层和抽样成本所抵消。分层抽样的主要目的是在不增加成本的同时增加精确度。

对总体划分各层(类)后，依据如何确定各层(类)的抽样单位数，分层随机抽样又分为等比例分层抽样和分层最佳抽样。

### 1．等比例分层抽样

等比例分层抽样是按各个层(或各类型)中单位数占总体单位数量的比例分配各层样本数量的一种分层抽样技术。

【例 3-1】某地共有居民 20 000 户，按经济收入高低进行分类，其中高收入的居民为 4000 户，占总体的 20%；中收入为 12 000 户，占总体的 60%；低收入为 4000 户，占总体的 20%。要从中抽取 200 户进行家庭购买力调查，按等比例分层抽样技术计算各层应抽取的样本单位数。

**解**：按等比例分层抽样技术计算各层应抽取的样本单位数分别为

高收入层的样本单位数目=200×20%=40(户)

中收入层的样本单位数目=200×60%=120(户)

低收入层的样本单位数目=200×20%=40(户)

这种抽样方法简便易行，分配合理，计算简单，适用于各层(或各类型)之间差异不大的分层抽样调查，如果各层(或各类型)之间差异过大，则应采用分层最佳抽样法。

### 2．分层最佳抽样

分层最佳抽样又称为非比例抽样，它不是按各层单位数占总体单位数的比例分配样本，而是根据其他因素(各层平均数或各层标准差的大小、抽取样本工作量大小和费用大小等)调整各层的样本单位数。如按分层标准差大小调整各层样本单位数，其计算公式为

$$n_i = n \times \frac{N_i S_i}{\sum N_i S_i} \tag{3-1}$$

式中：$n_i$——各类型应抽选的单位数；

$n$——样本单位个数；

$N_i$——各类型的调查单位数；

$S_i$——各类型调查单位平均数(成数)的样本标准差。

【例 3-2】仍以上述居民收入与购买力之间的关系为例。假定各层样本标准差的高收入为 300 元，中收入为 200 元，低收入为 100 元，以分层最佳抽样法确定各层应抽取的样本单位数。

**解**：总体单位数 $N$=20 000，共需抽取的样本单位数 $n$=200。总体分成三层：

$N_1$=4000，$N_2$=12 000，$N_3$=4000，各层的标准差分别为：$S_1$=300，$S_2$=200，$S_3$=100。

按照公式计算各层应抽取的单位数分别如下。

高收入层的样本单位数为

$$n_1 = n \times \frac{N_1 S_1}{\sum N_i S_i} = 200 \times \frac{4000 \times 300}{4000 \times 300 + 12\,000 \times 200 + 4000 \times 100} = 60(户)$$

中收入层的样本单位数为

$$n_2 = n \times \frac{N_2 S_2}{\sum N_i S_i} = 200 \times \frac{12\,000 \times 200}{4000 \times 300 + 12\,000 \times 200 + 4000 \times 100} = 120(户)$$

低收入层的样本单位数为

$$n_3 = n \times \frac{N_3 S_3}{\sum N_i S_i} = 200 \times \frac{4000 \times 100}{4000 \times 300 + 12\,000 \times 200 + 4000 \times 100} = 20(户)$$

通过上述计算可以看出，用非比例抽样法与比例抽样法抽取的单位数，各层次之间是不同的，特别是高收入与低收入之间的样本标准差较大，所以高收入层所抽取的样本数增加 20 户(40 户→60 户)，低收入层减少 20 户(40 户→20 户)，中收入层不变。由于购买力同家庭经济收入关系很大，因而要增加高收入层的样本数，就要相应地减少低收入层的样本数，这样才能使所抽选的样本更具有代表性。

### (三)等距抽样

等距抽样又称机械抽样、系统抽样，就是先将全及总体各单位按一定标志排列起来，然后按照固定的顺序和一定的间隔来抽取样本单位。

排列所依的标准有两种。一种是按与调查项目无关的标志排队。例如，在住户调查时，选择住户可以按住户所在街区的门牌号码排队，然后每隔若干个号码抽选一户进行调查。另一种是按与调查项目有关的标志排队。例如，住户调查时，可按住户平均月收入排队，再进行抽选。

在排队的基础上，还要计算抽选距离(间隔)，计算公式为

$$抽选距离 = N/n$$

确定抽选距离之后，可以采用简单随机抽样方式，从第一段距离中抽取第一个单位，为简化工作并防止出现某种系统性偏差，也可以从距离的 1/2 处抽取第一个单位，并按抽选距离继续抽选剩余单位，直到抽完为止。

例如，从 600 名大学生中抽选 50 名大学生进行调查，可以利用学校现有的名册顺序按编号排队，从 1 号编至 600 号。

$$抽选距离 = N/n = 600/50 = 12(人)$$

用简单随机抽样方式，抽取第一个样本单位，如果抽到的是 8 号，那么依次抽出的是 20 号、32 号、44 号等。

等距抽样与简单随机抽样比较，可使选中单位比较均匀地分布在全及总体中，尤其当被研究对象的标志值的变异程度较大，而在实际工作中又不可能抽选更多的样本单位时，

这种方法更为有效。因此，等距抽样是市场调查中应用最广的一种抽样方式。

等距抽样也有一定的局限性，具体表现在以下两个方面。

(1) 运用等距抽样的前提是要有全及总体每个单位的有关资料，特别是按有关标志排队时，往往要有较为详细具体的资料，这是一项既复杂又细致的工作。

(2) 当抽选间隔和被调查对象本身的节奏性相重合时，就会影响调查的精度。如对某商场每周的商品销售量情况进行抽样调查，若抽取的第一个样本是周末，抽样间隔为7天，那么抽取的样本单位都是周末。而往往周末商品销售量最大，这样就会发生系统性偏差，从而影响等距抽样的代表性。

### (四)整群抽样

在实际工作中，为了便于调查，节省人力和时间，往往是一批一批(一群一群)地抽取样本，每抽一批(一群)时，就把其中所有单位全部加以登记，以此来推断总体的一般情况，这种抽样方式称为整群抽样。

例如，对工业产品进行质量调查时，每隔5个小时，抽取1个小时的产品进行检查。

划分群时，每群的单位数可以相等，也可以不等，在每一群中的具体抽选方式，既可以采用随机的方式，也可以采用等距抽样的方式，但不管采用什么方式，都只能使用不重复的抽样方法。

整群抽样的优点是组织工作比较方便，确定一组就可以抽出许多单位进行观察。但是，正是因为以群体为单位进行抽选，抽选单位比较集中，明显地影响了样本分布的均衡性。因此，整群抽样与其他抽样相比，在抽样单位数目相同的条件下抽样误差较大，代表性较低。在抽样调查实践中，采用整群抽样一般都需要比其他抽样抽选更多的单位，以降低抽样误差，提高抽样结果的准确度。

当然，整群抽样的可靠度主要还是取决于群与群之间差异的大小，当各群间差异较小时，整群抽样的调查结果就比较准确。因此，在大规模的市场调查中，当群体内各单位间的误差较大，而各群之间的差异较小时，最适宜采用整群抽样方式。

【小资料】

随机抽样调查的优点：①随机抽样是从总体中按照随机原则抽取一部分单位进行的调查。它的调查范围和工作量比较小，又排除了人为的干扰，因此既能省时、省力、省费用，又能较快地取得调查的结果，同时，抽取的样本可以大致代表总体；②随机抽样技术能够计算调查结果的可靠程度，可通过概率推算其与实际值的差异，即抽样误差(又称代表性误差)，将误差控制在一定范围内。

随机抽样调查的不足：①对所有调查样本都给予平等看待，难以体现重点；②抽样范围比较广，所需时间长，参加调查的人员和费用多；③需要具有一定专业技术的专业人员进行抽样和资料分析，一般调查人员难以胜任。

## (五)多阶段抽样

当总体的容量很大，特别是总体的分布范围很广时，无论采用上述哪种抽样方法，都很难一次性直接抽到最终的样本。在这种情况下，研究者一般采用多阶段抽样的方法。

多阶段抽样的方法是把抽取样本单位的过程分为若干个阶段进行，即先从总体中抽取若干一级单位，再从抽中的一级单位中抽取若干二级单位，接着从抽中的二级单位里抽取三级单位。以此类推，一直到最后才抽取样本基本单位。样本基本单位是该项调查的最小单位，是调查项目的基本承担者。我国的农业产量抽样调查，一般是采用五级抽样：第一步从全部的省中抽县(全国的所有县都有被抽中的可能)，第二步从抽中的县中抽乡，第三步从抽中的乡中抽村，第四步从抽中的村中抽地块，最后一步从抽中的地块中抽小面积实测单位。也就是说，在不同的抽样阶段中，抽样单位和抽样框都是不同的，下面举例说明多阶段抽样方法。

假设要调查某市中学生的消费情况，总体为该市全体中学生，样本规模为 400 人。可以把抽样过程分为下述几个阶段进行。

首先，在城区这一层次上进行抽样。假设该市有七个城区，可以采用简单随机抽样的方法从中抽取两个城区。

其次，在学校这一层次上进行抽样。即从所抽中的两个城区内的几十所中学中，采用简单随机抽样(或等距抽样)的方法各抽取 5 所中学，这样共抽取 10 所中学。

再次，在班级这一层次上进行抽样。即从所抽中的学校中，以班级为单位进行抽样，假定每所学校有 15 个班，从中抽取 4 个班，这样 10 所学校共抽取 40 个班。

最后，在学生这一层次上抽样。此时的抽样对象是学生，即从每个抽中的班中随机抽取 10 名学生。也就是说，这 40 个班中共可抽到学生 400 人，将他们合起来即构成调查的样本。

在上述四个阶段中，每一次的抽样单位和抽样框都不相同，它们分别是：①城区和该市七个城区的名单；②中学和所抽城区全部中学的名单；③班级和所抽学校全部班级的名单；④学生和所抽班级全体学生的名单。而整个抽样过程也可看成是两个基本步骤的反复运用，这就是建立抽样框和抽取样本。

【小资料】

### 多阶段抽样与整群抽样、分层抽样的区别

整群抽样虽然类似于多阶段抽样，但这两者之间是有区别的(区别在第二阶段)。以两阶段抽样为例，整群抽样是从总体中随机地抽取部分群体，然后对抽中的群体进行全面调查；而两阶段抽样是第一阶段抽取部分群体，然后在第二阶段对抽中的群体进行抽样调查；两阶段抽样和分层抽样虽然都需要对总体进行分组，但两者之间也有区别(区别在第一阶段)：分层抽样首先抽取了全部的群体，然后在各群体中抽取部分单位进行调查；而两阶段抽样则是在第一阶段随机地抽取部分群体，然后再从选中的群体中抽取部分单位作为第

二阶段的样本进行调查。所以，两阶段抽样在组织技术上可视作整群抽样和分层抽样的结合。

【知识拓展】

抽样误差的确定

**1. 抽样平均误差的确定**

抽样误差是指随机抽样调查中发生的代表性误差即平均误差，通常用符号$\mu$表示。因为抽样调查是以样本代表总体，以样本综合指标推断总体中和指标，所以平均误差是不可避免的。但这种误差一般不包括技术性误差即调查过程中的工作误差。

影响抽样误差大小的因素有以下几项：①总体单位之间的标志变异程度，总体单位之间标志变异程度大，抽样误差大，反之则小，所以抽样误差大小同总体标准差大小成正比例关系；②样本单位的数目多少与抽样误差大小有关，样本单位数目越多，抽样误差越小，样本单位数目少，抽样误差则大，所以抽样误差的大小同样本单位数成反比例的关系；③抽样方法的不同，抽样误差大小也不相同。一般来说，简单随机抽样比分层、分群抽样误差大，重复抽样比不重复抽样误差大。

重复抽样是指样本抽出后再放回去，有可能被第二次抽中。而不重复抽样是样本抽出后不再放回，每个单位只能抽中一次。实践中大多数采用不重复抽样。

(1) 平均数重复抽样误差的计算公式为

$$\mu_{\bar{x}} = \sqrt{\frac{\sigma^2}{n}}$$

式中：$\mu_{\bar{x}}$——抽样平均误差；

$\sigma^2$——总体方差；

$n$——样本单位数。

注：$\sigma^2$一般要进行计算求得，$\sigma^2 = \frac{\sum(X-\bar{X})^2}{N}$或以样本标准差代替，也可采用经验估算等。

(2) 平均数不重复抽样误差的计算公式为

$$\mu_{\bar{x}} = \sqrt{\frac{\sigma^2}{n}\left(1-\frac{n}{N}\right)}$$

式中：$N$——总体单位数；

$\sqrt{1-\frac{n}{N}}$——修正系数。

**2. 抽样极限误差**

抽样平均误差可以用来测定抽样指标对总体指标的可能离差。根据概率原理，用一定的概率可以保证抽样误差不超过某一给定范围，这个给定的范围就叫作极限抽样误差。

中心极限定理已证明，概率度 $t$ 和概率 $p$ 成函数关系，即 $p=F(t)$，$t$ 每取一个值，都有唯一确定的 $p$ 值与之相对应。在实际工作中，为了使用的方便，将不同的 $t$ 值与其相应的概率 $p$ 预先算好，编成概率表，供调查时使用。几个常用的概率度和概率之间的关系如表 3-2 所示。

表 3-2 概率度和概率函数关系表

| 概率度 $t$ | 把握程度 $F(t)$ | 允许误差 $\Delta=t\mu$ |
| --- | --- | --- |
| 1.00 | 0.6827 | $1.00\mu$ |
| 1.50 | 0.8664 | $1.50\mu$ |
| 1.96 | 0.9500 | $1.96\mu$ |
| 2.00 | 0.9545 | $2.00\mu$ |
| 2.50 | 0.9876 | $2.50\mu$ |
| 3.00 | 0.9973 | $3.00\mu$ |
| 4.00 | 0.9994 | $4.00\mu$ |
| 5.00 | 0.999 999 | $5.00\mu$ |

## 三、非随机抽样类型

非随机抽样的类型包括任意抽样、判断抽样、配额抽样和滚雪球抽样。

### (一)任意抽样

任意抽样又称便利抽样，是根据调查者的方便与否来抽取样本的一种抽样方法。"街头拦人法"和"空间抽样法"是任意抽样的两种最常见的方法。

"街头拦人法"是指在街上或路口任意找某个行人，将其作为被调查者进行调查。例如，在街头向行人询问其对某一社会热点问题的看法，请行人填写某种问卷等。

"空间抽样法"是指对某一聚集的人群，从空间的不同方向和方位对他们进行抽样调查，例如，在商场内向某一群顾客询问其对商场服务质量的意见；在教室里向前两排的学生询问其学习情况等。

任意抽样简便易行，能及时取得所需的信息资料，省时、省力、节约经费，但抽样偏差较大，一般用于非正式的探测性调查，只有在调查总体各单位之间的差异不大时，抽取的样本才具有较高的代表性。

### (二)判断抽样

判断抽样又称为目的抽样，是指抽取样本时由调查人员依据对实际情况的了解、经验、主观分析和判断，人为确定样本单位，或由某些有见解的专家选定样本的抽样方法。

这种抽样方法所得到的样本对总体的代表性，完全取决于研究者对总体的了解程度及分析和判断能力。

在判断抽样中，根据调查目的的不同，样本单位的确定通常有几种情况：第一种是选择"平均型"样本，即选择在调查总体能代表平均水平的样本，其目的是了解总体平均水平的大体位置；第二种是选择"众数型"样本，即在调查总体中选择能够反映大多数单位情况的个体为样本；第三种是选择"特殊型"样本，比如选择很好(高)的或很差(低)的典型单位为样本，目的是分析研究造成这种异常的原因。

判断抽样简便快捷、节省费用，符合调查目的和特殊需要。但由于样本选择是主观的，所以样本的质量取决于调查人员的经验、专业知识和对情况的了解，而且不支持对一个特定总体的直接推论。

### (三)配额抽样

配额抽样是非随机抽样中最流行的一种，配额抽样是指首先将总体中的所有单位按一定的标志分为若干类(组)，然后在每一类(组)中用便利抽样或判断抽样的方法选取样本单位。与分层抽样不同的是，配额抽样不遵循随机原则，而是主观地确定对象分配比例。

配额抽样按照分配样本数目时控制特征是否相互牵制，可分为独立控制配额抽样和相互控制配额抽样两大类。

#### 1. 独立控制配额抽样

独立控制配额抽样是指对调查对象只规定具有一种控制特征的样本抽取数目并规定配额的抽样方法。具体应用如下：在一个城市中欲采用配额抽样抽取一个 $n=180$ 的样本。调查对象的控制特征有年龄、性别和收入，配额是按照单个特征分配的，如表 3-3 至表 3-5 所示。从这三个表中可以看出，虽然有年龄、性别和收入三个控制特征，但每个特征是独立控制配额抽取样本数目的，不要求相互受到牵制，也不规定三个控制特征之间有任何关系。如在年龄组 20~30 岁中有 30 人，这 30 人中没有规定男、女各多少人，高收入、中收入及低收入又有多少，这就是独立控制配额抽样的特点。

表 3-3 按年龄控制特征配额分配表

单位：人

| 年　龄 | 人　数 |
| --- | --- |
| 20~30 岁 | 30 |
| 30~40 岁 | 50 |
| 40~50 岁 | 60 |
| 50 岁以上 | 40 |
| 合计 | 180 |

表 3-4　按性别控制特征配额分配表

单位：人

| 性　别 | 人　数 |
|---|---|
| 男 | 90 |
| 女 | 90 |
| 合计 | 180 |

表 3-5　按收入控制特征配额分配表

单位：人

| 收　入 | 人　数 |
|---|---|
| 高 | 36 |
| 中 | 90 |
| 低 | 54 |
| 合计 | 180 |

独立控制配额具有简便易行、费用少等优点，但有选择样本容易偏向某一类型而忽视其他类型的缺点。不过，这个缺点可通过相互控制配额抽样来弥补。

**2．相互控制配额抽样**

相互控制配额抽样是对调查对象规定两种或两种以上控制特征的样本抽取数目并规定配额的抽样方法。具体操作方法是借助相互控制配额抽样表来完成抽样分配。例如，前例 180 人的样本要具有三种控制特征：年龄、性别和收入，如表 3-6 所示。

根据相互控制配额抽样表，市场调查人员可以清楚地知道自己应该抽取若干个控制特征的样本数。例如，20～30 岁的被调查者应有 30 人，其中高收入的男性和女性各抽 3 人，中收入的男、女各抽 4 人，低收入的男、女各抽 8 人。

控制配额抽样方法的工作步骤如下。

(1) 确定控制特征。调查人员可事先根据调查的目的和客观情况，确定调查对象的控制特征，作为总体分类的划分标准，如年龄、性别、收入和文化程度等。

(2) 根据控制特征对总体分层，计算各层占调查总体的比例，确定各层之间的比例关系。例如，以家庭人口和月收入为控制特征，制订相互控制配额比例表。

(3) 确定每层的样本数。首先确定样本总数，然后根据每层占总体的比例决定每层应抽取的数目。

(4) 配额分配，确定调查单位。在各层抽取样本数确定之后，调查人员就可以在指定的样本配额限度内任意选择样本单位。

表 3-6 相互控制配额抽样表

单位：人

| 年龄\样本数\性别\收入 | 高 | | 中 | | 低 | | 合计 |
|---|---|---|---|---|---|---|---|
| | 男 | 女 | 男 | 女 | 男 | 女 | |
| 20~30 岁 | 3 | 3 | 4 | 4 | 8 | 8 | 30 |
| 30~40 岁 | 5 | 5 | 7 | 7 | 13 | 13 | 50 |
| 40~50 岁 | 7 | 7 | 9 | 9 | 14 | 14 | 60 |
| 50 岁以上 | 3 | 3 | 7 | 7 | 10 | 10 | 40 |
| 小计 | 18 | 18 | 27 | 27 | 45 | 45 | 180 |
| 合计 | 36 | | 54 | | 90 | | |

配额抽样方法简单易行，可以保证总体的各个类别都能包括在所抽样本之中，因此配额抽样的样本具有较高的代表性。但也应注意到这种方法具有一定的假设性，即假定具有某种相同特征的调查对象，其行为、态度与反应都基本一致，因此，对同一层内的调查对象，是否采取随机抽样就无关紧要了。由于抽样误差不大，只要问卷设计合理、分析方法正确，所得的结果同样值得信赖。这种假设性是否成立，在很大程度上取决于调查者的知识、水平和经验。

【小资料】

### 配额抽样与分层抽样、判断抽样的异同

(1) 配额抽样与分层抽样的异同。运用配额抽样进行抽样，要按照一定的标准分配样本数额，并在规定数额内由调查人员任意抽选样本。这种方法与分层抽样有相似的地方，都是事先对总体中所有单位按其属性、特征(这些属性、特征称为"控制特征")分类、分层，但两者有本质区别，二者的抽样目的和方法均不同。配额抽样之所以分层分类，其目的在于要抽选出一个总体的"模拟物"，其方法是通过主观的分析判断来确定和选择组成这种模拟物的成员。分层抽样进行分层，一方面是要提高各层间的异质性和同层中的同质性，另一方面也为了照顾到某些比例较小的层次，使得所抽样本的代表性进一步提高，误差进一步缩小。而其抽样方法则完全依据随机原则，排除主观因素，客观地、等概率地从各层中进行抽样，这与配额抽样中那种"按事先规定的条件，有目的地去寻找"的做法完全不同。

(2) 配额抽样与判断抽样的异同。配额抽样是在规定数额内由调研人员任意抽选样本，与判断抽样由调研人员人为确定样本是有区别的。首先，抽取样本的方式不同。配额抽样是分别从总体的各个控制特征的层次中抽取若干个样本单位组成样本，而判断抽样是从总体的某一层次中抽取若干个符合条件的典型样本。其次，抽样要求不同。配额抽样注

重"量"的分配，而判断抽样注重"质"的分配。最后，抽样方法不同。配额抽样方法复杂精密，判断抽样方法简单易行。

### (四)滚雪球抽样

滚雪球抽样是一种特殊的抽样方法。它先从几个合适的个体开始，然后通过它们得到更多的个体。

在市场调查中，当遇到无法了解总体状况的情形时，可以采用这种方法，即先从总体中少数合适的成员入手，访谈后向他们询问还知道哪些符合条件的成员。然后再去找那些成员调查，并同时要求他们推荐出后面的被访者。像这样的过程可以一轮接一轮地进行下去，就像滚雪球似的，从小到大，所调查的成员越来越多。即使在选择最初的被访者时使用了随机抽样，最终的样本还是一个非随机抽样样本。与随机的方式相比，被推荐的人将具有与推荐的人更为相似的人口与心理特征。

滚雪球抽样的一个主要目的是估计在总体中非常稀少的某些特征，它的主要优点是显著地增加了在总体中找到具有某种特征的个体的可能性，同时误差和成本相对较低。

**【小资料】**

非随机抽样技术的优点：①非随机抽样技术按一定的主观标准抽选样本，可以充分利用已知资料，选择较为典型的样本，使样本更好地代表总体；②可以缩小抽样范围，节约调查时间、调查人员和调查费用。

非随机抽样技术的不足：无法判断其误差和检查调查结果的准确性。这是因为用非随机抽样技术进行调查的总体中，每一个样本被抽取的概率不一样，概率值的大小不清楚，无法借助概率计算推算值与实际值的差异得出其误差。可靠程度只能由调查人员主观评定。由于主观标准不当或主观判断失误均会增加抽样误差，出现差错后难以核实。

**【案例3-1】**

#### 全国电视机市场调查抽样设计

抽样设计是项目调查、管理和实施的关键，是调查项目成功与否的关键，此次调查采用分层多阶不等概率系统随机抽样，样本容量为10 800个居民户。样本设计的具体思路如下。

**1. 分层**

先将全国各省、自治区、直辖市按其地理位置和经济发展程度分成沿海、内地和边远三类，以地区及省、自治区、直辖市为层，各层分别独立抽样。由于每层的总户数是确知的，因此各层权重可知。这在由样本观测值推算总体目标时是必需的。采取这样的分层技术，一是为了获得更高的精度，二是为了组织调查和汇总数据方便，三是能够同时得到分地区以及分省、自治区、直辖市的结果。

### 2. 多阶段

在各层分别独立抽样时，每层的基本单位数仍很庞大，且分布面很广，很难用单阶段抽样产生一个完整的样本，故在每层内采取先抽市(区)或县；在每个抽样中的市、县中抽街道或乡；在每个抽样中的街道或乡中抽居民(或村民)委员会；最后抽调查户的四阶段抽样方法。其中每一阶段抽样又根据条件规定了具体的抽样细则。这样，在实施过程中，每阶段只需有局部的有关市(县)或街道(乡)等的抽样框，同时又能使所得样本相对集中，便于实际调查。

### 3. 不等概率抽样

在第二和第三阶段上采用不等概率抽样，这是基于这样的街道(乡)、居民(村民)委员会等抽样单元规模大小不一，为使每个住户都有大致相等的被抽中机会，在抽市(县)或街道(乡)时，按与各街道(乡)所含户数基本成比例的不等概率抽取街道(乡)。这样，户数多的街道(乡)被抽中的概率就大。

### 4. 系统随机抽样

在第四阶段上采用系统随机抽样。这一方法的突出优点，首先是便于实施，节省时间，不易出差错；其次，样本在总体中分布得更均匀。

总之，上述严格的抽样方法尽可能地排除了各种人为的干扰，保证获得的样本具有足够的代表性，从而尽可能地提高抽样效率。

### 5. 样本量的确定

样本量的确定，首先要考虑抽样调查最后推断总结果的精度要求，其次要兼顾经费和时间的要求，由于此次调查的目标量大多可以化成比例的形式，经项目专家组议定，对所有比例型的目标量的估计的绝对误差 $e$ 在 95%的置信度下，沿海地区 $e_1 \leqslant 2\%$，内地 $e_2 \leqslant 2.5\%$，边远地区 $e_3 \leqslant 3\%$。此精度可以满足各方面的要求。样本容量由下式确定，即

$$N_i = \frac{U_a^2 \times p \times q}{e_i^2} \times \text{deff}_1 \quad i=1,2,3,\cdots$$

式中：$a$——显著性水平，取 0.05；

$U_a$——概率度，取 1.96；

$\text{deff}_1$——设计效果，取 2.0；

$p \times q$ 取最大值 0.25。

(资料来源：徐金发，蒋英涤，王益平，陈希盛. 寻求成功——市场调查与预测案例分析. 杭州：杭州大学出版社，1994)

## 思考与训练

1. 企业如果在城市对自己的渠道成员的信誉进行全面调查,应如何组织?
2. 某工业企业拟进行一次客户满意度调查,你建议应采用何种调查方式进行客户满意度调查?
3. 某县共有农户 22.5 万户,按照去年各乡镇农民年纯收入可分为高、中、低三类,各有农户 7.2 万户、10.8 万户和 4.5 万户。电信部门要求进行一次农民家庭本年末固定电话普及率、移动电话普及率和下年需求量的调查,你认为可采用何种抽样方式进行调查研究?
4. 如果在校内组织一次大学生消费状况的抽样调查,请为其进行抽样设计。

## 应用分析

某空调生产厂家生产的 A 品牌空调在 B 市的市场占有率很低,为了提高市场份额,在该市进行了为期半年的电视广告宣传。为了解广告传播效果和促销效果,特委托某市场调查公司进行此项调查。

**1. 调查的目的与任务**

本次调查的目的在于通过对 A 品牌空调的电视广告实际播放测定和广告效果追踪的调查研究,获取广告主体(产品)、广告诉求(受众对象)、广告主题(内容)、广告效果、广告媒介等方面的信息。以评价广告的传播影响、沟通效果、行为效果、促销效果,揭示存在的主要问题,为改进、完善、广告设计和广告策略提供信息支持。

**2. 调查项目与内容**

(1) 广告主体调查。主要包括被调查者的年龄、性别、职业、受教育程度、年收入;家庭空调的拥有量、品牌、购买时间、购买因素、满意度等。

(2) 广告诉求调查。主要包括 A 品牌空调的认知度、美誉度、偏好度、忠诚度。

(3) 广告主题调查。主要包括被调查者对广告内容的记忆度、理解度、说服力、接受度、喜好度等。

(4) 广告效果调查。主要包括认知度、到达率、购买意向度、销售增长率等。

(5) 广告媒体调查。主要了解该市居民对各种广告媒体的接受情况。

(附调查问卷)

**3. 调查对象与范围**

本次广告效果调查的对象是 B 市全部常住居民家庭(凡居住并生活在一起的家庭成员和其他人,或单身居住生活的均作为一个住户),其中每一个居民家庭为总体单位。从 B 市的统计年鉴了解到,该市有 4 个市辖区、50 个居委会、42.8 万户。其中东区有 13 个居委会，11.13 万户；西区有 10 个居委会，8.56 万户；南区有 14 个居委会，12.04 万户；北区有 13 个居委会，11.07 万户。

**4. 调查的组织方式**

由于该市居民户数有 42.8 万户，没有必要采用全面调查，为节省时间和调查经费，拟采用抽样调查方式。鉴于总体单位数太多，不可能直接从总体中抽取样本户组成调查样本，决定先分别从四个区抽选居委会，然后再从选中的居委会中抽取调查户。居委会的抽样框就是按区分列的居委会名单，调查户抽取所依据的抽样框是选中居委会居民家庭名册或名录库。

**5. 样本量与分配**

本次调查，厂家要求总体广告达到率(看过该广告的户数/该市拥有电视机的家庭户数)的抽样极限误差不超过 4%，区间估计的置信概率为 95%($Z$=1.96)。由于该市总体广告达到率未知，按照抽样调查理论，计算总体比率样本容量时，可直接用 $P(1-P)$ 的最大值 0.25 替代，据此，必要的样本容量为 535(户)。

考虑到可能有少数居民家庭因某种原因不回答，样本容量增大到 635 户。同时，为了使样本单位能均匀地分布在该市的各个区，经研究决定在全市中抽取 8 个居委会。

样本量分配如下：

| 区名 | 样本户数 | 抽中的居委会及户数分配[①] | |
|---|---|---|---|
| 东区 | 165 | 东 2/80 户 | 东 9/85 户 |
| 南区 | 179 | 南 5/86 户 | 南 11/93 户 |
| 西区 | 127 | 西 6/60 户 | 西 10/67 户 |
| 北区 | 164 | 北 4/74 户 | 北 8/90 户 |
| 合计 | 635 | — | |

注：① /之前为居委会所在区及编号，之后为该居委会的户数。

其中中选的居委会是在各区中用抽签法随机抽取的，中选居委会的调查户数是按中选居委会的户数规模的比例确定的。各中选居委会的最终样本户数的抽取，拟根据中选委员会编制的居民家庭名册实行等距抽样。

**6. 调查方法**

(1) 用调查问卷对调查户进行询问测试，即派调查员上门访问。

(2) 派员到该市主要商场观察，了解空调的销售情况，重点是 A 品牌的销售走势。

(3) 直接利用该 A 品牌空调在 B 市的销售记录，统计广告前后空调的销售量。

(4) 利用 B 市统计年鉴搜集有关数据，如空调家庭普及率等。

**7. 调查时间与进度安排**

资料搜集的时间为本年 8 月 10—15 日。全部调查工作起止时间为 8 月 1 日至 9 月 30 日。(进度安排略)

**8. 数据处理与分析**(略)

**9. 调查经费预算**(略)

**10. 调查组织计划**(略)

请分析以下问题：

(1) 你认为本方案采用了什么样的抽样调查组织方式？是否科学？

(2) 如果只测试广告主题及其效果，能否采用非随机抽样方式？为什么？

(3) 如果这个方案扩展到一个省或全国范围的调查，你以为对哪些方面应进行修订、充实和完善？或者重新设计一个调查方案。

# 第四章

## 市场调查方法

**本章要点及学习指导**

本章重点掌握市场调查的各种方法，主要包括文案调查法、访问法、观察法、实验法和网络调查法。通过对本章内容的学习，学习者要掌握几种调查方法的特点和操作要求，并在此基础上能够准确地运用不同的市场调查法去进行调查，提高信息搜集的效率。

引导案例:

### 日本环球时装公司的市场调查

在日本服装业居于首位的环球时装公司,由 20 世纪 60 年代创业时的零售企业发展成为日本有代表性的大型企业,靠的主要是第一手"活情报"。他们在全国 81 个城市顾客集中的车站、繁华街道开设侦探性专营店,陈列公司所有产品,给顾客以综合印象,售货员主要任务是观察顾客的采购动向;事业部每周安排一天时间全员出动,3 人一组、5 人一群,分散到各地调查,有的甚至到竞争对手的商店观察顾客情绪,向售货员了解情况,找店主聊天,调查结束后,当晚回到公司进行讨论,分析顾客消费动向,提出改进工作的新措施。全国经销该公司时装的专营店和兼营店均制有顾客登记卡,详细地记载每一位顾客的年龄、性别、体重、身高、体型、肤色、发色、兴趣、嗜好、健康状况、家庭成员、家庭收入,以及使用什么化妆品、常去哪家理发店和现时穿着及家中存衣的详细情况。这些卡片通过信息网络储存在公司信息中心,只要根据卡片就能判断顾客眼下想买什么时装,今后有可能添置什么时装。

(资料来源: http://www.worlduc.com/blog2012.aspx?bid=4488728)

问题探究:

日本环球时装公司采取的是哪种市场调查方法?有什么特点?

企业收集市场信息的方法主要包括文案调查和实地调查。其中实地调查包括访问法、观察法、实验法和网络调查法。

# 第一节 文案调查法

## 一、文案调查法的含义与特点

文案调查法又称间接调查法,是利用企业内部和外部现有的各种信息、情报资料,对调查内容进行分析研究的一种调查方法。在进行市场调查时,首先应考虑文案调查法。

与实地调查法相比,文案调查法具有以下几个特点。

(1) 文案调查法旨在收集已经加工过的次级资料,而不是对原始资料的收集,因而具有信息收集方便、省时省力的特点。

(2) 文案调查法以收集文献性信息为主,具体表现为各种文献资料,有些是已经经过实践检验了的结论。

(3) 文案调查法所收集的资料包括动态和静态两个方面,尤其偏重于动态角度。例如,利用文案调查法可以收集到反映一段时期内某地区经济发展的数据资料,也可以收集到某企业连续几年或几个月的产品销售量的资料,据此可以对市场的发展变化情况进行分析。

## 二、文案调查的功能

### (一)文案调查可以发现问题并为市场研究提供重要参考依据

通过文案调查法可以收集一系列的动态资料,企业可以从中进行以下几个方面的分析。

#### 1．市场供求趋势分析

市场供求趋势分析,即通过收集各种市场动态资料并加以分析对比,以观察市场发展趋势。例如,根据某企业近几年的产品销售量的变动情况,可以推测未来几年该产品市场需求的变化趋势。

#### 2．相关和回归分析

相关和回归分析,即利用一系列相互联系的现有资料进行相关和回归分析,以研究现象之间相互影响的方向和程度,并可在此基础上进行预测。例如,某企业根据近几年广告投入与销售收入的相关关系更好地进行广告决策。

#### 3．市场占有率分析

市场占有率分析,即根据各方面的资料,计算出本企业某种产品的市场销售量占该市场同种商品总销售量的份额,以了解本企业所处的市场地位及产品竞争能力。

#### 4．市场覆盖率分析

市场覆盖率分析,即用本企业某种商品的投放点与全国该种产品市场销售点总数的比较,反映企业商品销售的广度和宽度,以更好地了解产品的销售区域和开拓新的销售市场。

### (二)文案调查可为实地调查创造条件

(1) 通过文案调查,可以初步了解调查对象的性质、范围、内容和重点等,并能提供实地调查无法或难以取得的市场环境等宏观资料,为进一步开展和组织实地调查,提供更好、更多的背景材料。

(2) 文案调查所收集的资料还可用来证实各种调查假设,即可通过对以往类似调查资料的研究来指导实地调查的设计,用文案调查资料与实地调查资料进行对比,鉴别和证明实地调查结果的准确性和可靠性。

(3) 利用文案调查资料并经适当的实地调查,可以用来推算所掌握的数据资料的准确程度和可用性的大小以及未来的发展趋势。

(4) 文案调查资料,可以用来分析探讨现象发生的各种原因并作进一步的说明。

### (三) 文案调查可用于有关部门和企业进行经常性的市场调查

实地调查与文案调查相比，更费时、费力，组织起来也比较困难，故不能或不宜经常进行，而文案调查如果经调查人员精心策划，尤其是在建立企业及外部文案市场调查体系的情况下，具有较强的机动性和灵活性，随时能根据企业经营管理的需要，收集、整理和分析各种市场信息，定期为决策者提供有关市场调查报告。

## 三、文案调查法的局限性

文案调查法也有局限性，主要表现在以下几点。

(1) 文案调查法依据的主要是历史资料，过时资料比较多，现实中正在发展变化的新情况、新问题难以得到及时的反映。

(2) 所收集、整理的资料和调查目的往往不能很好地吻合，数据对解决问题不能完全适用，收集资料时易有遗漏。例如，调查所需的是分月商品销售额资料，而我们所掌握的是全年商品销售额资料，尽管可计算平均月销售额，但精确度会受到影响。

(3) 文案调查法要求调查人员有较广的理论知识、较深的专业知识及技能；否则将感到无能为力。此外，由于文案调查所收集的次级资料的准确程度较难把握，有些资料是由专业水平较高的人员采用科学的方法搜集和加工的，准确度较高，而有的资料只是估算和推测的，准确度较低。因此，运用文案调查法时应明确资料的来源并加以说明。

## 四、文案调查法的基本要求

文案调查的特点和功能，决定了调查人员在进行文案调查时，应该满足以下几个方面的要求。

(1) 广泛性。文案调查对现有资料的收集必须周详，要通过各种信息渠道，利用各种机会，采取各种方式大量收集各方面有价值的资料。一般来说，既要有宏观资料，又要有微观资料；既要有历史资料，又要有现实资料；既要有综合资料，又要有典型资料。

(2) 针对性。要着重收集与调查主题紧密相关的资料，善于对一般性资料进行摘录、整理、传递和选择，以便得到有参考价值的信息。

(3) 时效性。要考虑所收集资料的时间是否能保证调查的需要。随着知识更新速度加快，调查活动的节奏也越来越快，资料适用的时间在缩短。因此，只有反映最新情况的资料才是价值最高的资料。

(4) 连续性。要注意所收集的资料在时间上是否连续。只有连续性的资料才便于动态比较，便于掌握事物发展变化的特点和规律。

## 五、文案调查资料的来源

文案调查应围绕调查目的,收集一切可以利用的现有资料。

### 1. 内部资料的收集

内部资料的收集主要是收集调查对象活动的各种记录,具体包括以下四种。

(1) 业务资料,包括与调查对象活动有关的各种资料,如订货单、进货单、发货单、合同文本、发票、销售记录和业务员访问报告等。通过对这些资料的了解和分析,可以掌握本企业所生产和经营商品的供应情况,分地区、分用户的需求变化情况。

(2) 统计资料,主要包括各类统计报表,企业生产、销售和库存等各种数据资料,各类统计分析资料等。企业统计资料是研究企业经营活动数量特征及规律的重要定量依据,也是企业进行预测和决策的基础。

(3) 财务资料,是由企业财务部门提供的各种财务、会计核算和分析资料,包括生产成本、销售成本、各种商品价格及经营利润等。财务资料反映了企业活劳动和物化劳动占用和消耗情况及所取得的经济效益,通过对这些资料的研究,可以确定企业的发展背景,考核企业经济效益。

(4) 企业积累的其他资料,如平时剪报、各种调研报告、经验总结、顾客意见和建议、同业卷宗及有关照片和录像等。这些资料都对市场研究有着一定的参考作用。例如,根据顾客对企业经营、商品质量和售后服务的意见,就可以对如何改进加以研究。

### 2. 外部资料的收集

对于外部资料,可从以下几个主要渠道加以收集。

(1) 统计部门以及各级、各类政府主管部门公布的有关资料。国家统计局和各地方统计局都定期发布统计公报等信息,并定期出版各类统计年鉴,内容包括人口数量、国民收入、居民购买力水平等,这些均是很有权威和价值的信息。此外,计委、财政、工商、税务、银行等各主管部门和职能部门,也都设有各种调查机构,定期或不定期地公布有关政策、法规、价格和市场供求等信息。这些信息都具有综合性强、辐射面广的特点。

(2) 各种经济信息中心、专业信息咨询机构、各行业协会和联合会提供的信息和有关行业情报。这些机构的信息系统资料齐全、信息灵敏度高,为了满足各类用户的需要,它们通常还提供资料的代购、咨询、检索和定向服务,是获取资料的重要来源。

(3) 国内外有关的书籍、报纸、杂志所提供的文献资料,包括各种统计资料、广告资料、市场行情和各种预测资料等。

(4) 有关生产和经营机构提供的商品目录、广告说明书、专利资料和商品价目表等;各地电台、电视台提供的有关信息。近年来,全国各地的电台和电视台为适应形势发展的需要,都相继开设了各种专题节目。

(5) 各种国际组织、学会团体、外国使馆、商会所提供的国际信息。

(6) 国内外各种博览会、展销会、交易会、订货会等促销会议以及专业性、学术性经验交流会议上所发放的文件和材料。

【小资料】

### 文案调查的方式

在文案调查中,对于企业内部资料的收集相对比较容易,调查费用低,调查的各种障碍少,能够正确把握资料的来源和收集过程。因此,文案调查时应尽量利用企业的内部资料。

对于企业外部资料的收集,可以依据不同情况采取不同的方式。

(1) 具有宣传广告性质的许多资料,如产品目录、使用说明书、图册、会议资料等,是企、事业单位为扩大影响、推销产品、争取客户而免费面向社会提供的,可以无偿取得;而对于需要采取经济手段获得的资料,只能通过有偿方式取得,有偿方式取得的资料构成了调查成本,因此,要对其可能产生的各种效益加以考虑。

(2) 对于公开出版、发行的资料,一般可通过订购、邮购、交换和索取等方式直接获得,而对于使用对象有一定限制或具有保密性质的资料,则需要通过间接的方式获取。随着国内外市场竞争的日益加剧,获取竞争对手的商业秘密已成为市场调查的一个重要内容。

## 六、文案调查的方法

要想研究现有资料,必须先查找现有资料。对于文献性资料来说,科学地查询资料具有十分重要的意义。从某种意义上讲,文案调查方法也就是对资料的查询方法,在此主要介绍文献性资料的查询方法。

### (一)参考文献查找法

参考文献查找法是利用有关著作、论文的末尾所开列的参考文献目录,或者是文中所提到的某些文献资料,以此为线索追踪、查找有关文献资料的方法。采用这种方法可以提高查找效率。

### (二)检索工具查找法

检索工具查找法是利用已有的检索工具查找文献资料的方法。依检查工具不同,检索方法主要有手工检索和计算机检索两种,现分别介绍如下。

## 1. 手工检索

进行手工检索的前提是要有检索工具，因收录范围不同、著录方式不同、出版形式不同而有多种多样的检索工具。以著录方式来分类的主要检查工具有三种：一是目录，它是根据信息资料的题名进行编制的，常见的目录有产品目录、企业目录和行业目录等；二是索引，它是将信息资料的内容特征和表象特征摘出，标明出处，按一定的排检方法组织排列，如按人名、地名和符号等特征进行排列；三是文摘，它是对资料主要内容所做的一种简要介绍，能使人们用较少的时间获得较多的信息。

## 2. 计算机检索

与手工检索相比，计算机检索不仅具有检索速度快、效率高、内容新、范围广和数量大等优点，而且还可打破获取信息资料的地理障碍和时间约束，能向各类用户提供完善的、可靠的信息，在市场调查电脑化程度提高之后，将主要依靠计算机来检索信息。应当指出的是，文案调查所收集的次级资料，有些十分真实、清楚、明了，可直接加以利用；而有些则杂乱无章且有失真情况发生，对此还应通过加工和筛选，才能最终得出结论。

【案例4-1】

### 日本某公司的信息获取与利用

美国法律规定，本国商品的定义是："一件商品，美国制造的零件所含价值必须达到这件商品价值的 50%以上。"日本一家公司通过查阅美国有关法律和规定获知了此条信息。这家公司根据这些信息，思谋出一条对策：进入美国公司的产品共有 20 种零件，在日本生产 19 种零件，从美国进口一种零件，这一种零件价值最高，其价值超过 50%，在日本组装后再送到美国销售，就成了美国商品，就可直接与美国厂商竞争。

请问日本企业采用了哪种调查方法？在运用该方法时应注意哪些问题？

(资料来源：www.zyrtvu.com/media-file/2009-12-03)

# 第二节　访问调查法

## 一、访问法的含义与类型

访问法又称询问法、沟通法，是调查者通过当面、电话或书面的方式与被调查者进行沟通，以获取所需信息的调查方法。它是市场调查者搜集第一手资料时常用的一种方法，该方法适用范围广、实用性也较强。

【小资料】

### 访问法的特征

(1) 方式的灵活性。访问法包含多种方式的调查法,可采取面访、电话或邮寄的方式,在访问过程中掌握主动性,直接与调查对象交流,可对调查问题进行灵活处理。

(2) 设计的简明性。访问法必须简单明了,使受访者方便理解,便于回答,以降低拒访率,增加信息收集的可靠性及准确性。

(3) 计划的周密性。访问法需事先进行周密计划,以应对各种突发状况,保证访问顺利进行,获得所需信息。

访问调查有多种分类方法,可以从多种角度对其进行划分,如按照访问方式不同,可分为直接访问法和间接访问法。直接访问是指调查者与被调查者面对面直接沟通。间接访问则是指调查者通过电话或问卷的方式与被调查者进行沟通。通常所采用的划分方法是根据调查者与被调查者接触方式的不同,具体分为面访访问、电话访问、邮寄访问和留置问卷访问等几种形式,如图 4-1 所示。

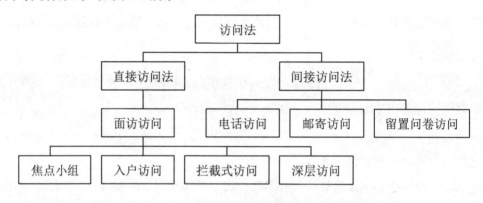

图 4-1 访问法类型

## (一)面访访问

从图 4-1 中可以看到,面访访问因其调查内容、范围及费用等不同,又可具体分为入户访问法、拦截式访问法、焦点小组访问法及深层访问法。下面对入户访问法和拦截式访问法进行重点介绍。

### 1. 入户访问法

入户访问法是指到受访者家中进行访问的一种方法,它使受访者在一个自己熟悉、舒适、安全的环境中轻松地接受访谈。

入户访问法具有以下优点。

(1) 受访者较有代表性。市场调查人员通常事先做过分析,以确定符合条件的受访者。

(2) 直接性、灵活性、可观察性及准确性。在调查中,调查人员可根据现实环境,灵活把握提问方式及谈话内容,启发受访者思考,以获得所需信息。同时,调查人员还应密切观察受访者表情及语言变化,以判断信息的可靠性。通过调查人员充分解释问题,可把不回答问题可能性、答复误差降到最低程度。

(3) 具有激励的效果。入户访问是一对一单独访问,受访者容易获得心理暗示感觉自己受到了重视,使受访者得到激励,积极参与调查活动。

入户访问法存在的不足如下。

(1) 成本高、时间长。

(2) 某些群体的访问成功率低。现在的生活节奏越来越快,而且对隐私的保护明显加强。因此,入户访问的难度加大,遭到某些群体的拒绝率高。

(3) 受调查人员影响较大,实施质量监控困难。

入户访问法是目前在国内使用最广泛的方法,几乎涉及市场调查的各个范围,如消费者研究、产品研究、市场细分和市场定位等,最适用于被调查者特征明显、地理位置较集中的情况。

2. 拦截式访问法

拦截式访问法是指在确定的时间、地点,当场拦截可能的目标顾客进行现场访问的一种方法。一般要求被调查者回答几个问题或填答一份调查问卷。访问内容不能太长、太复杂,尽量不要涉及隐私。

拦截式访问的优点:避免了入户困难的问题,较多的时间用于访问,较少用于寻找受访者。受访者往往自动出现,从而节省了大量时间和费用。

拦截式访问法存在的不足如下。

(1) 拒绝率高。由于拦截式访问是现场确定受访者,因此,受访者没有准备或时间不足,从而拒绝访问。

(2) 对现场环境很难进行有效控制。

(3) 样本与总体可能存在较大偏差。拦截的随意性可能导致样本代表性差,这与调查人员的素质有较大关系,并带有偶然性。

(4) 访问时间短,调查人员总是处于匆忙状态,对受访者的回答缺乏有效验证。

拦截式访问法常用于需要快速完成的小样本的探索性研究,如某种新上市商品的反映、某类产品的使用情况。用于需要进行实物显示的,或特别要求有现场控制的探索性研究,或进行试验的因果关系研究,如广告效果测试、新产品试用实验等。

(二)电话访问

电话访问是指通过电话的方式与被调查者进行交流,从而获得所需信息的一种调查方法。电话调查具有以下优点。

(1) 成本低、时间短。通过电话方式,节约了大量交通费、培训费和公关费等。

(2) 可能访问到不易接触的调查对象。有些调查对象不易接触,如工作繁忙、不接纳面访等,但短暂的电话访问可能接受。

(3) 在某些问题上能得到更为坦诚的回答。由于双方不是面对面交流,彼此也不认识,对于一些保密、敏感问题的回答,顾虑性小。因此,电话访问比面访回答更为坦诚。

(4) 所获信息易于整理分析。电话访问多按已拟定好的标准问卷询问,因此,资料的统一性较高,便于整理分析。

(5) 时效性强。电话访问整个过程花费时间较短,资料搜集速度快,因而时效性强。

(6) 易于监督控制。电话访问的语音、语气及用字等是否正确,可有专人进行监督控制。

电话访问存在的不足如下。

(1) 样本总体欠完整。电话访问根据电话用户名单作为抽样基础,但并非所有的消费者家中都有电话。

(2) 访问成功率较低。这在电话使用初期尤为明显,骚扰电话使人们不胜其烦,因此,拒绝访问率高。随着来电显示功能的广泛使用,拒访率有所下降,但成功率还是不高。

(3) 受时间限制,调查内容难以深入。电话访问对时间有较高要求,因而不能访问时间过长,以免引起受访者的反感。

目前,在我国电话调查一般应用于热点问题或突发性问题的快速调查,对消费者使用产品的意见调查,对某些特殊问题、群体的调查,还适用于已拥有相当的信息,需进一步验证的情况等。

## (三)邮寄访问

邮寄访问是指通过邮寄问卷给被调查者,请他们填好后再寄回,从而获得所需信息的一种调查方法。

邮寄访问具有以下优点。

(1) 成本低、保密性强。一般只支付来回邮费,不需要调查人员的直接参与,省去了人员培训、监控及差旅费用等。通过邮件访问,接触的人少,因而保密性强。

(2) 调查区域广,问卷可全球邮寄。

(3) 无调查人员的偏差。调查员不直接参与调查活动,不接触受访者,因而避免人员影响。

(4) 调查问卷可以较长。邮寄访问通常给受访者的时间较充足,受访者可自由选择回答时间,受时间限制较小。

邮寄访问存在的不足如下。

(1) 回收率低、时效性差。由于受访者地址的变动,导致问卷被退回。同时,相当一部分人不愿花时间填写问卷及邮寄,认为跟自己关系不大或没关系,缺乏兴趣。因此,采取邮寄访问时,应多次进行电话跟踪提醒受访者,并附回返邮票及信封,还可适当采取物质刺激。邮寄访问花费时间长,因而时效性差。

(2) 回答问卷的质量难以控制。受访者对某些问题的理解可能存在偏差，漏答、错答可能性极大，回答内容的真实性也难以保证。

(3) 调查对象的限制。调查问卷是以书面形式出现，调查对象须有较高文化水平。

(4) 问卷的质量要求高，范围受限制。范围太广可能造成调查对象回答困难，太窄则可能丧失调查意义。调查问卷也难以在调查过程中，对存在的问题进行修改，这些问题都需要高质量的调查问卷来避免。

一般来说，在调查时效性要求不高，调查对象的个人信息较清楚，而调查经费较紧张、人员配备不足、内容又较多或涉及敏感性话题时，采用邮寄调查是比较合适的，如调查消费者日常消费习惯、消费观念和对某产品的满意度等。

## (四) 留置问卷访问

留置问卷访问是指将调查问卷当面交给被调查者，说明此次调查目的及填写注意事项后，留下问卷请被调查者自行填写，调查者在规定期限再亲自收回的一种调查方法。留置问卷访问是介于面访访问和邮寄访问之间的一种调查方法。

【案例4-2】

**留置问卷调查**

1992年夏季广东一家化妆品公司从某大学聘用了一批放暑假的大学生作兼职调研人员，让他们将一瓶本公司新近生产的洗发水和一张调查表亲自送到某些居民家中。调查表的内容是：原来使用何种洗发水？该洗发水的各项品质如何(如头发的光泽程度、蓬松程度、去屑能力等)？试用新产品后各项品质又如何？经过一段时间之后，由这些学生将调查表收回交给该化妆品公司。通过洗发水的试用，可以宣传公司的新产品，又能获得被调查者的配合。通过留置的问卷调查，可以了解产品在消费者心目中的地位、改进的方向及竞争对手的情况。

结合案例分析采用留置问卷调查时应注意哪些问题？

留置问卷访问具有以下优点。

(1) 回收率及可信度较高。调查人员亲自送交及收回问卷，可有效提高问卷的回收率。由于调查对象有充足的时间来回答问卷，同时不受调查人员影响，可信度较高。

(2) 可增加调查问题的复杂性和难度。调查人员在送交和收回问卷时，都可以即时向被调查者解释问卷内容，从而提高回答的准确性。

留置问卷访问存在的不足如下。

(1) 受区域范围限制。由于需要当面送交及收回问卷，因此，调查对象范围不能太广。

(2) 费用较大。所需调查人员随调查范围及调查对象的增加而增加，需对人员进行一定培训，需花费较大的培训费、差旅费、员工薪酬等费用。

留置问卷访问适用于调查对象特征较明显、地理位置集中以及一些交通不十分便利的地区性市场调查，如某企业为确定地区细分市场，而对消费者偏好、习惯进行市场定位调查等。

【小资料】

表 4-1　几种访问法比较

| 比较因素 | 访问方法 | | |
| --- | --- | --- | --- |
| | 面访访问 | 电话访问 | 邮寄访问 |
| 方法适用面 | 宽 | 中 | 窄 |
| 花费时间 | 中 | 短 | 长 |
| 对样本的控制 | 强 | 中 | 弱 |
| 所获资料数量 | 多 | 少 | 中 |
| 资料的真实性(问题敏感) | 强(弱) | 中(中) | 弱(强) |
| 应答率 | 高 | 中 | 低 |
| 花费成本 | 高 | 低 | 中 |
| 问题的范围 | 宽 | 中 | 窄 |
| 沟通性 | 强 | 中 | 弱 |
| 对环境控制条件的要求 | 高 | 中 | 低 |

(资料来源：根据网上相关资料编写)

## 二、焦点小组访问法

焦点小组访问法又称小组座谈法，就是有选择地邀请一部分受访者(通常 8～12 人)，在一个装有单面镜和录音录像设备的房间内，以小组的形式在有经验的主持人的主持下，针对一系列相关问题自由发言展开讨论，从而获得所需信息的方法。

### (一)焦点小组访问法的实施步骤

**1. 准备工作**

(1) 确定访谈的场所和时间。通常是在一个焦点小组测试室进行，里面应有单向镜、话筒、录音录像设备(应装在比较隐蔽的地方)。访谈的时间一般为 1.5～3 小时。

(2) 选择访谈成员。参与访谈的人员应当在人口统计特征与社会特征上保持同质性，避免关于枝节问题的相互作用和冲突。人数一般为 8～12 人，并不存在理想的参与人数，这应根据小组的类型而定，经历性的小组比分析性的小组所需的受访者要多。

(3) 选择主持人。主持人的选择对于访谈的成功与否至关重要。一般要求主持人有丰富的研究经验，掌握与所讨论的内容有关的知识，能够很好掌控和左右访谈的方向和进程。通常主持人应具备以下素质：良好的倾听能力和观察能力；客观分析问题的能力；营销、调查方面的知识；调动、鼓励访谈成员的能力；掌控局面的能力。

(4) 编写访谈提纲。要保证按一定顺序逐一讨论所有突出的话题。一般包括三个方面的内容：首先建立友好关系，解释小组中的规则，并提出讨论的客体；其次是由主持人激发深入的讨论；最后是总结重要的结论。

(5) 确定访谈的次数。这主要根据问题的性质、细分市场的数量、访谈产生新想法的数量、时间与经费来决定。

### 2. 具体实施阶段

在这个阶段，需要善于把握访谈的主题；做好小组内访谈成员之间的协调工作，同时做好访谈记录。

### 3. 访谈结束后的工作

访谈结束后要及时整理、分析访谈记录；回顾和研究访谈情况；做必要的补充调查，最好编写焦点小组访谈报告。

### (二)焦点小组访问法的优缺点与应用

焦点小组访问法的优点如下。

(1) 沟通性强、真实性高。主持人与受访者面对面讨论，进行双向沟通，可以激发受访者思考，获得有价值信息。

(2) 灵活性强、效率高。多人进行面对面沟通，调查与讨论相结合，并可对调查提纲进行及时修改和补充，以获得更广泛深入的资料。

(3) 可进行科学监测。调查人员能对整个访谈过程进行严密的监视，通过单面镜可观察访谈现场讨论的情况，通过录音录像设备把整个过程记录下来，供后期分析使用。

焦点小组访问法存在的不足如下。

(1) 对主持人要求较高，而挑选理想的主持人较困难。

(2) 小组成员选择不当，会严重影响调查结果的准确性和客观性。

(3) 小组成员中可能会出现领头羊的角色，导致访问过程中少数人统治群体思维。

(4) 所获信息的不规则性，使后期资料的整理分析增加了困难。小组访问对涉及隐私及保密的问题很难进行讨论。

焦点小组访问法可用于了解消费者对某类产品的认知、偏好及行为，对现有产品改进其用途的想法，对广告创意的评价，对某一焦点问题的看法，以及消费者对具体市场营销计划的初步反映等。

## 三、深层访问法

深层访问法是指事先不拟定标准程序、直接的、一对一的访问，访问者与受访者就某个专题进行全面深入的交流，从而获得一些深层信息的方法。在访问过程中，受访者可自由发表自己的意见，而不关注信息是否对访问者有用。因此，深层访问对访问者素质提出较高要求，如有不慎，很可能导致偏题或离题现象的发生，使访问失败。深层访问类似于记者提问，如"面对面""……有约"等栏目。

### (一)深层访问法的实施步骤

**1. 准备阶段**

在准备阶段主要做好以下几个方面的工作：选择符合条件的受访者；选择具有高级访谈技巧的调查员；预约合适的访谈时间；围绕访谈目标准备访谈提纲；准备相关的访谈用品。

**2. 具体实施阶段**

在这个阶段，调查员需注意以下几点：接近受访者，可以采取正面接近，也可以采取侧面接近的方式；在访谈的最初，调查员应详细介绍此次访谈的目的、意图以及受访者回答的重要性等，并努力营造一个轻松、和谐的访谈气氛；在访谈过程中调查员要防止偏离访谈目标，可根据现场状况调整访谈的提纲和方向；在访谈时调查员应始终保持中立；如果出现受访者对所提问题不清楚或误解、受访者对问题的回答有所顾虑或出现漫无边际的闲谈时，调查员应加以引导；当受访者回答含糊不清、过于笼统或不全时，应适当进行追问；在整个访谈过程中调查员要一直做到认真倾听。

**3. 结束阶段**

在访谈结束时，调查员应迅速重温一遍访谈结果或检查一下访谈提纲，以免遗漏重要项目；同时应再次征求受访者的意见，了解他们还有什么想法、要求等；最后对受访者表示诚挚的感谢。

### (二)深层访问法的优缺点和应用

深层访问法的优点如下。

(1) 真实性高、可靠性强。受访者可自由表达自己的观点，回答问题不受干扰，提供更真实的信息。一对一交流，可对受访者进行详细观察，增加信息的可靠性。

(2) 便于对一些保密、敏感问题进行调查。可深入挖掘受访者对某一问题的潜在动机、态度和情感。

(3) 具有激励性。一对一访问，使对方感到自己是关注的焦点，自己的感受和想法是重要的，从而使受访者更乐于表达自己的观点、态度和想法。

深层访问法存在的不足如下。

(1) 成本高、时间长，在实际使用中受到极大限制。

(2) 由于通常是访问者与受访者两人进行交流，无法产生多人之间观点的相互刺激和碰撞，创新性较少。

(3) 访问者素质对调查结果影响很大，并且访问记录比较散乱，结果和数据整理、分析较困难。

深层访问法主要用于对某类专题的探索性研究，常用于详细了解受访者的想法，一些行为的内在动机，讨论一些保密、敏感的话题，及关注竞争对手、专业人员等对企业有影响的外部人士等。

【案例4-3】

### A酒店的经营之道

A酒店坐落在南方某省会城市的繁华地段，是一家投资几千万元的新建大酒店，开业初期生意很不景气。公司经理为了寻找症结，分别从该市的大中型企业、大专院校、机关团体、街道居民中邀请了12名代表参加座谈会，并亲自走访东、西、南、北四区的部分居民及外地旅游者，调查后发现，本酒店没有停车场，顾客来往很不方便；居民及游客对本酒店的知晓率很低，更谈不上满意度；本酒店与其他酒店相比，经营特色是什么大部分居民不清楚。为此，酒店作出了以下决策：兴建停车场；在电视上作广告、开展公益及社区赞助活动；突出经营特色，开展多样化服务等。决策实施后，酒店的生意日渐红火。

结合案例分析该酒店为什么能做出正确的决策？

【知识拓展】

### 投影技法

投影技法是一种无结构、非直接的讯问方式，可以激励被访者将他们所关心话题的潜在动机、态度或情感反映出来，适合于对动机、原因及敏感性问题的调查。

(1) 联想法。这是在被调查者面前设置某一刺激物，然后了解其最初联想事物的一种方法。例如，请您写出(或说出)由"酒"所引发的联想，被调查者可能回答"醉、豪爽、暴力、愁闷"，这些信息可以为产品的市场定位以及产品改进提供依据。

(2) 完成法。给出一种不完全的刺激情景，要求被调查者完成。例如，拥有一套住房……不同的回答信息，为房地产开发商在户型设计、市场定位以及促销方式的选择上提供多方面的参考。

(3) 构筑法。要求调查对象以故事、对话或者描述的形式来构造一个回答。包括图片法和漫画测试法。例如，请调查对象对某一图片进行解释，以此了解其个性特征。

(4) 表达法。这是指给调查对象提供一个语言或视觉场景，要求将场景与别人的感受和态度联系起来，包括角色扮演法和第三者法，用来分析被调查者真实的想法。

## 第三节 观察调查法

### 一、观察法的含义及特征

观察法是指观察人员根据事先确定的调查内容，在特定的环境凭借自身或工具，在不干扰被观察者的情况下，对被观察者的一系列活动进行有目的地观察、跟踪记录，从而获得所需信息的一种调查方法。通常情况下，在观察法中观察者与被观察者不发生接触。信息的获得可以是正在发生的人们的行为过程，也可以是人们活动结束后所遗留下来的行为痕迹。

观察法往往使被观察者并未意识到正在被观察。更形象地说，就是一种隐蔽条件下对被观察者特定活动的现场拍摄。因而这种方法具有以下特征。

(1) 计划周密，目的明确。观察法所观察的内容是经过周密考虑的，是观察者根据特定需要，有目的、有计划地收集市场资料，研究市场问题的过程。

(2) 自然、客观、全面。观察记录的是当时正在发生的、处于自然状态下的市场现象，并且一般被观察者并未意识到正在被观察，未受到观察者干扰，因而具有自然、客观的特点。观察法要求观察人员在充分利用自己感觉器官进行有目的的观察时，还要尽量运用科学的观察器械，对被观察者进行系统、全面的观察。

(3) 避免观察人员主观偏见，观察法可以重复查证。通常观察者不与被观察者接触，被观察者的活动不受人为干扰，因而观察者只需将观察到的内容如实记录，不受主观影响。观察法的观察内容应是频繁发生的，对于偶尔发生的现象以及很难搜集、掌握反映其内在规律的信息是不适合使用观察法的。

### 二、观察法的实施条件及优缺点

**1. 观察法实施须具备的条件**

要有效使用观察法，须具备以下三个条件。

(1) 调查人员搜集的信息是可以观察的。调查者对被调查者的观察必须符合法律、道德的要求，对被调查者不会造成影响或可忽略的较小影响。例如，观察人们的购买行为，对品牌、价格的选择等。

(2) 所要观察的行为必须是频繁发生的。重复发生的行为，利于资料的搜集、分析，得出较客观、准确的结论。对于偶尔发生的现象，很难搜集、掌握反映其内在规律的信息，是不适合使用观察法的。

(3) 所要观察的行为应是短期行为。观察法的目的是通过对大量行为的研究，找出其行为发生的内在动机。如果观察的行为是长期的，那么使用观察法将会花费大量的时间，而在调研所需时间有限的情况下观察法就不适用了。

【知识拓展】

观察法的应用

观察法在市场调查中应用很广泛，经常用于观察以下内容：观察顾客行为；观察顾客流量；观察产品市场现场；观察商店柜台及橱窗布置；观察广告宣传效果。

2．观察法的优缺点

1) 观察法的优点

(1) 记录客观，资料可靠。在观察法中，通常被观察者未意识到正在被观察，被观察者的活动处于正常自然的状态，从而可以客观地搜集、记录观察现场实况，搜集第一手资料，调查资料真实可靠、准确性高，调查结果更接近实际。

(2) 避免观察双方主观干扰。观察法基本上是观察者的单方面活动，不依赖语言交流，不会受到被观察者意愿和回答能力等有关方面的困扰。可以避免许多由于访问员及访问法中的问题结构所产生的误差因素，有利于排除语言交流或人际交往中可能发生的种种误会和干扰。

(3) 无须获得被观察者的合作。可以搜集到访问法所不易得到的资料，如可观察到不易接触的人群等。观察法简便、易行、灵活性强，可随时随地进行观察。

2) 观察法的缺点

(1) 表面性和偶然性是观察法的最大缺点。只能观察到公开的行为，一些私下的行为难以观察，而且被观察到的公开行为并不能代表未来的行为。观察法也难以了解到人们的动机、态度、想法和情感。

(2) 观察法限制性比较大。观察法常受到时间、空间和经费的限制，常需要大量观察者到现场做长时间观察。观察时间比较被动，需要在现场耐心等待合适的被观察者出现，而且两次观察之间可能存在时间闲置。调查时间长，费用支出较大，使观察法只能适用于小范围的微观市场调查。而且，观察法对环境难以控制。

(3) 对观察者素质要求较高。观察法要求观察者具备敏锐的观察力、良好的记忆力、应变能力强等素质；否则，会影响调查效果，使观察不够深入、全面等。

【案例4-4】

商业密探：帕科·昂得希尔

帕科·昂得希尔是著名的商业密探，他所在的公司叫恩维罗塞尔市场调查公司。他通常的做法是坐在商店的对面，悄悄观察来往的行人。而此时，在商店里他的属下正在努力工作，跟踪在商品架前徘徊的顾客。他们的目的是要找出商店生意好坏的原因，了解顾客走进商店以后如何行动，以及为什么许多顾客在对商品进行长时间挑选后还是失望地离开。通过他们的工作给商店提出了许多实际的改进措施。

如一家青少年经常光顾的音像商店，通过调查发现这家商店把磁带放置过高，孩子们往往拿不到。昂得希尔指出应把商品降低放置，结果销售量大大增加。再如一家叫伍尔沃思的公司发现商店的后半部分的销售额远远低于其他部分，昂得希尔通过观察拍摄现场解开了这个谜：在销售高峰期，现金出纳机前顾客排着长长的队伍，一直延伸到商店的另一端，妨碍了顾客从商店的前面走到后面，针对这一情况，商店专门安排了结账区，结果使商店后半部分的销售额迅速增长。

结合案例分析，帕科·昂得希尔采取的是哪种市场调查方法？采用该方法时应注意哪些问题？

## 三、观察法的类型及应用

观察法从不同角度划分具有多种类型，应根据调查的目标要求选择一种合适的观察方式，如图 4-2 所示。

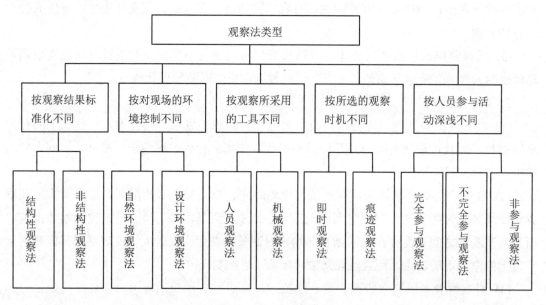

图 4-2 观察法类型

### 1. 按照观察结果的标准化程度分类

按照观察结果的标准化程度分类，观察法可以分为结构性观察和非结构性观察。

1) 结构性观察

结构性观察是指对观察项目、程序和步骤事先做严密的规定，采用标准化方法进行观察记录，从而使观察结果达到标准化的要求。也就是说，整个观察活动按标准化进行，一般适用于调查目的明确、资料要求精确度较高的调查活动，如对商品资源和商品库存的观察，对商品陈列、橱窗位置等的观察。

2) 非结构性观察

非结构性观察是指对观察项目、程序和步骤事先不做严密的规定，也不采用标准化方法进行观察记录，可见机行事、灵活处理。一般适用于探索性的调查或更深入的专题调查，如对顾客行为的观察、营业员和顾客双方态度的观察等。

### 2．按照观察人员参与活动深浅不同分类

按照观察人员参与活动深浅不同分类，观察法可以分为完全参与观察、不完全参与观察和非参与观察。

1) 完全参与观察

完全参与观察是指观察者隐瞒自己的真实身份，长时间参与到被观察者的群体活动中，身临其境对被观察者进行观察(类似于间谍活动)，获取所需信息。观察者需注意避免被观察者发现而导致行为失真，也需避免被同化而导致主观偏见的发生。

2) 不完全参与观察

不完全参与观察是指观察者公开自己的观察身份，参与到被观察者的群体活动中，并取得被观察者的信任，从而对被观察者进行观察获取资料。由于被观察者意识到正在被观察，因而往往会掩饰一些不利行为，使调查结果不全面或失真。

3) 非参与观察

非参与观察是指观察者以局外人身份进行观察，不参与被观察者活动，被观察者也意识不到正在被观察，观察者只是记录自己看到的事实情况。这种观察往往只能看到表面现象，无法深入了解其行为背后的真实原因。

### 3．按照对观察现场环境控制不同分类

按照对观察现场环境控制不同分类，观察法可以分为自然环境观察和设计环境观察。

1) 自然环境观察

自然环境观察是指观察者对观察环境不做任何改变，对处于自然状态下的被观察者行为进行的观察。如对集贸市场上农副产品的上市量、成交量和成交价格等情况进行的观察。

2) 设计环境观察

设计环境观察是指观察者对观察环境做适当改变，以观察哪些环境因素会影响被观察者的行为。如商店设置导购小姐以方便顾客迅速找到自己选购的商品。例如，要调查公司员工对客户的服务态度和服务质量，调研员可以以客户身份去购物，观察员工的言谈举止，并有意识地百般挑剔、制造麻烦、惹事找茬，观察员工的反应，以获得调研人员想要了解的情况。在新产品的模拟购买中，调研人员对购买者的观察也是一种典型的设计环境观察。自然环境观察是在自然状况下进行调查，所有参与的人和物都不受控制，跟往常一样，如调研人员在自然状况下观察公司员工接待顾客、提供服务的过程。

4．按照观察所采用的工具不同分类

按照观察所采用的工具不同分类，观察法可以分为人员观察和机械观察。

1) 人员观察

人员观察是指派出观察员到观察现场实施观察任务。这种方法对观察员的素质要求较高，如选择不当将会严重影响调查结果。人员观察具有灵活性，可按观察目标的变化灵活调整观察角度，还可对发现的新问题及时予以关注。但对信息的记录可能带有一定的主观色彩。例如，一家皮鞋厂派几名调研员分别到几家商场的皮鞋柜，直接查看顾客对哪些款式的皮鞋最喜欢，试穿最多的是什么款式、颜色，不同年龄层在款式选择上的差异等，并统计顾客的购买成交率。

2) 机械观察

机械观察是指采用各种观察器械完成对具体观察目标的观察任务。机械观察更隐蔽、无主观偏见，能长期、稳定工作，使繁杂的信息保管和处理工作得以简化。但缺少人员观察的灵活性。例如，在商场的入口处和商场其他部位安装观察仪器，记录在一定时间内经过的人流量、高峰期和低谷期，以及消费者的线路、目光、行走、表情和购买等行为，用于调整商场的营业时间、进货量和货架摆放等，并确定商品需求的趋向。

交通流量计数器就是一种以机器为基础进行观察的最普遍、最流行的形式。将这种机器放置在特定的路段用来测定交通流量、汽车流量、行人数，可以为店址选择、户外广告位置确定提供依据。

5．按照所选观察时机不同分类

按照所选观察时机不同分类，观察法可以分为即时观察和痕迹观察。

1) 即时观察

即时观察是指对被观察者的一系列活动进行现场观察，以便使搜集的信息真实可靠，而不是人为捏造。为了证明事实确实存在，提高调查所得资料的说服力。这种方法需要观察者把握好恰当的观察时间，如果错失良机，会使所获资料失去利用价值，甚至产生误导作用。例如，日本某皮鞋制造商生产的皮鞋，各个方面不尽如人意，销路不畅。于是，他就每天到飞机场附近给外国旅行者擦皮鞋，在擦皮鞋的过程中，他仔细观察皮鞋的品牌、质地、皮革质量、性质以及皮鞋的缝制技术。很快，他掌握了外国名牌皮鞋的制造技术和标准，改进了公司的产品质量，最终该皮鞋公司的产品成为日本市场的畅销品。

2) 痕迹观察

痕迹观察是指对人们活动后或事物发展中所留下的痕迹进行收集、观察和分析，通过科学合理的推断以获取所需信息的方法。更形象地说，类似于侦探破案。痕迹观察对观察人员的素质要求更高，它更加依赖于观察人员的观察能力和判断能力，观察结果的主观性更大。因此，对观察人员的选择更需慎重；否则，观察结果将可能偏离事实，从而使观察结果进入误区，误导企业决策。

**【案例 4-5】**

> **观察调查法**
>
> 一次，一个美国家庭住进了一位"不幸"的日本人。奇怪的是，这位"落难者"每天都在做笔记，记录美国人居家生活的各种细节，包括吃什么食物、看什么电视节目等。一个月后，日本人走了。不久丰田公司推出了针对当今美国家庭需求而设计的价廉物美的旅行车，大受欢迎。举一个例子就能说明，美国男士(特别是年轻人)喜爱喝玻璃瓶装饮料而非纸盒的饮料，日本设计师就专门在车内设计了能冷藏并能安全放置玻璃瓶的柜子。直到此时，丰田公司才在报上刊登了他们对美国家庭的研究报告，并向那户人家致歉，同时表示感谢。
>
> 结合案例分析，丰田公司采取的是哪种市场调查方法？其主要的特点是什么？
>
> (资料来源：马连福. 现代市场调查与预测(第二版). 北京：首都经济贸易大学出版社，2005)

## 第四节 实验调查法

### 一、实验法的含义及特征

实验法是指调查人员从影响调查对象的诸多因素中，有目的地选出一个或几个因素，在其他情况不变的条件下，改变所选因素以观察市场调查对象的变动情况，从而确定其存在的因果关系，以了解市场现象的本质特征和发展规律。用数学方法简单地来说，就是改变自变量 $X$，观察因变量 $Y$ 的变动情况，从而确定两者之间的相关关系。实验法的最大特点是把调查对象置于非自然状态下开展市场调查。实验法的核心问题是将实验变量(自变量和因变量)从诸多因素的作用中分离出来并给予鉴定。实验法的目的是为了查明实验对象的因果关系。产品试销、新产品试用等都是实验调查的常见形式。

此外，实验法还具有以下特征。

(1) 可对比性。必须将实验结果与实验对象的相关资料情况进行对照、比较、分析，以找出事物之间的因果关系。

(2) 可控制性。调研人员必须有效地控制所选择的自变量，并测量这些自变量对因变量的影响。

(3) 同一性。对于反复进行的同一实验，其实验条件必须相同，这样才能保证多次实验结果的同一性、准确性，从而保证可推广与实践。

【知识拓展】

实验调查法的应用前提

(1) 实验的各种条件必须是和实验结果所能使用的状态条件一致；否则，实验的结果将失去实际意义。

(2) 要正确控制实验因素以外的其他因素；否则，实验的结果将是多种因素共同作用的结果，很难确定实验因素的真实影响作用。

## 二、实验法的实施步骤

(1) 根据调查课题，明确因果关系假设，确定实验因素。

(2) 进行实验设计，确定实验方法。

(3) 抽选具有代表性的市场对象。

(4) 按照实验设计进行实验调查。

(5) 测定实验结果，进行统计分析，写出实验调查报告。

## 三、实验法的优缺点

### 1. 实验法的优点

(1) 客观性及科学性强。实验法是一种真实的或模拟真实环境下的具体的、科学的调查方法，因而具有很强的真实性和客观性，结果具有较大的推广实用性。

(2) 可控性及主动性强。实验法通过实验活动提供市场发展变化的资料，不是被动等待某类市场现象的发生，而是积极主动地去揭示或确立市场现象的相关关系。它不但可以说明是什么，而且可以说明为什么，还具有可重复性，因而其结论具有较强的说服力。

(3) 可提高调查的精确度。实验法可排除人们主观估计的偏差，调研人员可有效控制实验环境，进行反复试验，使调研的结果更为精确。

(4) 适用面广、通用性强。实验法可用于绝大部分的调查活动，在访问法和观察法的调查过程中，都可以适当加入实验法，以获得更有说服力的资料。同时，实验法的几个常用方法相当简单、实用，因而其通用性较强。

### 2. 实验法的缺点

(1) 市场中的可变因素难以掌握，实验结果不易相互比较，往往带有某种特殊性。

(2) 有一定的限制性。只能分析事物的因果关系，不能对过去情况进行分析，并预测未来情况。

(3) 风险较大，样本获取复杂，需对多种情况进行分析。费用高，实际操作较困难。

(4) 保密性差。现场实验或市场测试暴露了在真实市场中要进行的某个营销计划或营销计划的某些关键部分，使其竞争对手在大规模市场推广之前就可考虑出对策，竞争对手还可能会有意干扰现场实验的结果。

【案例 4-6】

日本三叶咖啡店，有一次请了 30 名消费者喝咖啡。他们先后端出四杯浓度完全相同，而咖啡杯颜色不同的咖啡，请这 30 人试饮。结果是：当用咖啡色杯子喝时，有三分之二的人评论"咖啡太浓了"；用青色杯子喝时，所有的人异口同声地说："咖啡太淡了"；当用黄色杯子喝时，大家都说："这次咖啡浓度正合适，好极了"；而最后端上用红色杯子盛的咖啡时，十人中有九人都认为"太浓了"。

根据这一调查，三叶咖啡让店里的杯子，一律改用红色，该店借助颜色，既可省料、省成本，又能使大多数顾客感到满意。

结合案例分析，这家咖啡店采取的是哪种市场调查方法？

## 四、实验法的常用方法

实验法可分为正式实验和非正式试验。

### 1．正式实验

正式实验调研是能够进行实验误差分析的调研，一般具有比较规范的实验手段和设备，实验结果有比较充分的数据，对数据进行的误差分析能够满足要求。正式市场调研要求严、时间长、费用高、结果较明确。

### 2．非正式实验

非正式实验调研只需要了解调研后的结果和现象，不需要进行各种误差分析，如果对实验的数据要求不是很严格，做非正式实验调研即可。在一般的市场调查中因非正式试验的简便易操作、花费时间短等特性常采用此法。非正式实验分为以下三种类型。

1）实验前后无控制对比实验

这是最简便的实验调查方法，但必须注意排除因时间不同而可能发生的其他非实验变量的影响，如图4-3所示。

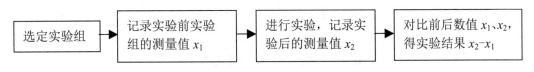

图 4-3　实验前后无控制对比实验框图

如某可乐公司打算提高汽水价格，希望不会影响市场销售额，在某特定市场进行为期一个月的实验。实验前月销售额为 $x_1$=10 万元,实验后月销售额变为 $x_2$=8 万元。由此表明,该公司提价后销售额下降 2 万元。如果经分析无其他因素影响,便可做出保持原价的决定。

2) 实验前后有控制对比实验

控制组指非实验单位,它是与实验组作对照比较的单位,实验组指实验单位。实验组同控制组对比实验,就是以试验单位的实验结果同非实验单位的情况进行比较而获取市场信息的一种实验调查方法,如图 4-4 所示。通过图示具体分析"$(x_2-x_1)-(y_2-y_1)$"这一实验变量效果的基本含义。在实验组的变动结果"$x_2-x_1$"中,包含着实验变量(考察因素)和外来因素(非考察因素)两方面的影响。而在控制组的变动结果"$y_2-y_1$"中,只包含着外来因素影响的结果。因此,实验效果等于$(x_2-x_1)-(y_2-y_1)$,实际上是排除掉外来因素的影响,而只考察实验变量的实际效果。

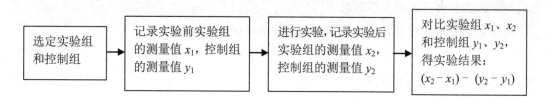

图 4-4　实验前后有控制对比实验框图

例如,某企业想了解使用促销员对其产品销售量是否有影响,于是选定 A、B 两家商店进行为期一个月的实验,两店规模、经营管理等方面应大体相似,将 A 作为实验组,B 作为控制组。实验前 A、B 的月销售额测量值:$x_1$=140 袋,$y_1$=145 袋。实验后 A、B 的月销售额测量值:$x_2$=200 袋,$y_2$=150 袋。实验效果等于$(x_2-x_1)-(y_2-y_1)$=55 袋,表明有促销员存在,可扩大销售额。

3) 实验后有控制对比试验

采用这种实验调研法的优点在于实验组与控制组在同一时间内进行现场销售对比,不需要按时间顺序分为实验前后,这样可以排除由于实验时间不同而可能出现的外来因素的影响,这将有助于提高实验的准确性。但是应用这一方法在选择控制组和实验组时,必须注意两者之间要有可比性,即主、客观条件要基本相同或相似,如图 4-5 所示。

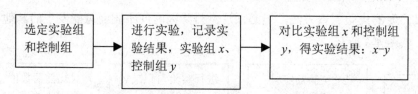

图 4-5　实验后有控制对比实验框图

例如,某企业想了解使用促销员对其产品销售量是否有影响,于是选定 A、B 两家商店进行为期一个月的实验,两店规模、经营管理等方面应大体相似,将 A 作为实验组,B

作为控制组。一个月后对 A、B 两店的测量值为 $x_a$=200 袋，$y_b$=150 袋。实验效果为 $x_a - y_b$=50 袋，表明有促销员存在可增加销售量。

在实验中，如果其他控制的因素真的保持不变，那么实验的结果应该是和自然科学实验一样准确，但是市场上不能控制而又可能在实验期间有所变动的外部因素太多。为此，在进行实验设计时要特别考虑如何尽可能地减少实验误差。

**【知识拓展】**

### 网上调查法

网上调查法，又称网络调查法，就是调查者通过网络发布调研信息，搜集、记录、整理、分析相关信息的调查方法，是传统调查方法在网络上的应用和发展。

网络调查既可以搜集二手资料，也可以用于收集一手资料，如利用互联网问卷调查系统等。

网络调查具有组织简单、费用低廉、客观性好、不受时空与地域限制、速度快等优点；也具有网民的代表性存在不准确性、网络的安全性不容忽视、受访对象难以限制等不足。

**【课堂训练】**

针对自己感兴趣的课题，组织开展一次网上调查。

# 思考与训练

1. 某市拟设立民意调查中心，你建议应采用哪些调查方式？可采用哪些调查方法？调查的课题和内容应如何界定？

2. 某市需定期了解城镇居民的收入和消费情况，你建议应采用何种调查方式？并采用何种调查方法？如果你想研究该市城镇居民的收入和消费总量和结构的变动趋势，你认为通过哪些渠道可获得其历史数据？

3. 实验有效性的完整定义应该包含哪些内容？可以通过哪些方法来提高实验的有效性？

4. 试比较访问法与网上调查法的区别，分析网上调查法是否可取代传统调查法？

5. 某企业产品正在搞促销，企业想了解此次促销活动是否成功，根据企业促销目的(例如，缩短产品进入市场的时间；激励消费者初次购买，达到使用目的；销售业绩提升；竞争的需要；激励消费者重复购买，建立消费习惯；减少库存等)不同，试分析企业采取何种调查方法合适，并说明理由。

# 应用分析

1. 某小轿车生产商拟评价 A 品牌小轿车在 B 市的广告活动对销售促进、品牌提升的产品认识、传播影响、沟通效果、行为效果、销售效果、媒体效能等方面的作用程度；评价的具体项目要求包括广告的认知度、到达率、回忆度、理解度、说服力、接受度、喜好度、美誉度、购买意向度；产品与品牌的认知度、美誉度、偏好度、忠诚度、市场占有率、市场覆盖率等。你建议应采用哪些调查方式？可采用哪些调查方法？请设计调查方案。

2. 某市大型超市 A 想研究本超市与其他超市在购物环境、商品经营范围、商品陈列、货架摆放、价格定位、服务态度、顾客认知度、顾客满意度、市场占有率、市场覆盖率(商圈)等方面的差异，以便改进经营策略，你建议应采用哪些调查方式？可采用哪些调查方法？并设计调查方案。

3. 某县盛产国光、红富士、黄元帅等几类苹果，投资商 A 拟在该县投资兴办一家苹果产品加工厂，他想知道该县的苹果资源分布、产品产量和结构、投资环境、有无同类产品加工厂及其生产能力；他想论证和评估市场需求、项目背景、技术方案、环境保护、效益与风险、投资规模、项目实施条件等方面的可行性，你建议应采用哪些调查方式？可采用哪些调查方法？并设计可行性研究方案。

# 第五章

## 市场调查技术

**本章要点及学习指导**

本章重点掌握测量与问卷设计的技术。通过对本章内容的学习,学习者要了解几种主要的测量技术和问卷设计的方法,并在此基础上正确地设计调查问卷并组织调查。

引导案例：

## 一次成功的饭店市场调查

Juan Carlos Garcia 是 Juan Carlos 墨西哥饭店的老板(可缩写为 JC)，遇到了同其他许多小企业主一样的问题。他想在一个中小型社区成功地经营一家墨西哥饭店，直到六个月前这种理想一直是在很成功地实现着。从那时起，他注意到平均每周顾客数量开始小幅下降，相应的利润也遭受到了波及。他很重视这件事，曾花费了大量时间在高峰时间到饭店观察他的雇员对主顾需求的满足是否够好和有效。

于是 Carlos 请当地大学教授 Gilmore 进行市场调研，以帮他解决利润下降的问题。Gilmore 教授承诺下个星期领着一组学生来，开展这项调研工作。Garcia 向学生们讲了饭店的历史和这些时期的所有财务指标。学生们向 Carlos Garcia 问了很多有关当地饭店、行业趋势的问题，以及任何可能存在的周期性变化。大部分情况下，Garcia 都能给小组的提问传递信息。不过，有一件事他没有做，就是调查他的顾客以弄清楚他的饭店和菜肴对消费者有哪种吸引力。小组确定了下列目标用来指导针对饭店的调研。

(1) 在空气、服务、位置、饭菜质量和数量以及饭菜价格方面确定 JC 墨西哥饭店最有吸引力的特色。

(2) 评估顾客在空气、服务、位置、饭菜质量和数量以及饭菜价格方面满意度的重要性。

(3) 确定在空气、服务、位置、饭菜质量和数量以及饭菜价格方面选择墨西哥饭店时考虑的因素。

(4) 确定顾客对于将来在这里就餐的意识和最有可能的反应。

(5) 根据地区和顾客人口统计量评估顾客在人口统计和地理方面的特征。

(6) 推导结果的战略性含义。

小组在这些研究领域选择了一种两步取样法。第一步涉及对一组饭店员工的取样。感觉在这一步收集的信息会在准备设计第二步的问卷时对小组有帮助，第二步应用问卷调查对一组随机挑选的饭店顾客进行了调查。

这个样本包括在两个不同的星期天的 17:00～19:00 随机挑选的顾客，总共收到了 91 份有效答卷。小组首先总体上对数据进行了分析，接着使用 SPSS 对结果进行交叉制表处理，以便分析与具体的人口统计和个人品质相关的问题。使用概率、交叉表和百分率对数据进行了系统分析，而且确定了基于人口统计和个人品质差异的调查对象差异。基于收集的这些信息，制订了表 5-1～表 5-3 所列的表格。

表 5-1　消费者是如何评价 JC 墨西哥饭店的

| 评　分 | 百分率/% |
| --- | --- |
| 最好 | 77 |
| 第二 | 8 |
| 第三 | 5 |
| 第四 | 4 |

表 5-2　对 JC 墨西哥饭店进行改善的建议

| 改　善 | 百分率/% |
| --- | --- |
| 停车场 | 34.5 |
| 油漆 | 17.2 |
| 空气 | 13.8 |
| 儿童食品 | 10.3 |
| 位置 | 6.9 |
| 墨西哥音乐 | 17.2 |

表 5-3　不同年龄段的满意度

| 年　龄 | 很　好 | 好 | 一　般 |
| --- | --- | --- | --- |
| 小于 20 岁 | 5 | 2 | 1 |
| 21～30 岁 | 22 | 7 | 1 |
| 31～40 岁 | 10 | 2 | 2 |
| 41～50 岁 | 14 | 5 | 2 |
| 51 岁及以上 | 14 | 2 | 2 |

(资料来源：www.zyrtvu.com/media-file/)

**问题探究：**

该饭店在市场调查过程中采取了哪些测量技术？

# 第一节　测量技术

在开展市场调查的过程中，通常要了解顾客的态度反应与偏好情况，这就需要应用测量技术。

## 一、测量与量表

### (一)测量与量表的含义

测量是指使用事先设计的特殊尺度和量表对调查对象的行为、态度和有关人文背景等方面的属性差异进行度量。它实际上是一个按照特定的规则将数字或符号分配给指定的事物、人、状态或事件,从而将其特性进行量化的过程。量表可以被看作测量的一个扩充,涉及产生一个将被测物体定位的连续统一体。例如,根据"顾客对某产品售后服务的态度"这一特性来考虑一个定位消费者的量表,表示不满意的态度用 1 测量,表示中性的态度用 2 测量,表示满意的态度用 3 测量。测量是根据某些规则将序号 1、2、3 分配给每位消费者,量表是将调查对象置于一个与他们对待售后服务的态度有关的连续统一体中的过程。

### (二)测量的主要尺度

#### 1. 定类尺度

定类尺度也称类别尺度或名义尺度,是将调查对象分类,标以各种名称,并确定其类别的方法。它实质上是一种分类体系。一个定类尺度的序号不反映事物所拥有的特性数量,而只是作为分类类别的标志。例如,在识别顾客性别时,规定男性用"1"代表,女性用"2"代表。当类别尺度中的数字是用于识别不同对象时,数字与对象间存在着一一对应的关系。例如,在进行员工满意度研究中,类别尺度常用来标识不同的受访者、不同的品牌、不同的商品特性及不同的商店或其他对象等。

对定类尺度中的数字,只能计算发生频度以及和频率有关的一些统计量,如百分比、众数、卡方检验和二次检验等。计算平均数是没有任何意义的。

#### 2. 定序尺度

定序尺度也称等级尺度或顺序尺度,是按照某种逻辑顺序将调查对象排列出高低或大小,确定其等级及次序的一种尺度。例如,请对下列品牌的空调根据自己的喜好进行排序,5 代表最喜欢,1 代表最不喜欢。

海尔(　) 海信(　) 长虹(　) TCL(　) 东芝(　)

定序尺度规定了对象的相对位置,但没有规定对象间差距的大小。排在第 1 位的对象比排在第 2 位的对象具有多的某种特征,但是只多一点儿还是多了很多则无从得知。定序尺度的例子有产品质量的等级、各种比赛的排名次序、社会经济阶层以及职业地位等。

在定序尺度中,任何一系列数字都可用于表达对象之间已排定的顺序关系。例如,可对定序尺度施以任何变换,只要能保持对象间基本的顺序关系。因此,除了计算频度,定序量表还可用来计算百分位数、四分位数、中位数和次数等。

## 3. 定距尺度

定距尺度也称等距尺度或区间尺度，是一种不仅能将变量(社会现象)区分类别和等级，而且可以确定变量之间的数量差别和间隔距离的方法。

定距尺度包含顺序尺度提供的一切信息，并且可以比较对象间的差别，它等于量表上对应数字之差。等距尺度中相邻数值之间的差距是相等的，1 和 2 之间的差距就等于 2 和 3 之间的差距，也等于 5 和 6 之间的差距。有关等距量表最典型的实际例子是温度计。

定距尺度中原点不是固定的，测量单位也是人为的。由于原点不固定，数字的比值没有任何意义。例如，D 和 B 的比值变换前为 2∶1，变换后却为 7∶6，但测量值差距之比是有意义的，在不同量表中，对象 D、B 的差值和对象 C、B 的差值之比都是 2∶1。

## 4. 定比尺度

定比尺度也称比例尺度或等比尺度，除具有上述三种尺度的全部性质之外，还有测量不同变量(社会现象)之间的比例或比率关系的方法。

定比尺度是有相等的单位和绝对零点的。具有类别尺度、顺序尺度和区间尺度的一切特性，并有固定的原点。因此，在等比尺度中可以标识对象，将对象进行分类、排序，并比较不同对象某一变量测量值的差别。测量值之间的比值也是有意义的。不仅"2"和"5"的差别与"10"和"13"的差别相等，并且"10"是"5"的 2 倍，身高、体重、年龄、收入等都是等比量表的例子。市场营销研究中，销售额、生产成本、市场份额、消费者数量等变量都要用等比尺度来测量。

# 二、测量的基本技术

## (一)比较量表技术

### 1. 配对比较量表

配对比较量表是一种特殊的等级量表，要求受测者对一系列对象两两进行比较，根据某个标准在两个被比较的对象中做出选择。这是一种使用很普遍的态度测量方法。

例如，在以下对某超市的服务质量评价中，您认为哪个更好一些？

　A 超市　　　　　　B 超市

配对比较量表所获得的数据是定序性质的，在调查时备选答案的数目有限时采取配对比较量表比较合适。

### 2. 等级顺序量表

等级顺序量表则是比较性的，等级顺序量表是将许多研究对象同时展示给受测者，并要求他们根据某个标准对这些对象排序或分成等级。例如，要求受访者根据总体印象对不同品牌的商品进行排序。这种排序要求受测者对他们认为最好的品牌排"1"号，次好的

排 "2"号，依次类推，直到量表中列举出的每个品牌都有了相应的序号为止。一个序号只能用于一种品牌。

例如，请您按照喜欢的程度对以下品牌的洗发水进行排序，最喜欢者为 1 号，依次类推。

海飞丝(   )   潘婷(   )   飘柔(   )   力士(   )   蜂花(   )

等级顺序量表是使用很广泛的一种态度测量技术，这种题目容易设计、易于使用，受测者也比较容易掌握回答问题的方法，而且被评价的事物被排成一定的顺序。研究者声称，这种量表促使应答者用一种现实态度进行评价。

等级顺序量表有以下缺点：①如果被选项中没有包含应答者的选择项，那么结果就会产生误导，或者要测量的某些因素可能完全超出了个人的选择范围，产生毫无意义的数据；②这种量表仅给调研者提供了顺序信息，人们完全不了解被评价的各客体间有多大差距，即搞不清楚为什么被评价的客体按此顺序排列；③列举对象的顺序也有可能带来顺序误差；④用于排序的对象个数也不能太多，一般要少于 10 个，否则很容易出现错误、遗漏。

### 3．固定总数和量表

固定总数和量表也称数值分配量表或常量和量表，是指调查者规定总数值，由被调查者将数值进行分配，通过分配数值的不同来表明不同态度的测量表。固定总数和量表常用于对某种商品不同规格、品牌的消费者态度调查。

例如，请给以下洗发水打分，分数总和必须为 100 分。

海飞丝(   )   潘婷(   )   飘柔(   )   力士(   )

应用固定总数和量表时应注意两点：首先，由调查者规定的总数值是固定总数和量表的基础标准，并不是随意给出的数；其次，被调查者在填写量表时，必须使被分配的各数值之和等于总数值，而不能大于或小于总数值。

固定总数和量表的具体形式有以下两种。

在对被调查者的态度测量中，分配的数值必须以 10 或 100 为固定值，也就是说，对几种商品的态度测量之和应为 10 或 100。

(1) 每项总量为 10 分(或 100 分)。

有 A、B、C、D、E 五种品牌，欲通过调查了解其在使用稳定性上的优劣，则：

请您对以下品牌就使用中各种功能的发挥正常程度评分，每种品牌最高分为 10 分。

A：   B：   C：   D：   E：

在统计时，将每个品牌的总得分除以被调查者人数得出平均得分，从平均得分值可比较出孰优孰劣，但若要比较优劣程度，需将每个品牌平均得分值除以 $\sum$ 各品牌平均得分值，得到相对比率，其相对比率即代表各品牌的优劣程度。如 A 品牌平均得分 7.5 分、B 品牌 6.8 分、C 品牌 5.4 分、D 品牌 8.4 分、E 品牌 8.9 分，则它们的相对得分为

$$A = \frac{7.5}{37} = 0.203 \qquad B = \frac{6.8}{37} = 0.184$$

$$C = \frac{5.4}{37} = 0.146 \qquad D = \frac{8.4}{37} = 0.227$$

$$E = \frac{8.9}{37} = 0.241$$

则 E 品牌较好。

(2) 固定总量为 10 分(或 100 分)。

有 A、B、C、D、E 五种品牌，欲了解其在使用方便性上的优劣，则：

请您对以下品牌就使用的方便性给分，五种品牌合计总分为 10 分。

A：　　B：　　C：　　D：　　E：

统计时把各品牌的每人评分加起来即为该品牌得分，以最低得分的品牌为基数，所得到的系列比数即为量表值，表示品牌比最低品牌的优异倍数。

## (二)非比较量表技术

### 1. 评价量表

评价量表也称评比量表，是对提出的问题以两种对立的态度为两端点，在两端点中间按程度顺序排列不同的态度，由被调查者从中选择一种适合自己的态度表现。评价量表用不同的数值来代表某种态度，目的是将非数量化的问题加以量化，而不是用抽象的数值随意排列。评价量表根据量表的形式分为以下两种。

(1) 图示评价量表。要求应答者在一个有两个固定端点的图示连续体上进行选择。例如：

(2) 列举评价量表。要求应答者在有限类别的表格标记中进行选择。例如：

列举评价量表比图示评价量表容易构造和操作，在可靠性方面也比图示评价量表好。

评价量表在市场调查方面应用很广。在问卷中，调查人员根据被调查者的可能态度，拟定有关问题的答案量表，量表的两端是极端答案，中点是中性答案，并且每个答案都事先给定一个分数。

例如，你喜欢波司登羽绒服吗？(请在对应的数字上画钩)

按图所反映的评价量表的要求，分别进行统计，取得的平均分数值便可以代表被调查

者的态度,并且还可以计算各个项目的百分率。

应用评价量表时必须注意两点:设计量表时的定量基础,并将调查得到的态度测量结果在定量基础上进行分析,判断其高低;应注意量表所测定的数量,只说明态度的不同,并不说明其他。

评价量表的优点:省时、有趣、用途广,可以用来处理大量变量等。

同样,这种方法可能会产生以下三种误差。

(1) 仁慈误差。有些人对客体评价时,倾向于给予较高的评价,这就产生仁慈误差;反之,则产生负向的仁慈误差,如教师给学生打平时成绩。

(2) 中间倾向误差。有些人不愿意给予被评价的客体很高或很低的评价,特别是不了解或难以用适当的方式表示出来时,往往倾向于给予中间性的评价。防止中间倾向误差的方法:调整叙述性形容词的强度;增加中间的评价性语句在整个量表中的比例;使靠近量表两端的各级在语意上的差别加大,使其大于中间各级间的语意差别;增加测量量表的层次。

(3) 晕轮效果。如果受测者对被评价的对象有一种整体印象,可能会导致系统偏差。预防晕轮效果的方法:对所有要被评价的对象,每次只评价一个变量或特性;问卷每一页只列一种特性。

### 2. 语意差别量表

在市场研究中,常常需要知道某个事物在人们心目中的形象,语意差别方法就是一种常用的测量事物形象的方法。语意差别方法可以用于测量人们对商品、品牌和商店的印象。

在设计语意差别量表时,首先要确定所要测量对象相关的一系列属性,对于每个属性,选择一对意义相对的形容词,分别放在量表的两端,中间划分为 7 个连续的等级。受访者被要求根据他们对被测对象的看法评价每个属性,在合适的等级位置上做标记。

下面是一个应用语意差别量表测量受访者对某超市进行评价的例子。

你对 A 超市的各项服务如何进行评价?表 5-4 是一系列评价标准,每个标准两端是两个描述它的形容词,这两个形容词的意义是相反的。用这些标准来评价 A 超市,在你认为合适的地方打钩。请注意不要漏掉任何一项标准。

表 5-4  语意差别量表

|  | -3 | -2 | -1 | 0 | 1 | 2 | 3 |  |
|---|---|---|---|---|---|---|---|---|
| 服务不周 |  |  |  |  |  |  |  | 服务周到 |
| 店址不便 |  |  |  |  |  |  |  | 店址方便 |
| 等候过长 |  |  |  |  |  |  |  | 等候不长 |
| 环境不佳 |  |  |  |  |  |  |  | 环境良好 |

语意差别量表的主要优点是可以清楚、有效地描绘形象。如果同时测量几个对象的形象，还可以将整个形象轮廓进行比较。可以对语意差别量表中的不同项目根据受访者的回答进行打分。结果数据可用来分析不同测量对象、不同受访者的相同点和不同点。还可将各项目的得分加总，用以比较不同测量对象整体形象的偏好等级。

### 3. 李克特量表

李克特(Likert)量表是总加式评分量表中最常用的一种，属于同一构念的这些项目是用加总方式来计分，单独或个别项目是无意义的。它是由美国社会心理学家李克特于1932年在原有的总加量表基础上改进而成的。该量表由一组陈述语句组成，每一陈述语句有"非常同意""同意""不一定""不同意""非常不同意"五种回答，分别记为1、2、3、4、5，每个被调查者的态度总分就是他对各道题的回答所得分数的加总，这一总分可说明他的态度强弱或他在这一量表上的不同状态，如表5-5所示。

表5-5 李克特量表

| 问题陈述 | 评分标准 | | | | |
|---|---|---|---|---|---|
| | 非常同意 | 同意 | 不一定 | 不同意 | 非常不同意 |
| 1. H店服务态度好 | | | | | |
| 2. H店服务员专业知识强 | | | | | |
| 3. H货架摆放合理 | | | | | |

李克特量表形式上与沙斯通量表相似，都要求受测者对一组与测量主题有关的陈述语句发表自己的看法。它们的区别是，沙斯通量表只要求受测者选出他所同意的陈述语句，而李克特量表要求受测者对每一个与态度有关的陈述语句表明他同意或不同意的程度。另外，沙斯通量表中的一组有关态度的语句按有利和不利的程度都有一个确定的分值，而李克特量表仅仅需要对态度语句划分是有利还是不利，以便事后进行数据处理。

李克特量表构造的基本步骤如下。

(1) 收集大量(50～100)与测量的概念相关的陈述语句。

(2) 有研究人员根据测量的概念将每个测量的项目划分为"有利"或"不利"两类，一般测量的项目中有利的或不利的项目都应有一定的数量。

(3) 选择部分受测者对全部项目进行预先测试，要求受测者指出每个项目是有利的还是不利的，并在下面的方向——强度描述语句中进行选择，一般采用"五点"量表。

A. 非常同意　B. 同意　C. 无所谓(不一定)　D. 不同意　E. 非常不同意

(4) 对每个回答给一个分数，如从非常同意到非常不同意的有利项目分别为1、2、3、4、5分，对不利项目的分数就为5、4、3、2、1。

(5) 根据受测者的各个项目的分数计算代数和，得到个人态度总得分，并依据总分多少将受测者划分为高分组和低分组。

(6) 选出若干条在高分组和低分组之间有较大区分能力的项目，构成一个李克特量表。如可以计算每个项目在高分组和低分组中的平均得分，选择那些在高分组平均得分较高并且在低分组平均得分较低的项目。

李克特量表的构造比较简单而且易于操作，因此在市场营销研究实务中应用非常广泛。在实地调查时，研究者通常给受测者一个"回答范围"卡，请他从中挑选一个答案。需要指出的是，目前在商业调查中很少按照上面给出的步骤来制作李克特量表，通常由客户项目经理和研究人员共同研究确定。

李克特量表的优点是：容易设计；使用范围比其他量表要广，可以用来测量其他一些量表所不能测量的某些多维度的复杂概念或态度；在通常情况下，比同样长度的量表具有更高的信度；李克特量表的五种答案形式使回答者能够很方便地标出自己的位置。

李克特量表的缺点是：相同的态度得分具有十分不同的态度形态。因为李克特量表是一个项目的总加分，代表一个人的赞成程度，它可大致区分个体间谁的态度高、谁的低，但无法进一步描述他们的态度结构差异。

【课堂训练】

> 若调研人员要对两个旅馆的下列特性进行比较：①地点的便利性；②服务态度；③性价比。请分别使用李克特量表、语义差别量表来完成上述三个方面特性的比较任务。

### 4. 斯坦普尔量表

斯坦普尔量表是一个单级的评分量表，有 10 个从-5～+5 编号的类别，没有中立点(零点)。这种量表通常被垂直展示，要求被调查者选择一个适当的数字，来指出每一项目对物体描述的程度，数字越大，对应项目描述物体就越精确。

例如，请评价每个词或短语对某商场商品陈列描述的精确程度。对您认为精确描述了这家商场商品陈列的短语选择一个正数，描述越精确，选择的数字越大；反之，对您认为没有精确描述商场商品陈列的短语选择一个负数，描述越不精确选择的负数数字越大。您可以选择+5～-5 之间任何一个数字，如表 5-6 所示。

表 5-6 斯坦普尔量表

| 某商场服务购物环境 | |
|---|---|
| +5 | +5 |
| +4 | +4 |
| +3 | +3 |
| +2 | +2 |
| +1 | +1 |

续表

| 商品陈列新颖 | 商品陈列陈旧 |
|---|---|
| -1 | -1 |
| -2 | -2 |
| -3 | -3 |
| -4 | -4 |
| -5 | -5 |

【小资料】

**非比较评分量表的选择**

在构建非比较量表时需在以下四个方面做出选择。

(1) 量表类别的数目。一般来说，量表类别的数目越大，调查项目之间的区别可能就越细微；但类别过多会使调查对象感到困难。

(2) 奇数量表或偶数量表。具体选择取决于是否有些调查对象会对被测的答案保持中立态度，如果有可能有一种中立或无所谓的答案，则选择奇数量表；否则反之。

(3) 强制式量表与非强制式量表。强制式量表不提供"没有意见"的选项，要求调查对象必须表达一种意见。非强制式量表则设置了"没有意见"的选项。

(4) 平衡量表与不平衡量表。在一个平衡量表中，赞成的类别与不赞成的类别数目是相等的。而非平衡量表则不相等。一般来说，为获得客观的数据，量表应该是平衡的。

【课堂训练】

请在以下题目中任选一题目进行量表设计。

1. 对校园超市的态度
2. 对校园环境的满意度
3. 对×××饮料的评价
4. 对市场调查与预测课程的评价
5. 对学校食堂的评价

## 第二节 问卷设计技术

### 一、问卷设计含义与问卷的结构

#### (一)问卷设计的含义

问卷系统地记载了所需调查的具体内容，是了解市场信息资料、实现调查目的和任务的一种重要形式。采用问卷进行调查是国际通行的一种调查方式,也是我国近年来推行最快、应用最广的一种调查手段。

问卷设计是指根据调查目的,将所需调查的问题具体化,使调查者能顺利地获取必要的信息资料,并便于统计分析。由于问卷方式通常是靠被调查者通过问卷间接地向调查者提供资料,所以,作为调查者与被调查者之间中介物的调查问卷,其设计是否科学合理,将直接影响问卷的回收率,影响资料的真实性、实用性。因此,在市场调查中,应对问卷设计给予足够的重视。

### (二)问卷的结构

一份完整的调查问卷通常包括标题、问卷说明、被调查者基本情况、调查内容、编码和调查者情况等内容。

#### 1. 问卷的标题

问卷的标题是概括说明调查研究主题,使被调查者对所要回答什么方面的问题有一个大致的了解。确定标题应简明扼要,易于引起回答者的兴趣。例如,"大学生消费状况调查""我与广告——公众广告意识调查"等,而不是简单地采用"问卷调查"或"调查问卷"这样的标题,因为它容易引起回答者由于不必要的怀疑而拒答。

#### 2. 问卷说明

问卷说明旨在向被调查者说明调查的背景、目的和意义、填表须知、交表时间、地点及其他事项说明等。问卷说明一般放在问卷开头。问卷说明既可采取比较简洁、开门见山的方式,也可在问卷说明中进行一定的宣传,以引起调查对象对问卷的重视。下面举两个实例加以说明。

例如:

"同学们:

为了了解当前大学生的学习、生活情况,并做出科学的分析,我们特制订此项调查问卷,希望广大同学予以积极配合,谢谢。"

再如:

"女士(先生):

改革开放以来,我国广告业蓬勃发展,已成为社会生活和经济活动中不可缺少的一部分,对社会经济的发展起着积极的推动作用。我们进行这次公众广告意识调查,其目的是加强社会各阶层人士与国家广告管理机关、广告用户和经营者等各方的沟通和交流,进一步加强和改善广告监督管理工作,促进广告业的健康发展。本次问卷调查并非知识性测验,只要求您根据自己的实际态度选答,不必进行讨论。根据统计法的有关规定,对您个人情况实行严格保密。"

### 3. 被调查者基本情况

被调查者基本情况是指被调查者的一些主要特征，如在消费者调查中，消费者的性别、年龄、民族、家庭人口、婚姻状况、文化程度、职业、单位、收入、所在地区等。又如，企业调查中的企业名称、地址、所有制性质、主管部门、职工人数、商品销售额(或产品销售量)等情况。通过这些项目，便于对调查资料进行统计分组、分析。在实际调查中列入哪些项目、列入多少项目，应根据调查目的、调查要求而定，并非多多益善。

### 4. 调查主题内容

调查的主题内容是调查者所要了解的基本内容，也是调查问卷中最重要的部分。它主要是以提问的形式提供给被调查者，这部分内容设计得好坏直接影响整个调查的价值。

### 5. 编码

编码是指将问卷中的调查项目变成数字的工作过程，大多数市场调查问卷均需加以编码，以便分类整理，易于进行计算机处理和统计分析。所以，在问卷设计时应确定每一个调查项目的编号和为相应的编码做准备。通常是在每一个调查项目的最左边按顺序编号。

例如，①您的姓名；②您的职业；……而在调查项目的最右边，根据每一调查项目允许选择的数目，在其下方画上相应的若干短线，以便编码时填上相应的数字代号。

### 6. 作业证明的记载

在调查表的最后附上调查员的姓名、访问日期、时间等，以明确调查人员完成任务的性质。如有必要，还可写上被调查者的姓名、单位或家庭住址、电话等，以便于审核和进一步追踪调查。但对于一些涉及被调查者隐私的问卷，上述内容则不宜列入。

## 二、问题的设计

问卷的语句由若干个问题所构成，问题是问卷的核心，在进行问卷设计时，必须对问题的类别和提问方法仔细考虑，否则会使整个问卷产生很大的偏差，导致市场调查的失败。因此，在设计问卷时，应对问题有较清楚的了解，并善于根据调查目的和具体情况选择适当的询问方式。

### (一)问题的主要类型及询问方式

#### 1. 直接性问题、间接性问题和假设性问题

1) 直接性问题

直接性问题是指在问卷中能够通过直接提问方式得到答案的问题。直接性问题通常给回答者一个明确的范围，所问的是个人基本情况或意见，如"您的年龄""您的职业"

"您最喜欢的洗发水是什么牌子的？"等，这些都可获得明确的答案。这种提问对统计分析比较方便，但遇到一些窘迫性问题时，采用这种提问方式可能无法得到所需要的答案。

2）间接性问题

间接性问题是指那些不宜于直接回答，而采用间接提问的方式得到所需答案的问题。通常是指那些被调查者因对所需回答的问题产生顾虑，不敢或不愿真实地表达意见的问题。调查者不应为得到直接的结果而强迫被调查者，使他们感到不愉快或难堪。这时，如果采用间接回答方式，使被调查者认为很多意见已被其他调查者提出来了，他所要做的只不过是对这些意见加以评价罢了，这样就能排除调查者和被调查者之间的某些障碍，使被调查者有可能对已得到的结论提出自己不带掩饰的意见。

例如，"您认为妇女的权利是否应该得到保障？"大多数人都会回答，"是"或"不是"。而实际情况则表明许多人对妇女权利有着不同的看法。如果改问：

"A：有人认为妇女权利应该得到保障的问题应该得到重视。"

"B：另一部分人认为妇女权利问题并不一定需要特别提出。"

您认为哪些看法更为正确？

对 A 种看法的意见：①完全同意；②有保留的同意；③不同意。

对 B 种看法的意见：①完全同意；②有保留的同意；③不同意。

采用这种提问方式会比直接提问方式收集到更多的信息。

3）假设性问题

假设性问题是通过假设某一情景或现象存在而向被调查者提出的问题。例如，"有人认为目前的电视广告过多，您的看法如何？""如果在购买汽车和住宅中您只能选择一种，您可能会选择哪种？"这些语句都属于假设性提问。

## 2．开放性问题和封闭性问题

1）开放性问题

开放性问题是指所提出问题并不列出所有可能的答案，而是由被调查者自由做答的问题。开放性问题一般提问比较简单，回答比较真实，但结果难以作定量分析，在对其作定量分析时通常将回答进行分类。

2）封闭性问题

封闭性问题是指已事先设计了各种可能答案的问题，被调查者只要或只能从中选定一个或几个现成答案的提问方式。封闭性问题由于答案标准化，不仅回答方便，而且易于进行各种统计处理和分析。但缺点是回答者只能在规定的范围内被迫回答，无法反映其他各种有目的的、真实的想法。

## 3．事实性问题、行为性问题、动机性问题和态度性问题

1）事实性问题

事实性问题是要求被调查者回答一些有关事实性的问题。例如，"您使用什么品牌的

洗发水？"

这类问题的主要目的是为了获得有关事实性资料。因此，问题的意见必须清楚，使被调查者容易理解并回答。

通常在一份问卷的开头和结尾都要求回答者填写其个人资料，如职业、年龄、收入、家庭状况、受教育程度和居住条件等，这些问题均为事实性问题，对此类问题进行调查，可为分类统计和分析提供资料。

2) 行为性问题

行为性问题是对回答者的行为特征进行调查。例如，"您是否拥有××物？""您是否做过某事？"

3) 动机性问题

动机性问题是为了解被调查者行为的原因或动机问题，如"为什么购某物？为什么做某事？"等。在提动机性问题时，应注意人们的行为可以是有意识动机，也可以是半意识动机或无意识动机产生的。对于前者，有时会因种种原因不愿真实回答；对于后两者，因回答者对自己的动机不十分清楚，也会造成回答的困难。

4) 态度性问题

态度性问题是关于对回答者的态度、评价、意见等问题，如"您是否喜欢××牌子的自行车？"

以上是从不同的角度对各种问题所做的分类。应该注意的是，在实际调查中，几种类型的问题往往是结合起来使用的。在同一个问卷中，既有开放性问题，也有封闭性问题。甚至同一个问题中，也可将开放性问题与封闭性问题结合起来，组成结构式问题。例如，"您家里目前有空调吗？有_____，无_____；若有，是什么牌子的？"。同样，事实性问题既可采取直接提问方式，对于回答者不愿直接回答的问题，也可以采取间接提问方式，问卷设计者可以根据具体情况选择不同的提问方式。

## (二)问题设计时应注意的事项

### 1．避免提一般性、断定性的问题

一般性问题对实际调查工作并无指导意义，根本没有必要进行提问。断定性问题就是在实际中已经有结论的问题，如询问"你一天抽多少支烟？"这种问题即为断定性问题，被调查者如果根本不抽烟，就会造成无法回答。正确的处理办法是此问题可加一条"过滤"性问题。如"你抽烟吗？"如果回答者回答"是"，可继续提问，否则就可终止提问。

### 2．避免提过于笼统、含糊不清的问题

例如，"您对某百货商场的印象如何？"这样的问题过于笼统，被调查者无法表达具体意见，因为他可能对这个商场的购物环境满意，但对服务人员的服务水平和态度不满意，或者对其所销售的产品质量满意，但对相关的售后服务不满意。所以上述问题可具体

改为"您认为某百货商场商品品种是否齐全、营业时间是否恰当、服务态度怎样？"等。

再如，"你最近是出门旅游还是休息？"出门旅游也是休息的一种形式，它和休息并不存在选择关系，正确的问法是："你最近是出门旅游还是在家休息？"

### 3．避免使用不确切或容易产生歧义的词

设计问题时，要避免使用"也许""好像""可能"这类模棱两可的词，对"经常""偶尔""常常""最近""有时"这类词，尽量不使用，如果使用，必须做出明确的说明，如"经常"指每周至少一次；否则不同的人可能有不同的理解。例如，"你是否经常看电影？"回答者不知经常是指一周、一个月还是一年，可以改问："你上月共看了几场电影？"另外对于一些形容词，如"美丽""普通"等词语，理解因人而异，在问卷设计中应避免或减少使用。

对于年龄、家庭人口和经济收入等调查项目，通常会产生歧义的理解，如年龄有虚岁、实岁，家庭人口有常住人口和生活费开支在一起的人口，收入是仅指工资还是包括奖金、补贴、其他收入以及实物发放折款收入在内，如果调查者对此没有很明确的界定，调查结果也很难达到预期要求。

### 4．避免引导性或带有倾向性的提问

如果提出的问题不是"折中"的，而是暗示出调查者的观点和见解，力求使回答者跟着这种倾向回答，这种提问就是"引导性提问"。例如，"消费者普遍认为××牌子的冰箱好，你的印象如何？"再如，"医生认为吸烟有害健康，你认为呢？"

引导性提问会导致两个不良后果：一是被调查者不假思考就同意所引导问题中暗示的结论；二是由于引导性提问大多是引用权威或大多数人的态度，被调查者考虑到这个结论既然已经是普遍的结论，就会产生心理上的顺向反应。此外，对于一些敏感性问题，在引导性提问下，不敢表达其他想法等。因此，这种提问是调查的大忌，常常会引出和事实相反的结论。

### 5．避免提令被调查者难堪的问题

如果有些问题非问不可，也不能只顾自己的需要穷追不舍，应考虑回答者的自尊心，如"您是否离过婚？离过几次？谁的责任？"等。又如，直接询问女士年龄也是不太礼貌的，可列出年龄段：20岁以下、20～30岁、30～40岁、40岁以上，由被调查者挑选。

## 三、答案的设计

在市场调查中，无论是何种类型的问题，都需要事先对问句答案进行设计。在设计答案时，可以根据具体情况采用不同的设计形式。

## (一)答案的形式

### 1. 二项选择法

二项选择法也称真伪法或二分法，是指提出的问题仅有两种答案可以选择，即"是"或"否"、"有"或"无"等。这两种答案是对立的、排斥的，被调查者的回答非此即彼，不能有更多的选择。

例如，"您家里现在有电脑吗？"答案只能是"有"或"无"。

又如，"您是否打算在近五年内购买住房？"回答只有"是"或"否"。

这种方法的优点是：易于理解和可迅速得到明确的答案，便于统计处理，分析也比较容易。但回答者没有进一步阐明理由的机会，难以反映被调查者意见与程度的差别，了解的情况也不够深入。这种方法适用于互相排斥的两项择一式问题，及询问较为简单的事实性问题。

### 2. 多项选择法

多项选择法是指所提出的问题事先预备好两个以上的答案，回答者可任选其中的一项或几项。

例如，"您喜欢下列哪一种品牌的牙膏？"(在您认为合适的(　　)内画√)

中华(　) 佳洁士(　　) 康齿灵(　　) 黑妹(　　) 其他(请填写　　　)

由于所设答案不一定能表达出填表人所持有的看法，所以在问题的最后通常可设"其他"项目，以便使被调查者表达自己的看法。

这个方法的优点是比二项选择法的强制选择有所缓和，答案有一定的范围，也比较便于统计处理。但采用这种方法时，设计者要考虑以下两种情况。

(1) 要考虑到全部可能出现的结果，及答案可能出现的重复和遗漏。

(2) 要注意根据选择答案的排列顺序。有些回答者常常喜欢选择第一个答案，从而使调查结果发生偏差。此外，答案较多，使回答者无从选择或产生厌烦。一般这种多项选择答案应控制在 8 个以内，当样本量有限时，多项选择易使结果分散，缺乏说服力。

### 3. 量表

量表在本章的第一节已经详细讨论过，在对一些问题的答案进行设计时可有选择地运用各种量表测量技术。例如，请对××品牌电视机的各项指标进行评价(请在表 5-7 内每一行的适当空格内打√)。

### 4. 自由回答法

自由回答法是指提问时可自由提出问题，回答者可以自由发表意见，并无拟定好的答案。例如，"您觉得软包装饮料有哪些优缺点？""您认为应该如何改进电视广告？"等。

表 5-7　对××品牌电视机的评价量表

| 内容＼程度 | 很好 | 较好 | 一般 | 不太好 | 很不好 |
|---|---|---|---|---|---|
| 图像清晰度 |  |  |  |  |  |
| 色彩效果 |  |  |  |  |  |
| 伴音质量 |  |  |  |  |  |
| 接收信号灵敏度 |  |  |  |  |  |
| 遥控效果 |  |  |  |  |  |
| 外观形状 |  |  |  |  |  |

这种方法的优点是涉及面广、灵活性大，回答者可充分发表意见，可为调查者搜集到某种意料之外的资料，缩短问者和答者之间的距离，迅速营造一个调查气氛。缺点是由于回答者提供答案的想法和角度不同，因此在答案分类时往往会出现困难，资料较难整理，还可能因回答者表达能力的差异形成调查偏差。同时，由于时间关系或缺乏心理准备，被调查者往往放弃回答或答非所问。因此，此种问题不宜过多。这种方法适用于那些不能预期答案或不能限定答案范围的问题。

## (二)相关问题的转接

在回答方式的设计中，应当特别注意相关问题的转接。

(1) 用文字说明。如：

您有笔记本电脑吗？

① 有＿＿＿＿。请继续回答

② 无＿＿＿＿。(若无，请直接答 13 题)

(2) 分层次排列。如：

您是否在业余时间学习某种专业技术？

① 是　□

为什么＿＿＿＿＿＿＿＿＿＿＿＿＿＿＿＿

② 没有　□

为什么＿＿＿＿＿＿＿＿＿＿＿＿＿＿＿＿

## (三)封闭式答案设计应注意的事项

### 1. 答案应具有穷尽性

封闭式问题列出的答案应包括所有可能的回答。例如，"你家有电视机吗？"这个问题列出的答案是："①有；②没有"就是穷尽的。因为对于任何一个被调查者来说，问题的答案中总有一个是符合他的情况的,不可能再有其他的答案。这个例子是最简单的定类问题的答案设计,比较容易。复杂的定类问题的答案设计比较困难,由于这类问题涉及的范围很广或比较抽象,因此要列举所有可能的答案难度较大。

如果封闭式问题列出的答案没有包括所有可能的回答,那么这一问题的答案就一定是不穷尽的,或者说是有所遗漏的。例如,"您是哪个民族?"这个问题列出的答案:"①汉族;②满族;③蒙古族;④回族;⑤藏族;⑥壮族;⑦维吾尔族;⑧朝鲜族"是不穷尽的。因为我国有 56 个民族,这里只列出 8 个民族,有的被调查者恰好是其他民族的人,就无法选择回答。解决这类问题的办法是在所列举的答案后面加一类"其他"。这样,那些无法选择所列答案的人,就可以选择这一答案。当然,如果一个问题的调查结果中,选择"其他"这一答案的人过多,说明答案的列举是不恰当的。

有些重要的带普遍性的类别没有专门列出,会使调查得不到应有的效果。

### 2. 答案应具有互斥性

互斥性是指封闭式问题列出的各个答案之间不能相互包含。对每个被调查者来说,只能有一个答案适合他的选择。如果一个被调查者可同时选择有重复内容的两个或更多个答案,那么这一问题的答案就一定不是互斥的。例如,"您是哪个民族?"这个问题列出的答案如果是:"①汉族;②少数民族;③满族;④蒙古族;⑤回族;⑥藏族;⑦壮族;⑧维吾尔族;⑨朝鲜族"就不是互斥的。答案中的"少数民族"包含了"满族""蒙古族"等民族在内,因此,对于那些身为满族或蒙古族等被调查者来说,他既可选择"满族"或"蒙古族"等,也可以选择"少数民族"。可见,这里的答案不是互斥的,必将影响调查效果,不利于资料的整理分析。

"穷尽性"和"互斥性"对设计定类问题的答案来说,是必须严格遵守的。

### 3. 答案必须简单、规范、标准

无论是设计问题还是设计问题答案所用语言都要简明、清晰,使被调查者一看就懂。千万不要使用复杂的、抽象的概念以及专业术语,使被调查者不好理解,影响填答结果的正确性。例如,问题"按年龄划分,您属于哪种类型?"列出的答案"①老年;②中年;③青年;④少年儿童",由于没有明确的年龄范围,被调查者理解不一,如果是 40 周岁的人,有的认为自己是青年,有的则认为自己是中年;又如同 55 周岁的人,有的认为自己是中年,有的则认为自己是老年。这种分类界限模糊,势必造成填答错误,影响调查效果。因此,必须首先明确分类标准,如上例中首先应明确规定各种人口类型的年龄界限,才能避免由于分类不规范造成的填答错误。

## 四、问卷设计的原则与程序

### (一)问卷设计的原则

**1. 目的性原则**

问卷调查是通过向被调查者询问问题来进行调查的,所以,询问的问题必须是与调查主题有密切关联的问题。这就要求在问卷设计时重点突出,避免可有可无的问题,并把主题分解为更详细的细目,即把它分别做成具体的询问形式供被调查者回答。

**2. 可接受性原则**

调查表的设计要比较容易让被调查者接受。由于被调查者对是否参加调查有着绝对的自由,调查对他们来说是一种额外负担,他们既可以采取合作的态度,接受调查;也可以采取对抗行为,拒答。因此,请求合作就成为问卷设计中一个十分重要的问题。应在问卷说明词中,将调查目的明确告诉被调查者,让对方知道该项调查的意义和自身回答对整个调查结果的重要性。问卷说明要亲切、温和,提问部分要自然、有礼貌和有趣味,必要时可采用一些物质鼓励,并代被调查者保密,以消除其某种心理压力,使被调查者自愿参与,认真填好问卷。此外,还应使用适合被调查者身份、水平的用语,尽量避免列入一些会令被调查者难堪或反感的问题。

**3. 顺序性原则**

顺序性原则是指在设计问卷时,要讲究问卷的排列顺序,使问卷条理清楚、顺理成章,以提高回答问题的效果。问卷中的问题一般可按下列顺序排列。

(1) 容易回答的问题(如行为性问题)放在前面;较难回答的问题(如态度性问题)放在中间;敏感性问题(如动机性、涉及隐私等问题)放在后面;关于个人情况的事实性问题放在末尾。

(2) 封闭性问题放在前面,开放性问题放在后面。这是由于封闭性问题已由设计者列出备选的全部答案,较易回答,而开放性问题需被调查者花费一些时间考虑,放在前面易使被调查者产生畏难情绪。

(3) 要注意问题的逻辑顺序,如可按时间顺序合理排列,也可按照需要所搜集资料的类别进行安排,如需要调查的内容涉及几个方面可把问题分为几大类。

**4. 简明性原则**

简明性原则主要体现在以下三个方面。

(1) 调查内容要简明。没有价值或无关紧要的问题不要列入,同时要避免出现重复,力求以最少的项目设计必要的、完整的信息资料。

(2) 调查时间要简短，问题和整个问卷都不宜过长。设计问卷时，不能单纯地从调查者角度出发，而要为回答者着想。调查内容过多、调查时间过长都会招致被调查者的反感。而有些问卷多达几十页，让被调查者望而生畏，一时勉强做答也只有草率应付。根据经验，一般问卷回答时间应控制在 30 分钟以内。

(3) 问卷设计的形式要简明易懂、易读。

#### 5. 匹配性原则

匹配性原则是指要使被调查者的回答便于进行检查、数据处理和分析。所提问题都应事先考虑到能对问题结果作适当分类和解释，使所得资料便于作交叉分析。

### (二)问卷设计的程序

问卷设计是由一系列相关工作过程所构成的，为使问卷具有科学性和可行性，需要按照一定的程序进行，如图 5-1 所示。

图 5-1　问卷设计的程序

#### 1. 准备阶段

准备阶段是根据调查问卷需要确定调查主题的范围和调查项目，将所需问卷资料一一列出，分析哪些是主要资料，哪些是次要资料，哪些是调查的必备资料，哪些是可要可不要的资料，并分析哪些资料需要通过问卷来取得，需要向谁调查等，对必要资料加以收集。同时要分析调查对象的各种特征，即分析了解各被调查对象的社会阶层、行为规范和社会环境等社会特征，文化程度、知识水平和理解能力等文化特征，需求动机、行为等心理特征，以此作为拟定问卷的基础。在此阶段，应充分征求有关各类人员的意见，以了解问卷中可能出现的问题，力求使问卷切合实际，能够充分满足各方面分析研究的需要。可以说，问卷设计的准备阶段是整个问卷设计的基础，是问卷调查能否成功的前提条件。

#### 2. 初步设计

在准备工作基础上，设计者可以根据收集到的资料，按照设计原则设计问卷初稿。主要是确定问卷结构，拟定并编排问题，在初步设计中，首先要标明每项资料需要采用何种方式提问，并尽量详尽地列出各种问题，然后对问题进行检查、筛选、编排和设计每个项目。对提出的每个问题，都要充分考虑是否有必要、能否得到答案。同时，要考虑问卷是否需要编码，或需要向被调查者说明调查目的、要求、基本注意事项等。这些都是设计调查问卷时非常重要的工作，必须精心研究、反复推敲。

### 3. 试答和修改

一般来说,所有设计出来的问卷都存在着一些问题,因此,需要将初步设计出来的问卷在小范围内进行试验性调查,以便弄清问卷在初稿中存在的问题,了解被调查者是否乐意回答和能够回答所有的问题,哪些语句不清、多余或遗漏,问题的顺序是否符合逻辑,回答的时间是否过长等。如果发现问题,应做必要的修改,使问卷更加完善。试调查与正式调查的目的是不一样的,它并非要获得完整的问卷,而是要求回答者对问卷各方面提出意见,以便于修改。

### 4. 付印

付印就是将最后定稿的问卷,按照调查工作的需要打印复制,制成正式问卷。

## 思考与训练

1. 如何运用各种量表技术?在运用时应注意哪些问题?
2. 评价一份问卷是否符合要求?
3. 请设计一份××市饮料市场调查问卷,并进行实地调查。

## 应 用 分 析

下面是一家企业进行市场调查的问卷,请认真分析。

Q1. 我们想了解你对五家生产电冰箱公司的全面印象。请给他们评级,从 1~5,1 表示最好,5 表示最差。阅读下表并打分,要保证每个公司都有一个分值。

| 公司名称 | 等 级 |
| --- | --- |
| 海尔公司 | |
| LG 公司 | |
| 美菱公司 | |
| 新乡飞利浦 | |
| 美的公司 | |

Q2. 现在我想知道你对一些用来形容"美菱"和它所生产冰箱的陈述意见。对我所提出的每个陈述,请告诉我"同意"还是"不同意",程度如何。如果你完全同意此陈述,请给 10 分,如果完全不同意请给 0 分。或者,你可以用 0~10 间的任何最能表达你陈述意见的数字。

(阅读下表,分别给每个陈述写一个数字,保证每一个答案都被记录下来。)

| 陈 述 | 评 比 |
|---|---|
| ( )他们是一个现代的、新潮的公司 | |
| ( )他们的冰箱比其他公司的冰箱提供更高价值 | |
| ( )他们的冰箱比其他公司的冰箱更耐用 | |
| ( )他们的冰箱属于"关注产品" | |
| ( )他们的冰箱比其他公司的冰箱具有更特殊的特点 | |
| ( )他们是一个根基稳固而可靠的公司 | |
| ( )他们的冰箱比其他公司的冰箱更可靠 | |
| ( )他们的冰箱比其他公司生产的冰箱具有更高质量 | |
| ( )他们的冰箱有比其他公司的冰箱更好的担保或保修 | |

Q3. 假设你今天要买一台冰箱，哪种品牌是你的第一选择？第二选择呢？第三选择呢？请阅读下表，在相应的公司下画钩。

| 品 牌 | 冰 箱 | | | 电 炉 灶 | | |
|---|---|---|---|---|---|---|
| | 一选 | 二选 | 三选 | 一选 | 二选 | 三选 |
| 海尔公司 | 1 | 1 | 1 | 1 | 1 | 1 |
| LG 公司 | 2 | 2 | 2 | 2 | 2 | 2 |
| 美菱公司 | 3 | 3 | 3 | 3 | 3 | 3 |
| 新乡飞利浦 | 4 | 4 | 4 | 4 | 4 | 4 |
| 美的电器 | 5 | 5 | 5 | 5 | 5 | 5 |
| 其他(请指明) | | | | | | |

Q4. 假设你今天要在市场上买一台冰箱，你会有多大兴趣购买在广告上看到的×××型美菱冰箱？

你能说出你将……(阅读下表，请圈出一个数字)

| 非常感兴趣 | 1 |
|---|---|
| 有些兴趣 | 2 |
| 无所谓 | 3 |
| 不太感兴趣 | 4 |
| 完全没兴趣 | 5 |

Q5. 为什么你会有这种感觉？(主观题)

Q6. 现在我只为统计目的问您几个问题：

① 您目前是否拥有由美菱公司制造的电器？(请圈出一个数字)

是　　1　　　　　否　　2

② 持家的人是男性还是女性？(请圈出一个数字)

    男性 1      女性 2

③ 您处于哪个年龄段？(请圈出一个数字)

A. 25 岁以下   1    B. 25~34    2

C. 35~44    3    D. 45~54    4

E. 55 岁以上   5

请回答以下问题：

1. 问卷使用了哪几种量表？每种量表的目的是什么？还可以使用哪些量表获得相同的信息？

2. 在这份问卷中可以使用语意差别量表吗？如果可以，有哪些可以使用的形容词？

3. 你是否认为美菱公司管理者现在已拥有足够信息来评价顾客对他们公司产品的认知？如果不是，还应该询问哪些问题？

# 第六章

## 市场调查资料的整理与分析

**本章要点及学习指导**

本章重点掌握市场调查资料整理与分析以及撰写调查报告的技巧，主要包括对市场调查资料的审核、整理、分析、调查报告撰写的技巧和常用方法，并在此基础上能写出有一定实用价值的市场分析报告。

引导案例：

## ××市饮料市场分析

××市1992年和1993年的饮料市场统计如表6-1和表6-2所示。

表6-1　1992年××市饮料市场统计

| 名　称 | 单　位 | 价格/元 | 包　装 | 功　能 | 原　料 | 产　地 |
|---|---|---|---|---|---|---|
| 可口可乐 | 听 | 2.30 | 易拉罐 | 普通型 | 碳酸汽 | 福建 |
| 芒果汁 | 听 | 3.90 | 易拉罐 | 普通型 | 果汁 | 中国香港 |
| 粒粒清凉爽 | 听 | 4.00 | 易拉罐 | 普通型 | 果汁 | 中国台湾 |
| 菲律宾芒果汁 | 听 | 4.61 | 易拉罐 | 普通型 | 果汁 | 菲律宾 |
| 天然椰子汁 | 听 | 2.70 | 易拉罐 | 普通型 | 果汁 | 海南 |
| 粒粒橙汁 | 听 | 3.80 | 易拉罐 | 普通型 | 果汁 | 中国香港 |
| 东莞荔枝汁 | 盒 | 0.97 | 纸盒 | 普通型 | 果汁 | 广东 |
| 矿泉水 | 瓶 | 1.50 | 塑料瓶 | 普通型 | 泉水 | 本市 |
| 雪碧 | 瓶 | 2.30 | 塑料瓶 | 普通型 | 碳酸汽 | 本市 |
| 娃哈哈果奶 | 瓶 | 0.80 | 塑料瓶 | 儿童型 | 奶制品 | 本市 |
| 万佳宝 | 杯 | 0.80 | 塑料杯 | 儿童型 | 奶制品 | 本市 |
| 日康奶 | 杯 | 0.90 | 塑料杯 | 儿童型 | 奶制品 | 外省 |
| 乐百氏奶 | 杯 | 0.90 | 塑料杯 | 儿童型 | 奶制品 | 广东 |
| 柠檬汽水 | 瓶 | 1.45 | 玻璃瓶 | 普通型 | 碳酸汽 | 外省 |
| 芬达汽水 | 杯 | 0.90 | 纸杯 | 普通型 | 碳酸汽 | 本市 |

表6-2　1993年××市饮料市场统计

| 名　称 | 单　位 | 价格/元 | 包　装 | 功　能 | 原　料 | 产　地 |
|---|---|---|---|---|---|---|
| 树顶果汁系列 | 听 | 5.10(340mL)<br>4.00(250mL) | 易拉罐 | 普通型 | 果汁 | 美国 |
| 绿果汁系列 | 听 | 4.65 | 易拉罐 | 普通型 | 果汁 | 宁波 |
| 娃哈哈银耳燕窝 | 听 | 6.60 | 易拉罐 | 营养型 | 银耳、燕窝 | 本市 |
| 娃哈哈八宝 | 听 | 3.88 | 易拉罐 | 营养型 | 食物 | 本市 |
| 娃哈哈八宝粥 | 听 | 3.80 | 易拉罐 | 营养型 | 食物 | 本市 |
| 亲亲营养八宝 | 听 | 4.30 | 易拉罐 | 营养型 | 食物 | 扬州 |
| 娃哈哈黑糯米粥 | 听 | 2.48 | 易拉罐 | 营养型 | 食物 | 本市 |
| 娃哈哈果奶 | 瓶 | 0.80 | 塑料瓶 | 营养型 | 奶制品 | 本市 |

表 6-1 表明以下几点。

(1) 价格由低到高呈系列分布，最高价与最低价差距较大(4.61/0.80)。

价格是商品价值的货币表现，价格的高低是决定产品销售状况的一个重要因素。目前，××市饮料市场的饮品价格低、中、高全面结合，既有 8 角以下的普通汽水，也有 4 元以上一听的高档进口饮料，应该说能够满足不同层次的居民需求。但是，那时××市饮料市场的饮品中以中高档为主。在表 6-1 所列的 15 个品种中，易拉罐饮料价格都超过 2 元，而儿童型饮料价格虽在 1 元以下，但其容量少，大多数消费者认为价格偏高。

(2) 包装各有特色，针对不同消费者设计了不同的包装款式。

饮料的包装在经过玻璃瓶—塑料瓶—易拉罐三个阶段后，出现了各种包装全面结合的状况。表 6-1 中易拉罐包装占 15 个品种的 40%，纸盒包装占 13.3%。而表 6-2 中基本上是易拉罐占主导地位。说明在包装上以易拉罐和塑料包装为主。消费者在购买商品时首先要从视觉上接受该商品，所以包装的好坏在一定程度上也影响着商品的销售。其次，不同包装的饮料保质期不一样。塑料袋和纸盒包装之所以不占主要地位，其原因之一是保质期短，而且携带也不方便。

再次，包装也是影响价格的一个因素，易拉罐饮料价格普遍偏高，绝大多数都在 3 元以上。而玻璃瓶和纸盒包装的饮料其价格就较低，都在 1 元以下，所以它们在市场上还有一定的占有率，在风景区的销售状况也较好。

(3) 品种繁多，能满足不同消费层次的需要。

目前我国 13 亿人口中，儿童占有 3 亿，应该说这是一个庞大的食品消费群。现在专门的儿童食品愈来愈多，饮料市场也不例外。在表 6-1 所调查的 15 种饮料中，有 4 种是儿童型饮料，占总量的 26.67%，这与儿童人口占全国人口数的比例大致持平。

(4) 原料来源多样化，且向"天然""原汁""营养"方向发展。

随着消费观念的改变，人们又开始崇尚自然，返璞归真了，饮料市场也是如此。调查中有个明显倾向，这就是天然型的饮料愈来愈受消费者欢迎，而一些含有色素的饮料在竞争中已被淘汰。市场上的儿童型饮料都采用奶制品作为原料，其原因之一是营养丰富，符合儿童生理需求。

(5) 产地内外并举，本地产品并不占优势。

在表 6-1 所列的 15 种饮料中，属于本市的产品占有 33%，外地产品占有 40%，进口产品占有 26.67%。这说明××市市场上供应的饮料来自全国各地和国外生产企业，本市厂家生产的品种不占主导地位。表 6-1 还表明进口饮料比例日益增大。这些进口饮料都属于高档次，具有包装讲究、口味独特、价格较高等特点。

(资料来源：徐金发，蒋英涤，王益平，陈希盛. 寻求成功——市场调查与预测案例分析. 杭州：杭州大学出版社，1994)

**问题探究：**

在对市场调查资料分析过程中应注意哪些问题？

调查资料的审核与整理是资料收集和资料分析的中间环节，其目的是保证资料的真实性、准确性、条理性和完整性。

# 第一节 市场调查资料的审核

## 一、审核的意义与原则

### (一)资料审核的意义

审核是指在着手整理调查资料之前，对各种资料进行审查与核实的工作过程。主要是仔细推究和详尽考察调查资料是否真实可靠和合乎要求，目的在于保证资料的客观性、准确性和完整性，为资料的整理打下坚实的基础。

审核实际应贯穿资料收集和整理的整个过程，在大多数情况下，资料收集的同时就应进行审核，应该是边收集边审核；当资料收集汇总完成后，为了保证资料整理和汇总的正确，也必须对每项资料进行严格审核，如果资料中存在错误，整理加工后就不易被发现和修正，容易据此得出错误的结论，失去调查研究的科学性。因此，在资料集中后，一般还要做系统的审核。

### (二)资料审核的原则

资料审核的原则具体涵盖以下几个方面。

1. 真实性原则

对收集到的资料要根据实践经验和常识进行辨别，看其是否真实、可靠地反映了市场现象的客观情况。一旦发现有疑问，就要根据事实进行核实，排除其中的虚假成分，保证资料的真实性。

2. 准确性原则

对调查得来的资料要进行逻辑检查，检查资料中有无不合理和相互矛盾的地方。例如，某项调查表内填写的销售额是 10 万元，销售利润是 17 万元，这显然是不合逻辑的，对这类资料要认真审核处理。对收集来的各种图表应重新计算复核，利用历史资料更要注意审查文献的可靠程度。

3. 完整性原则

要检查调查资料是不是按照提纲或统计表格的要求收集齐全。如果资料残缺不全，就会降低甚至失去研究价值。还要检查发现的新线索、新问题是否也都做了调查。

### 4．合格性原则

合格性原则是指审查调查资料是否符合原设计的要求。如果对调查项目理解错误，计算公式不正确，计量单位不标准，或者回答不完整、不符合要求，甚至答非所问等，都应列入不合格调查资料之内。

## 二、原始资料的审核

原始资料主要是通过观察调查法、实验调查法和询问调查法获得的。一般来说，可以对照事实重新审核。

### 1．对观察调查法所得资料的审核

(1) 要检查观察资料是否是严格遵循调查提纲获得的。

(2) 如果资料能用多种方法收集，则应把通过观察调查法获取的资料和通过其他方法获取的资料进行比较，发现问题须及时核实。

(3) 对于较重要的问题要审核观察时间的长短。一般来说，长时间的观察比短时间的观察更容易排除某些人为的虚假成分，获得可靠的资料。不过，这个时间量以多少为好要视具体情况而定。

(4) 当观察调查是以小组为单位进行时，调查人员要随时将观察资料同小组其他调查人员所获得的资料进行比较。一般来讲，集体观察并经过讨论的资料客观性、准确性较高。

### 2．对实验调查法所得资料的审核

(1) 实验的各种环境条件是否具有一般的典型代表性。

(2) 测定某一因素对实验对象的影响作用时，其他因素是否得以控制。

(3) 实验组的选定及其所参照的控制组的确定是否具有科学性。

(4) 实验进行的次数或者选定的样本是否足以说明问题，实验数据是否正确无误。

### 3．对询问调查法所得资料的审核

(1) 询问的问题是否符合调查目的、是否恰当。

(2) 被调查者的意见是否受了某些人的影响而未能得到充分的表述。

(3) 收回的问卷或调查表有多大的代表性。

(4) 问卷中的问题是否都作了回答，有无矛盾。

## 三、现成资料的审核

(1) 应搞清文献的作者、出版者的背景。

(2) 注意文献编写的时间。

(3) 审核资料是否伪造、是否真实。

(4) 对照调查目的，看资料的统计口径是否符合需要，统计资料是否需要重新定义和分组。

【课堂讨论】

对通过问卷调查得到的资料如何进行审核？

## 第二节  市场调查资料的整理

### 一、资料整理的意义和原则

#### (一)资料整理的意义

资料整理是指根据研究目的和要求，运用列表、作图等方法，对调查资料进行科学的加工、归纳和简缩，使之系统化、条理化，成为反映总体特征的综合资料的工作过程。

如果说调查是认识的感性阶段，分析是认识的理性阶段的话，那么，整理就是从调查阶段过渡到分析阶段，由感性认识上升到理性认识的一个必经的中间环节。

资料整理工作对资料的质量有很大影响，从而也关系到分析工作的质量以及分析结论的可靠性，因而它是市场调查研究的一个重要步骤。一份真实、完整、系统的资料往往具有长久的研究价值。

#### (二)资料整理的原则

资料整理要遵循以下原则。

**1. 条理化原则**

资料的整理是要对资料进行分类归纳，使大量繁杂的资料条理化，从而为进一步的分析创造条件。所以，分类与分组不仅便于资料的存取、利用，而且可以加深对客观规律的认识。

**2. 系统化原则**

资料的整理还要从整体上考察现有资料满足研究目的的程度如何，有没有必要吸收补充其他资料。系统化原则是从整体综合的角度来考虑资料整理问题的，而条理化原则则是从对事物分类归纳着手考虑的。

## 二、分类或分组

分类或分组都是根据研究对象(调查总体)的某些特征将其区分为性质不同的类别或不同的组。也就是说，分类或分组是按照一定标志把调查总体区分为性质不同的组成部分。标志是调查单位所具有的属性或特征的名称。通常情况下，分类与分组统称为分组，分类是分组的一部分。分类是指按品质标志把总体区分为性质不同的类别，而分组则泛指按一定标志(可以是品质标志，也可以是数量标志)把总体区分为性质不同的组。

调查资料的分类或分组，绝不是一个简单的纯技术性问题，它往往对调查结论产生巨大的甚至决定性的影响。

### (一)分类或分组的含义

调查资料的分类，就是按照品质标志把调查得到的资料划分为性质不同的类别，也就是将相异的资料区别开来，将相同或相近的资料合为一类的过程。分类是否正确，取决于分类标准是否科学。分类标准的确定，必须以科学理论为指导，以客观事实为依据。

就调查过程而言，调查资料的分类有两种，即前分类和后分类。前分类就是在设计调查提纲、调查表或调查问卷时，按照事物或现象的类别设计调查项目的类别，然后再按类收集资料、整理资料。这样，分类工作在调查前就完成了。后分类是指在调查资料收集起来之后，再根据资料的性质、内容或特征，将它们分别集合成类，如文案调查收集的现成资料、座谈会的记录、问卷调查中开放式问题的回答等，这些一般无法事先作出明确的分类，只有在收集资料之后再做分类工作。

无论是前分类还是后分类，都必须掌握两条基本原则，即互斥性和完备性。互斥性就是同一条资料只能归于一类，而不能既属于这一类，又属于那一类，以至在不同的类别中重复出现。完备性就是每一条资料都要有所归属，分类的结果必须把全部资料包括进去，没有遗漏。分类的结果如果违背了这两条原则，就不能算是科学的分类。

### (二)分类或分组的步骤

对调查资料进行分组的一般步骤如下。

#### 1. 选择分组标志

分组的关键在于选择和确定分组标志，分组标志是指作为分组依据的标志。分组标志一经选定，必然突出调查总体在此标志下的性质差异，而将其他标志下的差异掩盖起来。分组标志选择得恰当与否，会直接影响资料分析的科学性。

分组标志有两类，即品质标志和数量标志。

按品质标志分组，就是选择反映事物属性差异的标志作为分组标志。通常就把这种分组称为分类，如消费者按性别分组、商品按主要用途分类、商店按经济类型分类等。按品质标志分组所形成的反映调查单位分布状况的数列叫作品质数列。

按数量标志分组,就是选择反映事物数量差异的标志作为分组标志,如消费者按年龄分组、商店按销售额分组等。按数量标志分组所形成的反映调查单位分布状况的数列叫作变量数列。

要选择正确的分组标志,必须遵循以下原则。

(1) 从研究目的出发选择分组标志。研究目的不同,选择的分组标志也应该不同。

(2) 从反映现象本质的需要去选择分组标志。在市场现象的众多特征中,应选择反映本质特征的标志作为分组标志。

(3) 根据具体的历史条件去选择分组标志。市场现象的特征是随时间、地点和条件而发生变化的,要研究新问题、适应新情况,采用的分组标志必须随历史条件的变化而变化。

(4) 分组同分类一样,也必须坚持互斥性和完备性,以保证资料既不重复出现,又不遗漏。

应该指出的是,这里提到的正确选择分组标志的原则,对分类(实际是分组的一部分)来说也是必须遵守的。

### 2．编制分布数列

分布数列是调查资料整理结果的一种重要的表现形式,反映了调查单位的分布状况和分布特征,也是进行统计分析的一种重要手段。分布数列包括两个要素,即调查总体按某一标志所分的组和各组的调查单位数。根据分组标志的不同,分布数列可以分为品质数列和变量数列两种形式。

品质数列,是按品质标志分组所形成的分布数列。

变量数列,是按数量标志分组所形成的分布数列。

编制变量数列的一般步骤如下。

(1) 确定组数。组数的确定应从实际出发。当数量标志的变动范围很小,而且标志值的项数不多时,可直接将每个标志值都列为一组,形成单项数列;当数量标志的变动范围很大,而且标志值的项数又很多时,就可将一些邻近的标志值合并为一组,以减少组的数量,形成组距数列。

(2) 确定组限。组限是组与组之间的分界值。组限有上限与下限两种。上限是每组中的最大值,下限是每组中的最小值。分组时,如果某一标志值正好与组限值一致时,应遵循统计学中的"上组限不在内"原则,将具有这一标志值的调查单位划归属于下限的那一组。上限、下限都有的组叫封闭组,只有下限或只有上限的组叫开口组。

(3) 确定组距。组距就是各组的上限与下限的差距。

## 三、汇总

汇总就是根据研究的目的，对分组后的各种数据资料进行计数、加总和计算，列入有关的表格之中，以集中、系统地反映调查总体的特征和内部构成情况。

汇总技术主要有手工汇总和电子计算机汇总。

### 1．手工汇总

手工汇总就是用算盘或小型计算器进行的汇总，它是我国使用较多的汇总技术。主要有划记法、折叠法、记录法和卡片法等几种方法。

### 2．计算机汇总

计算机处理问卷调查表一般分为以下六个步骤。

(1) 数据处理的设计准备。这一阶段的工作主要是设计问卷调查表、调查项目和汇总表。

(2) 问卷调查表的审核。主要是对已收回的调查表进行检查审核，以确定问卷调查表的有效或无效。

(3) 数据资料的编码。即将有效问卷调查表中的所有答案转换成数字代码，以便于计算机进行处理。

(4) 计算机处理程序的编制。主要是根据调查的目的和要求，编制计算机处理程序。若选用现有的应用软件，则这一步骤可省去。

(5) 数据录入。即将已经编码的数据资料输入计算机，以便保存和处理。

(6) 数据处理和处理结果的输出。这一步骤主要由计算机完成，即运行计算机处理程序，对已录入计算机的数据进行处理，最后将处理结果打印出来或送外存储器长期保存。

## 四、制表和绘图

### (一)制表

#### 1．表的结构、种类

结构：总标题、横栏标题、纵栏标题、数字，如表6-3所示。

表6-3　1993年沈阳市商业企业销售总额构成

| 按经济类型分 | 销售总额/万元 | 比例/% |
| --- | --- | --- |
| 国有经济 | 3 260 367 | 79.9 |
| 集体经济 | 571 698 | 14.0 |
| 其他 | 247 870 | 6.1 |
| 合计 | 40 799 935 | 100.0 |

制作方法：制作应遵循科学、实用、简练、美观原则。

2．制表时应注意的问题

标题简单明了；表格形式一般是开口式；如表格栏数多，应对栏数加以编号；数字要填写整齐，对准数位；凡需说明的文字一律写入表注。

### (二)绘图

1．统计图的种类

统计图的种类主要包括条形图或者柱形图、饼形图、曲线图和象形图等。

2．统计图的作用

统计图的作用：表明事物总体结构；表明统计指标不同条件下的对比关系；反映事物发展变化的过程和趋势；说明总体单位按某一标志的分布情况；显示现象之间的相互依存关系。

## 第三节　市场调查资料的分析

### 一、定量分析

定量分析是指从事物的数量特征方面入手，运用一定的统计学或数学分析方法进行数量分析，从而挖掘出事物的数量中所包含的事物本身的特性即规律性的分析方法，定量分析中最常用的方法是统计分析法。

定量分析能最大化地开发数据资料的功能，发挥数据的作用。分析实际上是回答"每组资料里有些什么信息？"分析是分别检查每组资料以找出其内含的关键信息，并以有意义的形式表现出来。

#### (一)定量分析的内容与方法

1．频率分布分析和平均值分析

频率分布分析是指出每个问题中各备选答案被选择的数量及其分布百分比，百分比在对数据进行解释、判断时比回答的绝对数量更直观、容易。对有些问题，特别是有关被调查者态度的问题的回答常需用某个简单数据，如样本平均值来进行来描述。对每个问题进行分析时是使用频率分布分析还是平均值分析，应视具体情形而定。一般来讲，频率分布分析能提供较多的信息，而平均值分析只能以一个数据表达总的综合情况，而反映不了某些回答的极端情况。因此，在计算平均值时也常要求计算出标准差。

频率分布分析在对潜在的顾客进行分类或市场分析时很有用。另外，对使用类别尺度的问题也只能使用频率分布分析。而平均值分析则多用于对态度测量问题的分析。

对每个问题，针对不同的被调查者类型或其他不同因素进行分解分析，因为在比较的情况下会使得对结果的分析更有意义。

### 2．横列表法

如果最初的分析涉及频率分布分析，则进一步的分析应使用横列表法。如果初始的分析包括平均值的计算，进一步的分析就是判断不同平均值的差别。横列表法首先形成一维数据，然后把这些数据分成两个或多个类目。所使用的类目必须基于研究的目的。当然有些类目也可能是出于研究者直觉上的考虑，以便寻求某些可能的联系。横列表使用成功与否取决于研究者选择关键因素以及根据这些因素组成横列表的能力。使用横列表的目的是发现可能存在于某些因素之间的联系。

由此可见，数据分析的本质是要有效地利用各种统计方法进行定量概括与分析。

### (二)定量分析的类型

定量分析主要是进行数据的分析。数据分析通常有五种基本类型，即描述分析、推理分析、差别分析、相关分析和预测分析。每一种都在数据分析过程中扮演着独特的角色，而且通常联合成一种完整的信息分析方法，以满足研究的需要。

### 1．描述分析

诸如均值、众数、标准差或极差是描述分析的形式，市场调查者用它们描述样本数据矩阵，来描绘出典型的被访问者与揭示回答的一般形式。描述数量在分析过程早期经常用到，而且成为随后分析的基础。

### 2．推理分析

推理分析是在样本数据的基础上推导出关于总体特征的结论。市场调查者把样本所得结果推广到样本代表的目标总体上去，此过程称为推理分析。换言之，这样的统计允许研究者在样本提供的数据矩阵中包含的信息基础上得出关于总体的结论。推理分析包括假设检验和在样本信息基础上估计总体的实际值。

### 3．差别分析

市场调查者需要确定两组数据是否有差异。例如，研究者可能正在调查信用卡的用途，想了解在使用信用卡方面，高收入者与低收入者相比是否有所不同。研究者可以进行统计，以比较高收入消费者与低收入消费者的年均信用卡结算的消费情况。重要的市场细分信息可能来自此种分析。再如通过试验，看几种可选择的广告主题中哪一种能给被测试观众的代表留下最深刻的印象。为了帮助管理者对选择哪种广告主题作出正确的决定，研究者运用差别分析来确定总体中真实存在的总的差异程度。统计差别分析包括对于组与组

之间显著差别的 $t$ 检验法与方差分析法。

### 4. 相关分析

相关分析审查两个变量是否相关和如何相关。例如，广告宣传的相应得分与打算购买已做过广告的产品一定有关系吗？对激起购买欲的花费与购买欲望的表现有联系吗？依靠做过的统计，分析结果可以指出给定研究问卷中两个问题的联系强度与方向。

### 5. 预测分析

帮助市场调查者对未来事件进行预测的统计步骤与模型是可以得到的，而这些从属于预测分析一类。回归分析或时间序列分析通常被市场调查者用来增强预测能力。

**【课堂训练】**

以下是某省近五年有关旅游市场的统计资料和市场调查资料，请进行定量分析。

| | | | | | |
|---|---|---|---|---|---|
| 1. 接待海外游客(万人) | 57.58 | 65.48 | 72.80 | 83.44 | 89.01 |
| 其中：华　侨 | 0.28 | 0.32 | 0.46 | 0.54 | 0.68 |
| 港澳同胞 | 47.94 | 54.08 | 61.67 | 70.09 | 74.34 |
| 台湾同胞 | 2.12 | 2.17 | 2.58 | 3.12 | 3.44 |
| 外　国　人 | 7.21 | 7.91 | 8.09 | 9.69 | 10.55 |
| 其中：日　本 | 1.68 | 1.88 | 2.40 | 2.50 | 3.25 |
| 美　国 | 1.34 | 1.74 | 2.10 | 1.89 | 3.13 |
| 新 加 坡 | 0.67 | 0.73 | 0.80 | 1.18 | 1.34 |
| 德　国 | 0.42 | 0.46 | 0.51 | 0.55 | 0.43 |
| 英　国 | 0.26 | 0.38 | 0.47 | 0.53 | 0.28 |
| 2. 接待国内游客(万人) | 3589 | 3986 | 4300 | 4650 | 4985 |
| 其中：省内游客 | 1938 | 2052 | 2128 | 2255 | 2398 |
| 省外游客 | 1651 | 1934 | 2172 | 2395 | 2587 |
| 3. 旅游总收入(亿元) | 108.4 | 120.8 | 129.9 | 160.8 | 227.2 |
| 其中：外汇收入(亿美元) | 1.03 | 1.22 | 1.85 | 2.21 | 2.71 |
| 国内旅游收入(亿元) | 99.8 | 110.9 | 114.7 | 142.6 | 205.2 |
| 4. 省内居民国内旅游人均花费 | | | | | |
| 城镇居民(元/人) | 599.8 | 607.0 | 614.8 | 678.6 | 708.3 |
| 农村居民(元/人) | 145.7 | 197.0 | 249.5 | 226.6 | 258.4 |
| 5. 省内城乡居民人均外出旅游(次数/年) | | | | | |
| 城镇居民 | 1.50 | 1.58 | 1.60 | 1.62 | 1.63 |
| 农村居民 | 0.45 | 0.53 | 0.53 | 0.54 | 0.54 |

## 二、定性分析

定性分析就是依据科学的哲学观点、逻辑判断及推理，其结论是对事物的本质、趋势及规律的性质方面的认识。定性分析中一项重要的工作是对数据进行解释。

数据解释是指阐明数据的实际意义，或者说是把纯粹的数字转换成有用的信息。解释相当于研究方法中的综合，其主要目的是从所要收集的资料中获取结论。解释是把分析过的资料变成跟研究目的有关的信息，使收集的资料与研究目的联系起来。显然，数据解释是市场调查过程中结论性的工作，数据解释的全面性、准确性程度关系到调查的成果如何。

### (一)定性分析的内容

定性分析的内容：分析数据所反映的深刻内涵以及数据之间的相互关系；分析结果产生的背景和原因；分析事物未来的发展趋势等。

### (二)定性分析的常用方法

#### 1．描述分析法

描述分析法是对调查现象或数字只进行简单描述，真实地反映调查现象的结果，如某个有关群体的特征、某种行为方式的发生比率；也可以发现其中的关联因素，确定不同营销变量之间的关系，如对描述性调查结果的解释就属于这种情况。

#### 2．归纳分析法

归纳分析法是从个别事例到一般原则，从事实到理论的方法。进行归纳时，调查人员往往从观察到的资料出发，加以概括，从而解释所观察的现象之间的关系。归纳分析法是用得最广泛的一种方法，分为完全归纳法和不完全归纳法，后者又分为简单枚举法和科学归纳法。

#### 3．演绎分析法

演绎分析法是从一般到个别，将理论应用于说明具体事例的方法。在运用这种方法时，调查人员往往从某一普遍原则出发，将其运用于说明具体的现象。

在运用演绎分析法时要注意以下问题。

(1) 分类研究的标准要科学。

(2) 分类研究的角度应该是多角度、多层次的。

(3) 对分类研究后的资料还要运用多种逻辑方法揭示其本质，形成理性认识。

(4) 综合要以分类研究为基础。

(5) 综合要根据研究对象本身的客观性质，从内在的相互关系中把握其本质和整体特征，而不是将各个部分、方面和因素进行简单相加或形式上的堆砌。

### 4. 比较分析法

比较分析法是把两个或两类事物的调查资料相对比，从而确定它们之间相同点和不同点的逻辑方法。运用比较分析法时，要注意既可以在同类对象间进行，也可以在异类对象间进行；要注意所用指标的可比性。

### 5. 结构分析法

在市场调查的定性分析中，通过调查资料分析某现象的结构及其各组成部分的功能，进而认识这一现象本质的方法，称为结构分析法。

## (三)定性分析的原则

(1) 在解释数据之前，应考察数据的可靠性。调查人员对数据的解释当然是依据数字事实，作出推理。那么，为了保证这种推理的合理性，在作出解释之前最好先复查数据的分析过程，再考察数据的可靠性。

(2) 解释要目的明确、方法简练。为使所有的概念和分析不出现混乱，应从较简单且基本的方面着手，不要过于复杂。

(3) 注意小样本的局限性。不要把从一个样本中获取的结果简单地看作总体的普遍性结论。

(4) 对一些不常见的重要的回答要给予适当的重视，不要失去重要的回答。因为这些回答所反映的情况可能是很好的启发因素。

(5) 应把"解释"看作一种综合的理论分析。

【课堂训练】

以下是某家电经销商对消费者空调购买行为的市场调查资料，请进行定性分析。

(1) 调查的 1000 户居民家庭中，计划近三年内购买空调的户数分别为 53 户、89 户、58 户(1000 户中现有空调的有 868 户)。

(2) 计划买空调的 200 户中，准备购买单冷机的户数是 23 户，买冷暖机的是 170 户，到时再决定的是 7 户；准备购买窗式机的是 39 户，买柜机的是 43 户，买壁挂机的是 118 户。

(3) 计划购买空调的 200 户中，空调信息来源的渠道分别为报纸刊物的户数是 90 户，来自电视的是 87 户，来自销售现场的是 8 户，由朋友同事告知的是 6 户，因为销售人员促销的是 3 户，来自户外广告的是 4 户，来自网络广告的是 2 户。

(4) 计划购买空调的 200 户中，考虑购买空调地点分别为：去专卖店的户数是 77 户；大型电器商场的是 94 户，综合性商场的是 82 户，家电连锁店的是 56 户，厂家直销店的是 48 户(有同时选择多个地点的情形)。

(5) 计划购买空调的 200 户中，考虑购买时间选择分别为夏季购买的户数是 86 户、冬季的是 60 户、厂家促销期的是 42 户、春季和秋季的是 12 户。

(6) 计划购买空调的 200 户中，空调功率选择分别为：选择 1 匹以下的户数是 7 户，1 匹的是 41 户，1.5 匹的是 48 户，2 匹的是 35 户，2.5 匹的是 12 户，3 匹以上的是 23 户，到时视情况而定的是 34 户。

(7) 计划购买空调的 200 户中，空调价位选择分别为：选择 2000 元以下的户数是 12 户，2000~3000 元的是 56 户，3000~4000 元的是 45 户，4000~5000 元的是 36 户，5000 元以上的是 30 户，到购买时再定的是 21 户。

(8) 居民家庭对空调降价的态度分别为：非常欢迎的户数是 482 户，无所谓的是 106 户，不欢迎的是 5 户。

(9) 居民家庭对绿色环保空调的看法分别为：认为符合空调发展方向的户数是 252 户，认为符合消费需求的是 312 户；认为这是空调必须满足的要求的是 127 户，认为这是厂家炒作的是 112 户，不知道如何选择的是 197 户。

(10) 居民家庭对变频空调的看法，认为符合空调发展方向的户数是 169 户，认为符合消费者需求的是 294 户，认为这是空调必须满足的要求的是 140 户，认为这是厂家炒作的是 99 户，不知道如何选择的是 298 户。

(11) 居民家庭对静音空调的看法，认为符合空调发展方向的户数是 239 户，认为符合消费者需求的是 391 户，认为这是空调必须满足的要求的是 210 户；认为这是厂家炒作的是 52 户，不知道的是 108 户。

(12) 居民家庭认为厂家宣传推广对购买决策很有影响的户数是 170 户，认为有影响的是 280 户，认为影响一般的是 235 户，认为无影响的是 15 户。

# 第四节　市场调查报告的撰写

市场调查报告是对调查活动过程的介绍和总结，是调查活动的结果，调查的数据资料经过统计分析后，只是为得出有关数据提供了基本依据和素材，要将整个调查研究的成果用语言或文字形式表现出来，使调查真正起到解决问题、服务于企业经营决策的作用，就要形成市场调查报告。

## 一、市场调查报告的格式与内容

### (一)市场调查报告的格式

市场调查报告的格式一般是由题目、目录、概要、正文、结论和建议、附件等部分组成。

#### 1. 题目

题目包括市场调查题目、报告日期、委托方和调查方，一般应打印在扉页上。

关于题目，一般是通过标题把被调查单位、调查内容明确而具体地表示出来，如《关于北京市居民收支、消费及储蓄情况调查》。有的调查报告还采用正、副标题形式，一般正标题表达调查的主题，副标题则具体表明调查的单位和问题，如"上帝"眼中的《北京青年报》——《北京青年报》读者调查总体研究报告。

### 2. 目录

提交调查报告，如果调查报告的内容、页数较多，为了方便读者阅读，应当使用目录或索引形式列出报告所分的主要章节和附录，并注明标题、有关章节号码及页码。一般来说，目录的篇幅不宜超过一页。举例如下。

目　　录

一、调查目的与组织实施 ································································ 1
二、调查对象构成情况简介 ························································· 8
三、调查的主要统计结果简介 ··················································· 14
四、综合分析 ················································································ 20
五、数据资料汇总表 ··································································· 28
六、附录 ························································································ 29

### 3. 概要

概要主要阐述课题的基本情况，它是按照市场调查课题的顺序将问题展开，并阐述对调查的原始资料进行选择、评价、作出结论、提出建议的原则等。主要包括以下几个方面的内容。

(1) 简要说明调查目的。即简要地说明调查的由来和委托调查的原因。

(2) 介绍调查对象和调查内容，包括调查时间、地点、对象、范围、调查要点及所要解答的问题。

(3) 简要介绍调查研究的方法。

例如，某调查工作技术报告"执行情况"部分如下。

本次抽样采用二阶段抽样方法，根据第四次人口普查数据，在第一阶段中使用 PPS 抽样方法从××地区随机抽出 20 个居委会，第二阶段从每个居委会中使用 SRS 方法随机抽出 50 个居民户，抽样置信度 5%。

抽样及入户调查由国际公认的调查网认证通过。

问卷设计与后期数据处理及技术分析报告由××技术公司完成。抽样与入户调查由××城调查队负责完成。调查进行日期从 200×年×月×日至×日。

问卷设计为封闭式，共 81 个问题。入户调查采用调查员询问代填方式。问卷总数 1001 份，收回 997 份。

抽样基本情况：

抽样的男女比例与总体一致，年龄分布呈正态分布；被调查所占比例最多的行业为国有企业、事业单位以及政府机关；所有被调查者中有84.45%的享受公费医疗；被调查者中39%的人收入在200～400元之间，45%的人收入在400～800元之间；79.7%的人已婚并有小孩。

### 4．正文

正文是市场调查分析报告的主要部分。正文部分必须准确阐明全部有关论据，包括问题的提出到引出的结论，论证的全部过程，分析研究问题的方法。还应当有可供市场活动的决策者进行独立思考的全部调查结果和必要的市场信息，以及对这些情况和内容的分析、评论。

### 5．结论和建议

结论和建议是撰写综合分析报告的主要目的。这部分包括对引言和正文部分所提出的主要内容的总结，提出如何利用已证明和正文部分所提出的主要内容的总结，提出如何利用已证明为有效的措施和解决某一具体问题可供选择的方案与建议。结论和建议与正文部分的论述要紧密对应，不可以提出无论据的结论，也不要没有结论性意见的论证。

### 6．附件

附件是指调查报告正文包含不了或没有提及，但与正文有关必须附加说明的部分。它是对正文报告的补充或更详尽说明。

## (二)市场调查报告的内容与撰写步骤

### 1．市场调查报告的内容

市场调查报告包括以下几个方面的内容。

(1) 说明调查目的及所要解决的问题。

(2) 介绍市场背景资料。

(3) 分析的方法。

(4) 调研数据。

(5) 提出论点，即摆出自己的观点和看法。

(6) 论证所提观点的基本理由。

(7) 提出解决问题可供选择的建议、方案和步骤。

(8) 预测可能遇到的风险、对策。

2. 市场调查报告撰写的步骤

1) 构思

(1) 构思是根据思维运动的基本规律,从感性认识上升到理性认识的过程。通过收集到的资料,认识客观事物。通过收集到的资料,即调查中获得的实际数据资料及各方面背景材料,初步认识客观事物。

(2) 确立主题思想。在认识客观事物的基础上确立主题思想。

(3) 确立观点,列出论点、论据。确定主题后,对收集到的大量资料,经过分析研究,逐渐消化、吸收,形成概念,再通过判断、推理,把感性认识提高到理性认识。然后列出论点、论据,得出结论。

在得出结论时应注意以下几个问题:①一切有关实际情况及调查资料是否考虑了;②是否有相反结论足以说明调查事实;③立场是否公正客观、前后一致。

(4) 安排文章层次结构。在完成上述几步后构思基本上就有框架了。在此基础上,考虑文章正文的大致结构与内容,安排文章层次段落。层次一般分为三层,即基本情况介绍、综合分析及结论与建议。

2) 选取数据资料

市场调查报告的撰写必须根据数据资料进行分析,即介绍情况要有数据作依据,反映问题要用数据做定量分析,提建议、措施同样要用数据来论证其可行性与效益。

选取数据资料后还要运用得法。运用资料的过程就是一个用资料说明观点、揭示主题的过程,在写作时要努力做到用资料说明观点,用观点论证主题,详略得当,主次分明,使观点与数据资料协调统一,以便更好地突出主题。

3) 撰写初稿

根据撰写提纲的要求,由单独一人或数人分工负责撰写,各部分的写作格式、文字数量、图表和数据要协调,统一控制。

4) 定稿

写出初稿,征得各方意见并进行修改后,就可以定稿。定稿阶段,一定要坚持对事客观、服从真理、不屈服于权力和金钱的态度,使最终报告较完善、较准确地反映市场活动的客观规律。

## 二、市场调查报告的撰写形式与技巧

### (一)市场调查报告的形式

1. 标题的形式

标题是画龙点睛之笔,要求必须准确揭示调查报告的主题思想,做到题文相符。标题要简单明了，高度概括，具有较强的吸引力。

标题的形式有以下三种。

(1)"直叙式"的标题，是反映调查意向或只透出调查地点、调查项目的标题，如《××市居民住宅消费需求调查》等。

(2)"表明观点式"的标题，是直接阐明作者的观点、看法，或对事物的判断、评价的标题，如《对当前巨额结余购买力不可忽视》等调查报告的标题。

(3)"提出问题式"的标题，是以设问、反问等形式，突出问题的焦点和尖锐性，吸引读者阅读，促使读者思考，如《××牌产品为什么滞销》等形式的标题。

以上几种标题的形式各有所长，特别是第二、三种形式的标题，它们既表明了作者的态度，又揭示了主题，具有很强的吸引力。但从标题上不易看出调查的范围和调查对象。因此，这种形式的标题又可分为正标题和副标题，并分作两行表示，例如：

××牌产品为什么滞销<br>——对××牌产品的销售情况的调查分析<br>女人生来爱逛街<br>——京城女士购物消费抽样调查报告

### 2．开头部分的形式

"万事开头难"，好的开头，既可使分析报告顺利展开，又能吸引读者。开头的形式一般有以下几种。

(1) 开门见山，揭示主题。文章开始先交代调查的目的或动机，揭示主题。例如，我公司受北京××电视机厂的委托，对消费者进行一项有关电视机的市场调查，预测未来几年大众对电视机的需求量及需求的种类，使××电视机厂能根据市场需求及时调整其产量及种类，确定今后发展方向。

(2) 结论先行，逐步论证。这是先将调查结论写出来，然后再逐步论证。例如，××牌收款机是一种高档收款机，通过对××牌收款机在京各商业部门的拥有、使用情况的调查，我们认为它在北京不具有市场竞争能力，原因主要从以下几个方面阐述……

(3) 交代情况，逐层分析。可先介绍背景情况、调查数据，然后逐层分析，得出结论。也可先交代调查时间、地点、范围等情况，然后分析。例如，《关于香皂的购买习惯与使用情况的调查报告》的开头："本次关于对香皂的购买习惯和使用情况的调查，调查对象主要集中于中青年，其中青年(20～35 岁)占 55%，中年(36～50 岁)占 25%，老年(51 岁以上)占 20%；女性为 70%，男性 30%……"

(4) 提出问题，引入正题。例如《关于方便面市场调查的分析报告》中的开头部分："从去年下半年开始，随着台湾康师傅方便面的上市，各种合资的、国产的方便面如统一、营多、一品、加洲等品牌似雨后春笋般涌现，如何在众多品牌的竞争中立于不败之地？带着这些问题，我们对北京市部分消费者和销售单位进行了有关调查。"

### 3. 论述部分的形式

论述部分是调查报告的核心部分，它决定着整个调查报告质量的高低和作用的大小。这一部分着重通过调查了解到的事实分析说明被调查对象的发生、发展和变化过程，调查的结果及存在的问题，提出具体的意见和建议。

由于论述一般涉及内容很多，文字较长，有时也可以用概括性或提示性的小标题，突出文章的中心思想。论述部分的结构安排是否恰当，直接影响着分析报告的质量。论述部分主要分为基本情况部分和分析部分两部分内容。

(1) 基本情况部分。基本情况部分的论述主要有三种方法：①先对调查数据资料及背景资料做客观的说明，然后在分析部分阐述情况的看法、观点或分析；②首先提出问题，提出问题的目的是要分析问题，找出解决问题的办法；③先肯定事物的一面，由肯定的一面引申出分析部分，又由分析部分引出结论，循序渐进。

(2) 分析部分。分析部分是调查报告的主要组成部分。在这个阶段，要对资料进行质和量的分析，通过分析，了解情况，说明问题和解决问题。分析有三类情况：①原因分析，这是对出现问题的基本成因进行分析，如对××牌产品滞销原因分析，就属于这类；②利弊分析，这是对事物在市场活动中所处的地位、起到的作用进行利弊分析等；③预测分析，这是对事物的发展趋势和发展规律做出的分析，如对××市居民住宅需求意向的调查，通过居民家庭人口情况、住房现有状况、收入情况及居民对储蓄的认识，对分期付款购房的想法等，对××市居民住房需求意向进行预测。

此外，论述部分的层次段落一般有四种形式：①层层深入形式，各层意思之间是一层深入一层，层层剖析；②先后顺序形式，按事物发展的先后顺序安排层次，各层意思之间有密切联系；③综合展开形式，先说明总的情况，然后分段展开，或先分段展开，然后综合说明，展开部分之和为综合部分；④并列形式，各层意思之间是并列关系。

总之，论述部分的层次是调查报告的骨架，它在调查报告中起着重要作用，撰写市场调查报告时应注意结合主题的需要，所采取的写法应该充分表现主题。

### 4. 结尾部分的形式

结尾部分是调查报告的结束语，好的结尾可使读者明确题旨，加深认识，启发读者思考和联想。结尾一般有以下四种形式。

(1) 概括全文。经过层层剖析后，综合说明调查报告的主要观点，深化文章的主题。

(2) 形成结论。在对真实资料进行深入细致的科学分析的基础上，得出报告结论。

(3) 基础看法和建议。通过分析，形成对事物的看法，在此基础上，提出建议和可行性方案。提出的建议必须能确实掌握企业状况及市场变化，使建议有付诸实施的可能性。

(4) 展望未来，说明意义。通过调查分析展望未来前景。

## (二)撰写报告的语言

调查报告是用书面形式表达的语言,提高语言表达能力,是写好调查报告的重要条件之一。即便有了丰富的资料、深刻的感受,但写作不能得心应手、词不达意,同样会使整个调查研究工作功亏一篑、前功尽弃。报告的语言要逻辑严谨、数据准确、文风质朴、简洁生动、通俗易懂、用词恰当,并且善于使用表格、图注表达意图,避免文字上的累赘。

## (三)撰写报告应注意的问题

### 1. 切忌将分析工作简单化

撰写报告时切忌将资料数据罗列堆砌,只停留在表面文章上,根据资料就事论事,简单介绍式的分析多,深入细致的分析及观点少,无结论和建议,整个调查报告的系统性很差,使分析报告的价值不大。只有重点突出,才能使人看后留下深刻的印象。

### 2. 切忌面面俱到、事无巨细地进行分析

把收集来的各种资料无论是否反映主题,全都面面俱到、事无巨细地进行分析,使读者感到杂乱无章,读后不知所云。一篇调查报告自有它的重点和中心,在对情况有了全面了解之后,经过全面、系统的构思,应能有详有略、抓住主题、深入分析。

### 3. 报告长短根据内容确定

确定调查报告的长短,要根据调查目的和调查报告的内容而定,对调查报告的篇幅,做到宜长则长、宜短则短,尽量做到长中求短,力求做到短小精悍。

【案例6-1】

### ××市饮料市场调查报告

以引导案例中的调查报告为例,其后续部分如下。

一、饮料市场的销售情况

1. 批发环节的饮料销售状况

这里所讲的批发是指商业部门的大批量的销售。从××××年夏天的情况看,在批发环节的销售中,天然矿泉水名列榜首。其原因主要是价格低廉,且以天然矿泉水为原料,营养丰富。随着夏季的临近,以玻璃瓶为包装的优质碳酸型饮品的销售量也呈上升趋势。据调查,由于它们清凉解渴、价格低廉,众多企业将选择它们作为职工夏季的高温福利。

2. 零售环节上的饮料销售状况

从饮料销售的零售情况看,目前海口罐头厂生产的天然椰子汁在普遍型易拉罐改料销售中独占鳌头。其原因是由于它的独特口味、适中的价格和过硬的质量。而娃哈哈果奶以其极大的广告效应在儿童饮料销售中名列榜首,在一些商店的零售中时常出现断档的

情况。

总地来说，××市饮料市场仍是产大于销、供过于求，新品种不断推出，选择性增强，市场竞争更加激烈，价格相对稳定。消费者看产地、求名优、比价格、重保健、讲实惠，中低档次饮料在市郊还有一定市场。无色饮料的销售好于有色饮料。名牌、无色、原味、营养、保健饮料继续畅销，而杂牌、劣质产品销售困难。

二、影响××市饮料市场的因素分析

在××市的饮料市场史上，××××年是百事可乐风靡市场、××××年雪碧大出风头，××××年以椰子汁独占鳌头，而××××年市场状况已由几年前的一枝独秀发展到遍地开花。调查中发现以下一些因素会对饮料市场现状产生影响。

1. 饮品的质量、价格、包装及其口味是决定其是否吸引消费者的主要因素

饮料是一种一次性消费的产品，其质量主要是指该饮料的卫生指标是否达到有关部门的标准。质量是市场竞争的焦点，生产厂家必须以质量求生存、以质量求发展，而饮品的质量直接关系到消费者的身体健康，所以质量必须成为饮料市场竞争的关键。

一种饮料要打入市场，不仅要求其质量过硬，而且要求口味独特、价格适中。随着生活水平的提高，人们对饮料不仅仅要求解渴，更要求其味美。口味越来越成为人们选择饮料的一个标准。据调查，天然椰子汁之所以能在××市场上走俏，其主要原因是在原料上采用天然椰子汁。椰子是海南的特产，其独特的南国口味是其他水果不能比拟的。正是这种独特性，造成了天然椰子汁的走俏。而其适中的价格决定了它在易拉罐饮料中佼佼者的地位。

在现代市场营销过程中，包装对产品的陈列和销售日益重要。包装已成为今日商品生产的重要组成部分，改进产品包装同样可以提高产品附加值。饮品的包装在饮料销售中同样占有重要地位，全新独特的包装能增加该饮料在市场上的竞争力。可以这么说，没有包装就成不了生意。

2. 消费者心理影响着饮料市场的现状

一般消费者心理活动过程分为三个阶段：认识—情绪—意志。影响消费者心理的因素主要是消费者生理因素对消费者心理的影响，居民收入水平对消费者心理的影响，以及舆论宣传和地方性消费风俗对消费者心理的影响。

饮料市场上常见的消费者心理有以下几种。

(1) 求实的心理。这种消费者心理的基本点是看重于饮料的实际价格、价值。现在消费者对饮料实际价值的要求不仅要解渴，而且要有营养，要求色、香、味俱佳。

(2) 选价的心理。消费者一般都希望用最少的钱购买尽可能好的消费品。某种商品是否为消费者所欢迎，很重要的一点是看其价格是否合理。正如前面所说的，天然椰子汁走俏市场价格适中是一个很重要的因素。然而，从目前饮料市场来看，在一部分收入较高的年轻消费者中，他们的选价心理和求实心理、炫耀心理紧密地结合在一起，这正是进口饮料在市场有一定销路的原因所在。

(3) 消费者的仿效心理。在社会消费关系中，处于不同层次的消费者在消费方式、消费倾向和消费习惯等方面都是相互影响的。这种仿效心理在儿童和青年中尤为突出。

在饮料市场上影响消费者心理的还有安全心理和求新心理等。综上所述，消费者心理在很大程度上影响着饮料市场的销售状况。生产厂家要使自己的产品赢得顾客，就应该深入了解消费者心理，生产出一些与当前消费者心理相符的产品，以赢得消费者和市场。

3. 销售受促销手段影响较大

目前的饮料市场上，企业的促销活动主要是广告宣传和销售促进。

(1) 广告。饮料是一次性消费的产品，一种新的产品投入市场要引起消费者注意，使消费者产生购买它的愿望，在很大程度上依赖于广告。××××年雪碧风靡市场，广告起了很大作用。而一些专家认为，娃哈哈果奶之所以能在儿童饮料中拔地而起，主要依赖其广告效应。"甜甜的、酸酸的……"深入每个儿童及其家长的心理，甚至连一些成年人也忍不住掏出钱来尝一尝。从当前来看，许多厂家已开始重视广告效应。各种饮料通过多种传媒大做广告，广告竞争愈演愈烈。

(2) 销售促进。这是指除了人员推销、做广告和宣传报道外的刺激消费者购买和经销商效益的种种企业市场营销活动。据调查，饮料市场的销售促进主要有免费赠送、有奖销售和组织一系列有关活动。

综上所述，一种饮料要打入市场不仅受其内在因素——质量、口味和价格的影响，也受到外在因素即消费者心理的影响，同时在一定程度上取决于广告。

### 三、竞争企业调查

(一)企业概况(略)

(二)产品调查

1. 产品原料供应(略)
2. 包装、广告(略)
3. 品种(略)

### 四、对产品市场营销的几点建议

1. 关于目标市场

关于目标市场可分两步走：第一步，以占领成人市场为目标，主要包括中、青年等成人市场，尤其是女性市场；第二步，逐渐向少年儿童市场渗透。

2. 关于包装、价格

高品质的饮料并非一定能受顾客青睐，还得配以高品位的包装及合适的价位。

包装主要解决两个问题：一是容量；二是外观。

容量要根据不同品质及消费对象决定。营养类、果汁类饮料由于价格较高，又有一定档次，故选用250mL的易拉罐包装为宜。此外选择更小更精致的包装，如一洲燕窝选用的小磨口玻璃瓶装也可。碳酸类及矿泉水一般是为了解渴，故宜选用容量大的包装，如340mL易拉罐、500mL和1.25L的塑料瓶装等。消费对象主要是儿童的果奶系列，一般采用 180mL 以下的塑料包装。

至于外观因素，有的是直接在包装容器上喷涂图案，如冰糖银耳燕窝；有的则是贴上图案，如椰子汁。

饮料作为礼品正悄悄地流行，因此，礼盒已是一种不可缺少的包装。礼盒大小也应视品质、价格不同而不同，且最好能适合不同消费层次的需求。目前市场上易拉罐礼盒就有好几种，有 6 听装、8 听装和 12 听装等。

总之，包装可根据成本或价格策略决定。在使产品具有明显特色后，可采用塑料包装和易拉罐包装；前者属中档产品，在价格决定中应保持中等水平；后者属于高档产品，在价格决定中宜采用高档价格水平，如每听价格可定在 5 元以上。

在容量选定上，易拉罐宜选用 250mL 的。

3. 关于广告宣传

广告宣传是目前饮料业中主要的促销手段。如果条件许可，可采用全方位"轰炸式"广告，即同时采用广播、电视、报纸、杂志等新闻媒体以及路牌、霓虹灯等形式，全面铺开。若条件所限，则在主要采用电视广告的同时，配合采用报纸、杂志等广告。

(资料来源：徐金发，蒋英涤，王益平，陈希盛. 寻求成功——市场调查与预测案例分析.
杭州：杭州大学出版社，1994)

## 思考与训练

1. 在对资料进行分类或分组时应注意哪些问题？
2. 定量分析与定性分析的关系是什么？

## 应 用 分 析

1. 某糖酒公司经营五种品牌的白酒(用 A、B、C、D、E 代表)，这五种白酒各有特色。但市场销售中 A、B 有些滞销，积压量大，而 C、D 是平销，E 是畅销，库存量较少。为进一步研究市场需求，加快企业资金周转，调节市场供应，决定对商品的价格进行调整，调低 A、B 两种白酒的价格，适当提高 C、D、E 的价格。为获得良好的市场销售结果，调价过程中进行实验。调价前先分别测定五种品牌白酒的销售数量及市场占有率，然后再调整价格进行销售。实验一个月后，再测量五种品牌白酒的商品销售量及其构成。这样来观察判断商品调价后的市场需求情况和销售趋势。经实验调查测定，实验前后数据如下：

| 结果<br>品牌 | 每瓶零售价/元 | | 销售数量/箱 | | 构成/% | |
|---|---|---|---|---|---|---|
| | 实验前 | 实验后 | 实验前 | 实验后 | 实验前 | 实验后 |
| A | 12.60 | 10.60 | 40 | 55 | 19.80 | 26.19 |
| B | 12.20 | 10.20 | 41 | 50 | 20.30 | 23.81 |
| C | 7.80 | 9.60 | 36 | 35 | 17.82 | 16.67 |
| D | 7.10 | 8.50 | 38 | 36 | 22.27 | 17.14 |
| E | 6.50 | 8.20 | 45 | 34 | 22.27 | 16.19 |
| 总　计 | | | 202 | 210 | 100 | 100 |

要求用所学的市场调查资料的整理分析方法对以上资料进行分析。

2. 某宾馆通过对 800 名顾客抽样调查(问卷调查)，获得如下汇总数据，要求先评估每个项目的满意度和全部项目的满意度，最后形成评估分析报告。

| 项目 | 很满意 | 较满意 | 一般 | 不满意 | 很不满意 |
|---|---|---|---|---|---|
| 1 进店接待 | 170 | 180 | 250 | 150 | 50 |
| 2 手续办理 | 178 | 188 | 260 | 138 | 36 |
| 3 大堂布置 | 180 | 230 | 260 | 90 | 40 |
| 4 大堂设施 | 180 | 230 | 260 | 90 | 40 |
| 5 大堂卫生 | 180 | 190 | 248 | 142 | 42 |
| 6 客房布置 | 188 | 192 | 256 | 144 | 40 |
| 7 客房设施 | 150 | 160 | 240 | 150 | 100 |
| 8 客户卫生 | 148 | 162 | 250 | 140 | 100 |
| 9 客房服务 | 180 | 195 | 258 | 97 | 70 |
| 10 客户用品 | 148 | 160 | 252 | 148 | 92 |
| 11 水电供应 | 200 | 260 | 278 | 50 | 12 |
| 12 通信 | 200 | 250 | 288 | 40 | 22 |
| 13 电视 | 200 | 250 | 288 | 40 | 22 |
| 14 服务态度 | 150 | 160 | 250 | 140 | 100 |
| 15 投诉处理 | 140 | 170 | 250 | 130 | 110 |
| 16 餐厅布置 | 156 | 200 | 300 | 84 | 60 |
| 17 餐厅设施 | 156 | 200 | 300 | 84 | 60 |
| 18 餐厅卫生 | 160 | 200 | 300 | 130 | 110 |
| 19 餐厅服务 | 150 | 180 | 240 | 130 | 100 |
| 20 饭菜品种 | 150 | 160 | 250 | 140 | 100 |
| 21 饭菜卫生 | 140 | 170 | 250 | 130 | 110 |

续表

| 项 目 | 很满意 | 较满意 | 一般 | 不满意 | 很不满意 |
| --- | --- | --- | --- | --- | --- |
| 22 饭菜分量 | 150 | 180 | 250 | 120 | 100 |
| 23 饭菜档次 | 150 | 160 | 250 | 130 | 110 |
| 24 饭菜价格 | 150 | 160 | 250 | 130 | 110 |
| 25 饭菜色香味 | 140 | 150 | 230 | 160 | 120 |
| 26 碗筷餐巾 | 150 | 180 | 250 | 120 | 100 |
| 27 等候时间 | 200 | 250 | 288 | 40 | 22 |
| 28 酒水饮料 | 200 | 260 | 270 | 48 | 22 |
| 29 酒店外观 | 200 | 250 | 288 | 40 | 22 |
| 30 酒店装修 | 210 | 260 | 298 | 20 | 10 |
| 31 酒店绿化 | 210 | 260 | 298 | 20 | 12 |
| 32 娱乐设施 | 140 | 160 | 220 | 160 | 120 |
| 33 酒店交通 | 210 | 250 | 300 | 30 | 10 |
| 34 宣传用品 | 130 | 160 | 200 | 198 | 112 |
| 35 酒店安全 | 200 | 250 | 288 | 40 | 12 |

其他调查资料：

(1) 顾客来本店之前，知道本酒店的有 320 人，不知道的有 680 人。

(2) 顾客来本店的次数分布：1 次的 300 人，2 次的 200 人，3 次的 120 人，4 次的 100 人，4 次以上的 80 人。

(3) 本店近三年来营业收入增长率分别为 8.6%、9.8%和 7.2%。

(4) 本店近三年投入的广告费用增长率分别为 5.3%、4.2%和 2.8%。

(5) 根据本店员工满意度调查，有关项目的满意度为：用人机制 75.8%，物质激励 80.1%，精神激励 71.3%，人际关系 70.2%，劳资关系 73.2%，技术培训 70.2%，发展期望 68.8%，企业管理 70.5%，愉快感 70.1%，信任感 70.2%，员工安心率 68.3%。

# 第七章

## 市场预测概述

**本章要点及学习指导**

本章重点掌握市场预测的基本理论,主要包括市场预测的含义与特征,市场预测的内容与类型,市场预测的方法、步骤和原理。通过对本章内容的学习,学习者要认识市场预测的重要性,掌握市场预测的基本理论,并在此基础上准确地确定市场预测的内容,正确选择预测方法,为开展市场预测工作打下良好的基础。

引导案例：

## 某汽车销售公司的市场预测

1998年8—10月，浙江某汽车销售公司在消费者协会的支持下，对中档家用轿车省内市场需求量进行预测，其过程有以下五个步骤。

第一步，确定市场预测目的。

在省内对国产中档家用轿车的需求量迅速上升且有不断发展趋势的情况下，为了充分把握市场的需求状况，该公司围绕以下四个目标开展市场预测。

(1) 调查全省中档家用轿车销售的基本情况，分析本公司经营产品的市场地位和竞争能力。

(2) 做好中档家用轿车省内市场需求量的定量预测，为公司近期安排进货与合理库存提供数据。

(3) 了解各类型用户使用中档家用轿车的情况和需要，确定推出新产品的方向。

(4) 对发展与扩大用户群做出可行性论证。

第二步，收集并整理信息资料。

根据确定的预测目标，他们着重收集了下列资料。

(1) 本公司历年的品种、销售量、成本、盈利率指标等资料。

(2) 同行业销售资料及国内同类产品的技术性能、价格、成本、产量等资料。

(3) 全省中档家用轿车历年社会保有量及各类产品市场占有率等资料。

(4) 全省历年的汽车进口资料。

(5) 汽车行业研究所的有关报告、文章和研究成果。

(6) 有关发展家用汽车工业技术经济政策的文件、社论文章等材料。

通过这些资料的整理分析，他们对公司经营产品在省内市场的地位、优势和企业发展生产的有利条件、不利因素及国家发展汽车工业、扩大汽车消费群、开拓家用汽车市场的有关政策规定都有了比较清晰的了解，做到知己、知彼、知政策、知市场。

第三步，多种方法开展调查。

为了补充资料的不足，他们还通过多种方法开展市场调研，以便进一步掌握有关情况，主要有重点调查、访问会谈、发信征询、专题调查。如为了摸清中档轿车消费者最低的心理价位，他们走访了许多中高收入者，获得了消费者对家用轿车的外观、内在质量、价格、售后服务等各方面的详细资料，并将资料经计算机处理，掌握了浙江省家用汽车市场的翔实资料。

第四步，回归预测方法的运用。

根据调查整理前10年间的国产中档家用轿车的年销售量资料、推算了全省每年的需求量，据此做出销售量和年份相互之间的相关图。从中可以看出，市场需求量和年份这两个变量之间为直线趋势，对它们的相关关系可配以直线方程 $y = a + bt$，进而用最小二乘法求得 a、b 两个参数，并计算相关系数 r 及标准离差。最后测得该省当年中档家用轿车的需求量为 6000 辆左右。根据本公司的市场占有率，计算出本公司的预测值。

第五步，市场预测结果的运用。

(1) 为企业的经营决策提供了依据。通过预测看到了近期中档家用轿车供求趋势，做出了大力促销家用中档汽车的决策。确定了三年的销售计划，设想逐年递增 30%。

(2) 促进新产品开发。通过预测看到了汽车工业的重点向环保化、小型化的发展趋势，将市场的调查与预测的信息反馈给生产企业，建立松散型的产销联合体，最大限度地满足消费者的需求。

(资料来源: www.zyrtvu.com/media_file/2009_12_03/2009)

**问题探究：**

结合案例分析市场预测的步骤是什么？在市场预测时应注意哪些问题？

# 第一节　市场预测的内涵

## 一、市场预测的概念和特征

### (一)市场预测的概念

简单地说，预测就是根据过去和现在估计未来。预测的意识和简单的直观预测很早就存在于人们的生活、生产实践和政治活动之中。例如，天气预报、农作物收成的估计、政治和军事局势的推测等。据记载，早在古希腊，有个哲学家名叫赛利斯，很注意市场调研与预测。有一年他根据天气情况预测到油橄榄会大丰收，可人家都不相信他的预测。于是，赛利斯把榨油机都买下来。结果这年的油橄榄的确大丰收。第二年赛利斯以高价出租榨油机，赚了不少钱。他说这样做主要不是为了赚钱，而是借此惩罚那些不相信市场调研和预测的人。我国古代的一些著名的经商大师对预测也有不少精辟的论述。例如，春秋时期的范蠡提出"论其有余不足，则知贵贱，贵上极则反贱；贱下极则反贵"。这是从市场供求的分析判断和预测了价格的涨落，并揭示供求与价格的关系及运动规律。他主张谷贱时由政府收购，谷贵时平价售出。他又提出"旱则资舟，水则资车"，"知斗则修备，时用则知物"，即根据外部环境和生产条件的变化决定什么时候供应、供应什么。这些均显示出范蠡已注意到应用市场调研与预测为调控市场和经营决策提供依据的重要性。

人类预测实践经验的不断积累为预测科学发展奠定了坚实的基础，随着科学技术和生产力的不断发展，新技术、新工艺的不断涌现，生产竞争变得日益激烈，政治的多元化和经济的全球一体化趋势等，产生了许多新事物，也给人类带来了许多新问题，使人们日益认识到预测未来的重要性。而在企业的生产经营中若想使决策科学、正确，必须要以科学的预测为基础。

由于预测是对预测现象未来状态进行预计和推测,在这种预计和推测中不仅需要数学统计的计算,而且还需要直觉的判断。它不单单是一瞬间的判断结果,还是一个活动过程。预测研究的范围极其广泛,几乎涉及人类社会的各个领域,如社会发展预测、科学技术预测、政治预测、军事预测、文化教育预测、生态环境预测和经济预测等,而经济预测是目前预测研究领域中最主要的内容之一。经济预测是指对未来不确定的经济过程或经济事物的变动趋势作出合乎规律的推测和预计,揭示经济现象错综复杂的内在联系及其发展变化趋势。经济预测包括对整个国民经济发展的综合性预测,也包括各类经济部门、各类行业的经济发展预测及各类经济目标的专项预测。其中,市场预测是经济预测中最基本、最主要的内容。

市场预测是在市场调查的基础上依据市场的历史和现状,凭经验并运用一定的预测技术,对市场发展的未来趋势进行预计、测算和判断,为决策提供科学依据的过程。

## (二)市场预测的特征

市场预测有其独有的特征,主要表现在以下几个方面。

### 1. 应用性

市场预测是一门应用性科学,其理论和方法十分注重对实践的指导作用和可操作性。市场预测活动强调明确的目的性,无论是国家宏观管理部门对市场总体发展趋势进行预测,还是企业就目标市场需求状况作出估计,其直接目的都是为宏观或微观经济决策提供依据,以减少失误、提高决策的准确度。市场预测活动通常围绕决策者面临的亟待解决的重大问题进行,预测结果直接用于决策方案的制订和选择过程。应用性特征体现了市场预测与生产经营活动的密切联系。

### 2. 系统性

系统性是指以系统观点为市场预测的指导思想。首先,市场预测将预测依据、预测技术、预测分析和预测判断有机地结合到一起。其中,预测依据是指反映预测对象过去、现时的资料与信息,它既可以是经过记录和整理的调查资料或经过数据处理的信息,也可以是存在于决策者、预测者等脑海中的知觉或印象;预测技术是指市场预测过程中对市场预测对象进行质和量分析时采用的各种方法和手段,如定性预测使用的判断分析法、定量预测使用的时间序列分析法和因果分析法,以及支持分析的信息处理工具、人和设备;预测分析是指市场预测过程中对各预测依据的核对、比较和综合分析,对各种预测方法的比较分析,以及对预测结果合理性、可靠性的评价分析,它包括理论分析和统计分析;预测判断是指市场预测过程中所进行的各种判断,它体现了预测的艺术性。总体看来,预测过程主要判断三个方面:①对预测依据的真伪可用性的判断;②对依据哪些标准、选择何种方法进行预测的判断;③对预测模型的预测结果是直接采用,还是依据最新信息做出修正,以及怎样修正的判断。其次，市场预测把某类商品或某个局部市场的需求预测作为子系统，将其与市场的总体预测按照一定层次联系起来。例如，按照不同层次有需求总量预测、产业销售额(量)预测、企业销售额(量)预测、企业某产品线销售额(量)和某种商品销售额(量)预测。最后，将市场目标与影响目标的各种因素视为一个有机系统，注意研究目标与各种因素乃至各种因素之间的内在联系，从它们相互间的联系、制约和作用中把握预测目标的变化趋势和运动规律。

### 3．科学性

科学性是指市场预测要按照科学的预测程序，借助现代科学技术手段，在科学分析论证的基础上得出对未来市场状况进行分析和判断的结论。

## 二、市场预测的意义

市场预测是企业制订营销战略和营销策略的依据。在市场调研的基础上，揭示市场供求矛盾变化的规律性及一些市场供求关系的各类错综复杂的因素，对企业经营管理具有十分重要的意义。

### 1．市场预测有益于决策者趋利避害、减少决策的盲目性

由于企业所处的外部环境不断地发展变化，企业市场经营受到外部不断变化因素的影响和制约，促使企业管理决策都有一定程度的不确定性，经理们很少能准确地知道自己的选择会导致什么结果。生产经营规模越大，构成因素越复杂多变，生产经营活动的风险或不确定性越大。为避免失利，减少经营管理的盲目性，需要通过市场预测，对将来的经营条件及其对企业经营的影响做出准确的预见和判断，以便根据预测做出准确决策，决定做什么、不做什么和怎么做，从而趋利避害，争取达到最佳活动效果。

### 2．市场预测是企业从事生产经营活动的前提条件

随着市场经济的迅速发展和买方市场的普遍形成，消费者在市场交换中的主导地位日益加强，生产经营者只有向消费者提供能满足其需要的商品，才能求得生存和发展。为此，企业必须在生产之前对消费者的需求做出预测。例如，通过对商品的总需求、整个行业销售增长、企业未来市场份额的预测，了解行业中企业现有销售额的增长能否保证其商品销路。同时，了解企业新的营销策略，新产品、新型号以及相应价格引起的预期变化能否保证企业获得成功。也就是说，根据消费者的需要确定生产经营方向、产品品种与数量。

### 3．市场预测可以为合理的企业运营提供信息

企业对未来总销售额、产品线销售额和销售量、具体产品线的地区销售额和销售量的预测，可以为企业规划原材料的采购量、员工雇用、安排运输和生产经营周期提供信息依据，也能作为营销经理最优配置销售力量、确定销售目标和促销计划的依据。此外，销售

预测也是财务经理对企业现金需求做出合理安排的重要信息依据。

可见，市场预测可以提高人们对市场发展规律的认识程度，增强经营管理的自觉性、减少盲目性，为正确制订各项管理决策、对生产经营活动进行有效组织和控制提供必要的保证。

## 三、市场调查与预测的关系

### (一)市场调查与市场预测的相同点

市场调查和市场预测都是市场研究的重要手段，都属于信息工作范畴。具体体现在以下几个方面。

(1) 主体相同：都是对信息有需求的个人或组织。
(2) 客体相同：都是市场及其有关部分。
(3) 功能和作用相同：都为科学的管理决策和制订营销计划提供依据。
(4) 本质相同：都是信息工作范畴。

### (二)市场调查与市场预测的不同点

**1. 出发点即目标不同**

市场调查，通过对市场的历史和现状进行分析研究达到了解历史认识现状掌握未来发展变化轨迹的特点和规律的目的。市场预测，在分析研究现状的基础上预测掌握市场未来发展趋势的目的。

**2. 结果不同**

市场调查获取市场的历史和现状信息；市场预测获取市场未来发展变化信息。

**3. 运用的技术不同**

市场调查通过调研分析资料收集和整理方法，采用抽样、态度测量、资料分析等技术得到所需信息；市场预测主要运用定量分析法的数学模型技术和定性分析的经验判断、意见集合等技术得到所需的市场信息。

## 第二节 市场预测的内容和种类

### 一、市场预测的内容

市场预测的内容十分广泛。从国家宏观管理部门角度进行的宏观市场预测，要研究社会商品购买力和商品供给量的平衡问题，分析商品供求的变动趋势，预测各种商品的市场供给量和需求量。从企业角度进行的微观市场预测，主要是对企业在特定市场上，一定时期内商品种类、品质、规格、式样质量等供与求的状况预测，它必须以宏观市场预测为前提。除了研究市场商品供需变化之外，还要研究与市场商品供需有关的各种必需因素。

市场预测的内容大致分为以下几个方面。

## (一)市场需求预测

市场需求预测是一个产品在一定的地理区域和一定的时期内，在一定的营销环境和营销方案下，由特定的顾客群体愿意购买的总数量构成。它包括需求量的预测和需求商品品种、规格、型号、款式、质量、包装、品牌、商标和需要时间等变动趋势的预测。企业的营销主管需要估计的有总市场潜量、地区市场潜量、竞争者的销售额和市场份额。具体预测方式如下。

### 1. 总市场潜量

总市场潜量是在一定的时期内，在一定的行业营销努力水平和一定的环境条件下，一个行业全部公司所能获得的最大销量。一个常用的估计方法为

$$Q = nqp$$

式中　$Q$——总市场潜量；

$n$——估计潜在的购买者数量；

$q$——每个购买者的平均购买数量；

$p$——每一单位的价格。

### 2. 地区市场潜量

公司面临的问题是选择最佳区域并在这些区域最适当地分配它的营销预算。因此，公司需要估算各个不同省份、地区、城市的市场潜量。

有两种主要的方法可以采用：一种是主要为企业服务的厂商所采用的市场组合法；另一种是主要为消费者服务的厂商所采用的多因素指数法。

(1) 市场组合法。市场组合法又称市场累加法，要求辨别在每一市场上的所有潜在购买者，并且对他们的潜在购买量进行估计。预测公式为

$$Q_j = Q_{1j} + Q_{2j} + Q_{3j} + \cdots + Q_{nj}$$

式中　$Q_j$——$j$ 市场的市场潜量；

$Q_{nj}$——$j$ 市场第 $n$ 个购买者的可能购买量。

该方法成本太高且必须能够确定所有可能的主顾，主要用于工业品生产企业；获得资料难度大，花费大；利用统计资料、行业年鉴和工商名录。

(2) 多因素指数法。消费品公司在估计地区市场潜量时不可能把所有潜在消费者都列出来，最常用的方法是简单指数法。通常可以借助与区域购买力相关的各种指数估算市场潜量。公式为

$$B_i=0.5Y_i+0.3R_i+0.2P_i$$

式中　$B_i$——地区 $i$ 的购买力占全国总购买力的总百分比；
　　　$Y_i$——地区 $i$ 的个人可支配收入占全国的百分比；
　　　$R_i$——地区 $i$ 的零售额占全国的百分比；
　　　$P_i$——地区 $i$ 的人口占全国的百分比。

例如，一家药品制造商可以假设药品的市场潜量直接与人口有关，比如，河南省的人口占中国人口的 1/13，则该公司可以假设河南省的市场是全国销售市场的 1/13。然而，一个单一因素很难完全决定销售机会。一个地区的药品销售量还受到个人收入和每万人中医生数量的影响。因此，需要发展一个多因素指数法，而且对每个因素赋予一个特定的权数。如果更实用一些，则还需要考虑一些其他因素而调整市场潜量，如竞争者在该市场上的存在、促销成本、季节因素和地方市场特征。

**3. 竞争者的销售额和市场份额**

除了估计总的潜量外，公司还需要知道发生在市场上的实际行业销售额。也就是说，它还必须辨认它的竞争对手并估计竞争者的销售额。

### (二)市场供应预测

市场供应是指在一定时期内可以投放市场以供出售的商品资源。这些商品资源主要来自生产，其次是进口，此外还有国家储备、商业机构的商品储存以及社会潜在物资(如废旧物资)。

市场供应预测是对进入市场的商品资源总量及其构成和各种具体商品市场可供量的变化趋势的预测。

### (三)科学技术发展趋势预测

在企业面临的诸多环境因素中，科学技术环境是一种重要而有长远影响的因素。科学技术本身是强大的动力，其发展水平和速度能够摧毁旧产品和旧的工艺方法，乃至一个工业部门。科学技术的发展，新技术、新工艺和新材料的推广应用，对企业商品的成本、定价等都有重要影响。这种影响就其本质来讲，是不可避免和难以控制的。企业要想取得经营上的成功，就必须预测科学技术发展可能引起的后果和问题以及可能带来的机遇和威胁；必须十分注意本行业产品的技术状况及科技发展趋势；必须透彻地了解与所研究的技术项目有关的历史、当前发展情况和趋势，并进行准确预测。

### (四)产品生命周期及新产品投入市场成功率预测

产品都有一定的生命周期，通常包括试销、畅销、饱和和衰退四个阶段。产品处于生命周期的不同阶段，其经营侧重点不一样。只有对产品生命周期进行科学的预测，企业才能制订、选择适当的经营计划，才能在市场竞争中处于主动地位。新产品的研制要花费大量资金，但每年只有大约 5%的新产品投到市场得到认可，因此预测新产品投入市场的成功率对企业发展是相当重要的。

## 二、市场预测的种类

市场预测从不同的角度可划分为多种，主要有以下几种。

### (一)按照市场预测期的时间分类

市场预测可以分为短期、近期、中期和长期预测。

#### 1．短期预测

预测期一般在一周以上至半年以内，主要是为企业日常经营决策服务，讲究预测时效性。一般包括季度、月度和旬度预测。短期预测目标明确，不确定因素少，资料齐全，预见性较强，预测结果准确。

#### 2．近期预测

预测期一般在半年以上至两年之内，主要是预算年度需求量，为企业编制年度计划、安排市场、组织货源提供依据。

#### 3．中期预测

预测期一般在两年以上至五年以内，一般是对政治、经济、技术、社会等对市场发展的影响长期起作用的因素，在调查分析后，做出对未来市场发展趋势预测，为企业制订中期规划提供依据。

#### 4．长期预测

预测期一般在五年以上，为企业制订长期规划提供依据。预测的准确性随着预测期的不同而不同，预测期越长，误差就越大，准确性也就越差。

### (二)按市场预测的范围分类

市场预测可以分为专题市场预测和综合性市场预测。

#### 1．专题市场预测

专题市场预测是指市场预测主体为解决某个具体问题而进行的对部分市场状况进行的预测。例如，对市场上某种商品的需求进行预测。尽管专题市场预测的对象和内容仅是市场的某一方面，但是，这并不意味着在预测过程中可以不考虑市场的整体情况，恰恰相反，在进行专题预测时，同样需要从市场整体出发。专题市场预测涉及的面较小，包含的变量也较少，组织实施方便，所需投入相对较小。在许多情况下，专题市场预测所提供的信息能保证满足决策所需。事实上，大多数市场预测属于专题市场预测。

**2．综合性市场预测**

综合性市场预测是指市场预测主体为全面了解市场的发展趋势而对市场的各个方面进行的预测。相对于专题预测而言，综合预测涉及市场的各个方面，组织实施相对困难，不但需要投入相当多的人力、物力，费时、费钱，对预测人员的要求也相对较高，通常只是在大型的市场研究项目中才采用。

### (三)按照市场预测的空间区域分类

市场预测可以分为国际市场预测、全国性市场预测和区域性市场预测。

**1．国际市场预测**

国际市场预测是指以世界范围内国际市场的发展趋势为对象的市场预测。随着世界经济一体化进程的加快，越来越多的企业进入国际市场，国际化经营成为普遍的现象。国际化经营需要了解和把握国际市场的发展趋势，国际市场预测显得日益重要。国际市场预测可以是综合性的，也可以是专题性的；可以是整个世界市场的预测，也可以是就具体的国际区域市场，甚至是国别市场的预测。国际市场预测由于涉及面广、变量和不可控因素多、收集资料困难，因此预测的难度很大，且范围越广难度越大。显然，世界性、综合性的市场预测的难度最大。这些是在实施国际市场预测时必须注意的。

**2．全国性市场预测**

全国性市场预测是指以全国范围内的市场状况为对象的市场预测。全国性市场预测可以是综合性的市场预测，也可以是专题性的市场预测。目前，许多企业都以全国市场为目标市场，因此有必要了解和掌握全国市场的发展变化趋势，进行全国性的市场预测。全国性市场预测同样具有预测面广、涉及范围大、变量和不可控因素多、收集资料困难及预测难度大的特点。

**3．区域性市场预测**

区域性市场预测是指以某一市场区域为对象的市场预测。相比较而言，区域性市场预测的预测面较小，涉及范围不大，变量和不可控因素较少，收集资料相对容易，预测的难度相对小些，是最为普遍的一类市场预测方法。

### (四)按市场预测的性质分类

市场预测可以分为定性预测和定量预测。

### 1. 定性预测

定性预测是指通过对预测对象内在发展规律质的分析，判断其未来发展变化趋势的一种预测方法。它是经验形态的预测，也是活信息密集型的预测，通常是在数据不足且难以获得，或没有必要去收集详细数据的情况下，凭借个人的经验、知识或集体的智慧和直观的材料，对事物的性质和规律进行预测，而不是依靠复杂的数学工具进行预测。

定性预测是一类常用的预测方法，它的优点是可以充分考虑政治、经济、社会等各种因素对预测对象未来发展趋势的影响，简便易行，不需要复杂的计算公式和数学工具，使用面较广，有一定的科学性。它的不足之处是对未来变化趋势难以做出精确的说明，对各项预测目标相互之间影响程度难以做出量的说明，难以估计预测结果的误差和评价的可信程度。

### 2. 定量预测

定量预测是指根据历史数据，通过建模和解模，对预测对象未来发展变化趋势进行量的分析和描述的方法。它是一种知识形态的预测，也是物化信息密集型的预测，通常在原始数据比较充裕或数据来源多且稳定的情况下加以采用。

定量分析的优点：由于重视数据的作用，以数学模型作为分析手段，不易受人为因素的影响，有利于保证预测的科学性和客观性；预测结果以数字或函数表示，精确度比较高，能弥补定性预测的不足，还能对预测目标的未来发展程度和过程及其各目标之间的影响和制约关系做出定量的推断，为决策者提供更精确、更直接的全面信息资料；可以估算出预测误差和可信度，能使决策者知道使用预测结果的风险范围。

定量预测的不足之处主要有以下四点：①对预测人员的知识要求，特别是数学知识要求比较高；②对数据资料的要求比较高，如果资料少或承担不了保证数据的数量和质量的费用，定量预测将难以有效进行；③时间限制性较强，是在历史数据基础上的一种外延内推，如果情况发生突变，原有数学公式就不能进行有效的描述；④费用比较高。

市场预测还可以从其他角度进行分类。例如，按预测的内容，可以分为市场需求预测、市场供应预测、科技发展预测、产品生命周期预测和价格变动预测等。

## 第三节　市场预测的方法与步骤

### 一、预测方法

预测方法有 300 多种，经常使用的预测方法只有十几种。基本上可以分为两大类，即定性预测和定量预测。定性预测方法是从事物质的规定性方面分析预测。定量预测方法是在认识事物质的规定性的基础上，依据数据资料建立数学模型进行预测。由于预测对象的发展变化既有质方面的变化，也有量方面的变化，并且许多情况下质和量是可以相互转化的，因此，分析质的方法可以用来分析量的变化，分析量的方法也可以用来分析质的变化。下面简单介绍这两大类预测方法。

## (一)定性预测法

定性预测法也称为判断分析预测法。它是由预测者根据已占有的历史资料和现实资料，依靠个人经验、知识和综合分析能力，对市场质的规定性做出判断，再以判断为依据做出量的测算。运用定性分析法分析判断事物，容易把握住事物的发展方向。再就是市场预测中常常会涉及一些难以量化的因素，如政治因素、心理因素、社会因素等，使得定性预测法有广泛的应用。首先，定性预测着重于对事物发展的性质进行预测。主要凭借人的经验及分析判断能力，特别是在对预测对象的历史资料掌握不全面时，或因影响因素复杂难以分清主次，或对主要影响因素难以定量分析的情况下，定性预测法就成为主要的预测方法。其次，定性预测法着重于对事物的发展趋势、方向和重大转折点进行预测。其主要适用于国家经济形势的发展、经济政策的演变、市场总体形势的演变、科学技术的发展趋势、新产品的开发方向、企业经营环境分析和战略决策方向等方面的需求。定性预测的方法很多，常见的有调研预测法、专家预测法、转导法、类比法、预警分析法等。运用这些方法不需要高深的数学知识，可以充分利用人的经验、判断能力、想象力，能节省时间，节约费用，便于普及推广。但是，难免使预测结果带有主观片面性或数量不明确的缺点。为此要将这类方法的运用建立在广泛的市场调研基础上，结合量的分析预测方法，使质的分析结果有科学的数量观念。

## (二)定量预测法

定量预测法包括时间序列分析预测法和因果关系分析预测法。

### 1．时间序列分析预测法

时间序列分析预测法是以事物的时间序列数据为基础，运用一定的数学方法建立数学模型来描述其变化规律，以其向外延伸来预测市场未来的发展变化趋势及可能水平。

这类方法的应用是以假设事物过去和现在的发展变化规律照样会延续到未来为前提，它撇开对事物发展变化过程因果关系的具体分析，直接从时间序列统计数据中寻找事物发展的演变规律，建立模型，据此预测未来。在量的分析预测方法中，时间序列分析方法涉及的数学知识比较简单，方法较直观，在实践中经常被采用。常用的方法有平均数法、移动平均法、指数平滑法、季节指数法和趋势延伸法等。

### 2．因果关系分析预测法

因果关系分析预测法是从事物变化的因果关系出发，寻找市场发展变化的原因，分析原因与结果之间的联系结构，建立数学模型，据以预测市场未来的发展变化趋势及可能水平。

因果关系分析预测法需要的数据资料比较完整、系统，建立数学模型需要一定的数理统计知识，在理论上和计算上都比时间序列分析预测法复杂，其预测精度一般要比时间序列分析预测法高。在因果关系分析预测法中最常用的有回归分析预测法和经济计量分析法。

### (三)定性预测法和定量预测法的关系

定性预测和定量预测各具优点和缺点，定性预测注重事物发展在质方面的预测，有较大的灵活性，易于充分发挥人的主观能动作用，具有简单迅速、节省时间与费用的特点。但易受主观因素的影响和客观条件的制约，具有片面性，尤其缺乏对事物发展作数量上的精确描述。定量预测注重对事物发展在数量方面的分析，重视对事物发展变化作数量上的描述，更多地依据历史统计资料，较少受主观因素的影响。但其缺点是比较机械，使用不灵活，对信息资料的质量数量要求较高，而且有时变得不易处理，更难以预测事物发展变化的长期趋势。

定性预测和定量预测并不是相互排斥的，而是相互补充的，在实际预测中应该把两者结合起来进行预测。实质上定性预测和定量预测也不是完全割裂的，定性预测包含一些量的描述，定量预测也包含主观判断，任何定量预测结果综合起来就始终包含着主观判断的过程。

【知识拓展】

**预测方法的选择**

每种预测方法对预测对象目标的有效性是不同的，预测方法不当将会大大降低预测效果及其可靠性。因此，预测方法十分重要。在选择预测方法时需要考虑的因素很多，如决策的要求、预测目标、预测对象商品本身的特点、预测时期现有的条件和基础等。具体来讲，选择预测方法时应重点考虑三个基本问题，即合适性、全面性、预测费用与精度。

任何一种预测方法都是建立在一定的条件基础之上的，选取方法不仅要考虑适合于被预测的项目，还应考虑其适合于预测的条件和环境。一般一些定量方法需要收集大量的数据，而在缺乏历史数据时要选择一些定性的预测方法。从预测效果看不一定与选择的预测方法的复杂程度成正比，一定要合适才行。

在考虑预测方法时，必须从不同的角度探求预测对象未来状态，分别从定量和定性的方面探求事物的发展，各种预测方法相互补充才能达到好的效果。

在精度和费用问题上，要权衡两者的轻重，要依靠自己的判断能力去断定应该用多大的力量，从而决定预测方法的选择。

表 7-1 是市场上常见的几种预测方法及特点的比较，了解每种预测方法的特点对正确选择预测方法将会大有裨益。

表 7-1  常见的市场预测方法及其特点比较

| 比较项目 | 定性分析预测法 | | | | 定量分析预测法 | | | 因果关系分析法 |
|---|---|---|---|---|---|---|---|---|
| | 集合意见法 | 市场调研法 | 德尔菲法 | 类比法 | 时间序列分析预测法 | | | |
| | | | | | 移动平均法 | 指数平滑法 | 趋势延伸法 | 回归分析法 |
| 方法的基本原理 | 将企业内部经营管理、销售业务人员的意见量化，做出综合预测 | 依据调查数据判断后联测或转导做出预测 | 由于匿名、反复函询，预测结果具有数理统计特性 | 由已知类比对象发展规律，对预测目标发展进行对比预测 | 移动平均法消除了季节性和不规则变动，据此建立预测模型 | 运用前一期的实际值和前一期预测值建立模型 | 运用数学方程拟合时间序列数据发展变化趋势线，然后外推预测 | 研究两个或两个以上变量间的相关关系，通过建立回归函数关系式进行预测 |
| 适用的预测期长度 | 近中期 | 短近中期 | 中长期 | 中长期 | 短近期 | 短近期 | 近中期 | 近中长期 |
| 需要的数据资料 | 市场历史销售资料和相关信息 | 历史及现实情况，如发展速度、消费心理、竞争状况 | 背景资料、专家资料、意见及其综合分析资料 | 类比对象发展过程的历史资料及相关信息 | 预测目标历史资料，数据越多越好，最低要求5~10个 | 预测目标历史资料，数据越多越好，最低要求5~10个 | 预测目标历史资料，数据越多越好，最低要求5个观察期数据 | 数据越多预测精度通常越高 |
| 精确度 | 近期极好，中期较好 | 短近期极好，中期较好 | 较好 | 尚好 | 尚好 | 较好 | 近期很好，中期较好 | 很好 |

## 二、预测步骤

预测并不是做出推测那一瞬间的行动，而是一个过程，整个市场预测的过程大致分为以下几个步骤：①明确预测目标；②收集信息资料；③选择预测方法；④利用模型进行预测；⑤评价修正预测；⑥提出预测报告。

### (一)明确预测目标

预测目标的确定要按照经营管理者的需要、决策的要求，确定预测对象、预测的时间期限、预测结果的精度要求、任务完成的时间限制，并进行目标分析，将总体目标逐层分解，为完成预测任务，为合理安排人员的分工协作、资料的收集、预测方法的选择奠定基础。

## (二)收集信息资料

信息资料是市场预测的基础。需要收集的资料分为两类：一类是关于预测对象本身的历史和现时资料；另一类是影响预测对象发展过程的各种因素的历史和现时资料。

收集信息资料一般可以利用各种调查方式获取第一手资料，也可以利用各种渠道获取第二手资料。收集资料要注意资料的广泛性和适用性，原始资料必须要经过加工整理，去伪存真、去粗取精，做到准确、及时、完整和精简适用。

## (三)选择预测方法

对收集的资料进行分析判断并建立预测模型是市场预测中非常关键的步骤。预测者经过分析了解预测对象的特性，同时根据各种预测方法适用的条件，选择出合适的预测方法。预测方法是否得当，将直接影响预测的精度和可靠性。

运用预测方法的核心是建立描述、概括预测对象的特征和变化规律的预测模型。预测模型是指用尽可能简单和形象的方法描述出预测对象的变化规律，或者与其相关因素的依存关系、运动变化关系。定性预测的物理模型是指逻辑推理程式；定量预测的数学模型通常是以数学关系式表示的。

### 1．分析判断

市场预测分析判断的主要内容有以下三个方面。

(1) 分析观察期内市场影响因素与市场需求量的依存关系，如宏观管理政策、环境因素、社会购买力和商品需求特点等对商品需求变化的影响。

(2) 分析预测期的产供销关系。主要分析市场需求商品的品种、数量、结构及其流通渠道的发展变化；分析社会生产能力是否与社会需求总量相适应；分析各种生产企业生产的商品结构是否与消费结构相适应；分析原材料的供应情况。

(3) 分析当前的消费心理、消费倾向及其发展变化趋势。主要分析在收入增加、广告促销盛行的条件下人们的攀比心理、赶时髦心理及与一定的社会集团、社会阶层相适应的趋同心理、归属心理和表现自我价值的非趋同心理(商品的个性化)等的变化对购买商品的数量、品种、花色、款式的影响关系。

### 2．选择预测方法建立预测模型

预测方法的选择取决于人们对预测对象发展变化过程规律的认识，而这种认识必须建立在系统分析和判断的基础上。在预测者做出上述判断之后，为了进行量的估计，要选择预测方法建立预测模型。预测方法很多，每种预测方法对不同预测对象目标的有效性是不同的，预测方法不当将会大大降低预测效果及其可靠性。因此，预测方法十分重要。在选择预测方法时应从三个方面考虑：应服从于预测目标；应服从预测对象商品本身的特点；应考虑预测时期现有的条件和基础等。

预测模型有三大类：①表示预测对象与时间之间的时间关系模型；②表示预测对象与影响因素之间的相关关系模型；③表示预测对象与另外的预测对象之间相关关系的结构关系模型。

预测模型建立之后，就要选择预测方法，主要是定量预测方法，用以估计预测模型中的各个参数值。预测方法多种多样，一种预测模型可以有几种不同的预测方法，一种预测方法可用于几种不同的预测模型。每种预测方法有各自的特点和适应条件，应根据预测对象的特征，具体选定合适的预测方法，并尽可能对同一预测对象采用不同的预测方法，以便比较分析。

### (四)利用模型做出预测

根据已掌握的数据资料、选定的预测方法，就可求出参数估计值，从而得到预测方程或预测公式。根据预测方程，再输入有关资料、数据，经过运算，即可得到初步预测值。这一步是市场预测中关键的一步。如前所述，采用不同的预测方法确定的参数值不同，因而常会得到不同的预测结果，所以应对不同预测值进行检验、分析和比较。

### (五)评价修正预测

这一步是对初步预测结果的可靠性和准确性进行验证，估计预测误差的大小。预测误差越大，预测准确性就越小，而预测误差过大，就失去了预测应有的作用。此时应分析原因，修改预测模型。同时，进行统计检验，看预测对象的影响因素是否有了显著变化，看过去和现在的发展趋势和结构是否能延续到未来。在分析评价的基础上修正初步预测值，最后确定预测结论。

### (六)提出预测报告

预测结果报告应概括预测主要活动过程，列出预测目标、预测对象及有关因素的分析结论、主要资料和数据、预测方法的选择和模型的建立以及预测值的评价和修正、实现预测结果的政策和建议等内容。

## 第四节　市场预测的原理和要求

### 一、市场预测的原理

市场预测活动像任何其他活动一样，有自己的活动规律。规律是事物内在的、本质的联系，是事物存在的规律和反复出现的因果关系。预测活动的内在和本质联系为：凡属预测活动，都具有由预测主体(预测者)及其预测客体(被预测对象)组成的预测结构或系统。只要具备这两个基本组成部分，就可以进行预测并得到预测结果。而预测客体的发展规律，是预测活动中反复出现的因果关系。只有预测主体掌握了预测客体的发展变化规律，才能对未来发展变化做出正确的分析、预见、估计和判断。市场预测原理有以下四个。

### 1. 可知性原理

可知性原理是指市场预测对象的未来发展变化趋势是可知的，人们可以通过对市场规律的认识运用科学的方法对其进行预测。市场全部预测活动建立在可知性原理的基础上。在市场预测中，由于市场行情变化多端，偶然因素对市场供求变化产生较大影响，因而不容易揭示出某些商品供求变动的规律性，使人感到市场似乎变幻莫测。其实，根据可知性原理，再变化多端的事物都有其自身规律，在实践中可以逐步认识，运用这种规律来揭示其未来的变动趋势。

### 2. 惯性原理

客观事物的发展变化过程常常表现出连续性，通常称这种表现为惯性现象。任何事物的发展都处于一个永不停止变化更新的过程中，其发展变化都具有合乎规律的连续性，只要规律发生作用的条件不变，合乎规律的现象必然重复出现，市场现象也和其他事物一样，其发展变化具有连续性，未来情况是现在和过去发展的结果，是过去和现在的继续。市场现象的发展有变异也有继承。变异是有根据的，发展是连续的，依据连续性原理预测未来，必须以正确认识客观事物的过去和现在为基础，从大量的历史和现时资料中，找出其发展过程中固有的规律性，借以推断未来。运用连续性原理来指导市场预测有两个制约性条件：首先，预测目标的历史发展数据所显示的变动趋势具有明显规律性，如果预测目标的历史和现实的变化不规则，具有很大的随机性和偶然性，运用此原理指导市场预测，就很难保证预测的准确性和可靠性；其次，注意分析制约预测目标历史演变规律发生作用的客观条件在预测期内是否发生变化，支配客观事件发展变化的规律受客观条件制约。规律性只有在相同条件下才会发生作用，如果客观条件发生变化，支配客观事物发展变化的规律性也会随之变化，事件就会出现质变，其发展变化趋势就会中断、转折，不再按原有趋势继续发展。此时，不加分析地运用连续性原理进行预测就会造成预测的重大失误。

### 3. 类推性原理

客观事物之间在结构和发展模式上往往存在某种相似性，人们可以根据已知事物的某种相似结构和发展模式，类推某个预测目标未来的结构和发展模式。如果事物之间没有相似性，就无法以一种事物的发展变化来类推另一种事物的变化趋势。一般来说，客观事物之间越相似，类推预测效果越好。运用类推原理进行市场预测，既可以用于同类事物之间的类推预测，也适用于不同事物之间的类推预测。在不同事物之间的类推预测，只是更强调不同事物之间的结构、本质特征和发展模式上必须具有明显的相似性。例如，对未来家庭计算机的普及率发展趋势的预测，可以参考国内发达地区家庭计算机普及率的发展趋势加以类推，还可以参照同家庭计算机的需求相似的电话家庭普及率发展趋势加以类推。尽管计算机与电话是两种不同的商品，但它们同是现代家庭的必备产品和信息传递的现代化手段，它们的经济寿命周期、本质特征、基本功能和发展模式具有相似之处，因此在预测家庭计算机普及率的发展趋势时，可以参考电话的家庭普及率的发展趋势加以类推。

#### 4．相关性原理

任何事物的发展变化都不是孤立的，而是相互联系的，是受到内因和外因共同作用的，内因是根本，外因是条件。事物之间的相互影响往往表现为因果关系。例如，消费品的销售量与人均收入水平密切相关，与社会人口结构也关联性极强；又如，产品价格与原材料的价格非常相关，产品价格和替代产品价格变动都将直接影响产品的销售量等。因此通过深入分析研究对象与相关事物的依存关系和影响程度，可以揭示出研究对象变化规律的有效途径，并可以预测未来状态。

## 二、市场预测的要求

市场预测的准确度越高，预测效果就越好。然而，由于各种主、客观原因，预测不可能没有误差。为了提高预测的准确程度，预测工作应该满足客观性、全面性、及时性、科学性、持续性和经济性等基本要求。

(1) 客观性。市场预测是一种客观的市场研究活动，但这种研究是通过人的主观活动完成的。因此，预测工作不能主观随意地"想当然"，更不能弄虚作假。

(2) 全面性。影响市场活动的因素，除经济活动本身外，还有政治的、社会的、科学技术的因素。这些因素的作用使市场呈现纷繁复杂的局面。预测人员应具有广博的经验和知识，能从各个角度归纳和概括市场的变化，避免出现以偏概全的现象。当然，全面性也是相对的，无边无际的市场预测既不可能也无必要。

(3) 及时性。信息无处不在、无时不有，任何信息对经营者来说，既是机会又是风险。为了帮助企业经营者不失时机地做出决策，要求市场预测快速提供必要的信息。过时的信息是毫无价值的。信息越及时，不能预料的因素就越少，预测的误差就越小。

(4) 科学性。预测所采用的资料须经过去粗取精、去伪存真的筛选过程，才能反映预测对象的客观规律。运用资料时，应遵循近期资料影响大、远期资料影响小的规则。预测模型也应精心挑选，必要时还须先进行试验，找出最能反映事物本质的模型，以减少预测误差。

(5) 持续性。市场的变化是连续不断的，不可能停留在某一个时点上。相应地，市场预测需不间断地持续进行。实际工作中，一旦市场预测有了初步结果，就应当将预测结果与实际情况相比较，及时纠正预测误差，使市场预测保持较高的动态准确性。

(6) 经济性。市场预测是要耗费资源的。有些预测项目，由于预测所需时间长，预测的因素又较多，往往需要投入大量的人力、物力和财力，这就要求预测工作本身必须量力而行，讲求经济效益。如果耗费过大、效益不高，将使市场预测声誉扫地。如果企业自己预测所需成本太高时，可委托专门机构或咨询公司来进行预测。

(本小节资料来源：魏炳麒. 市场调查与预测. 大连：东北财经大学出版社，2005)

## 思考与训练

1. 市场预测的种类有哪些？都是什么？
2. 市场预测的原则是什么？
3. 市场预测的内容和方法有哪些？
4. 市场预测的步骤是怎样的？
5. 市场预测的原理包括哪些？
6. 在市场预测中应该如何恰当地选择预测方法？

## 应 用 分 析

年轻的罗佛尔先生是欧洲某国一家小型公司的总经理。他的公司生产和销售的彩色橡胶灯泡套是用一种耐高温、抗老化的透明合成橡胶制成的，具有各种不同的颜色。将它套在普通白炽灯泡或者日光灯管上，普通白炽灯泡或日光灯就成了彩灯了，适合用于酒店、饭馆、商店等场合。它还特别适合用于公众节日时广场、街道的露天灯光装饰。

罗佛尔先生认为，作为世界上人口最多的国家，中国也许是他的彩色橡胶灯泡套的最理想市场。他便委托一家与中国有良好业务关系的咨询公司协助他进行彩色橡胶灯泡套在中国的市场分析。

初步的市场分析表明，中国是一个民用照明灯具的生产大国。几乎在中国的每一个省市都有不同规模的灯泡厂或灯具厂。这些工厂生产各种各样不同系列、不同规格、不同功率与不同电压的通用和特种照明灯具。中国的灯具不仅可以自给，而且向东南亚等地大量出口。初步的市场分析结果还表明，无论是与欧洲市场的同类商品相比较，还是与普通中国家庭的收入相比较，中国市场上的灯具价格都十分低廉，还不到欧洲市场灯具价格的1/5。当然了，罗佛尔先生的彩色橡胶灯泡套在中国市场无疑算得上是一个独一无二的产品。如果罗佛尔先生在彩色橡胶灯泡套在中国市场受欢迎的话，哪怕只有 0.1%的中国灯具用户使用，那也会给罗佛尔先生的公司带来相当数额的利润。

初步的市场调查与预测分析结果给罗佛尔先生和咨询公司带来了巨大的鼓舞，他们对彩色灯泡套在中国的市场前景颇为乐观，决定开展进一步的市场研究。从《中国工商企业名录》中他们得到了几乎所有中国灯具生产厂的通讯地址，并且与中国驻当地总领事馆的贸易官员会见，请他介绍灯具行业的生产经营状况。最后，他们决定挑选 50 家中国灯具生产厂家，用邮件轰炸的方式进行联系，以求了解中国企业对彩色橡胶灯泡套这一产品的反应。

咨询公司迅速地准备好了一份商函，介绍说有一家厂商要在中国寻求商业伙伴。信中详细地说明了彩色橡胶灯泡套的用途与性能，询问中国企业的合作意向。信中还要求有意合作的中国企业提供他们的职工人数，各方就彩色橡胶灯泡套在中国市场的潜力作出各自的评价。这封信用中英文两种文字寄给了入选的中国灯具生产厂家。此外，咨询公司还与深圳特区一家大公司进行了电话联系，并且收到了这家公司的电传答复，反应是积极的。

两个月后，咨询公司收到八家中国灯具生产厂家的回信。这八家工厂都是中国有数的大型灯具生产厂家，他们都对与罗佛尔先生合作怀有浓厚的兴趣，并且按照要求回寄了大量的资料，介绍各自企业的情况。有两家省一级的灯具厂显得特别热心。不过，中国方面对经销或者许可证生产等合作方式兴趣不大，希望罗佛尔先生能够进行直接投资或者建立合资企业进行合作生产。他们还要求咨询公司尽快寄去彩色橡胶灯泡套的样品。这是可以理解的。因为光是凭文字描述，实在难以揣摩彩色橡胶灯泡套究竟是一个什么样的产品。当然，中国方面不少厂家还要求了解彩色橡胶灯泡套的成本、价格等情况。看来事情进行得很顺利。罗佛尔先生当然不会拒绝提供样品，也不反对采取直接投资或者开办合资企业的合作方式。几十盒彩色橡胶灯泡套的样品迅速地寄回中国。连同这些样品寄向中国的还有一封进一步介绍彩色橡胶灯泡套的产品性质和价格的信。按照罗佛尔先生的要求，信中还探询在中国设立销售代理的可能性。

六个月过去了。有三家中国灯具厂又回信了。他们都有礼貌地回绝了罗佛尔先生关于合作生产经营彩色橡胶灯泡套的要求。以后，关于彩色橡胶灯泡套一事，罗佛尔先生和咨询公司再也没有从中国方面得到进一步的音讯了。罗佛尔先生和咨询公司的职员都很纳闷。一切看起来都很不错，可是，究竟什么地方不对头呢？

请分析：

1. 咨询公司的市场调查分析存在哪些问题？
2. 罗佛尔先生的彩色橡胶灯泡套没有能够在中国找到合作者的主要原因何在？
3. 市场预测能力是否对公司的战略计划有着决策作用？

(资料来源：http://blog.cnfol.com/lvcs150/article/50608450.html)

# 第八章

## 判断分析预测法

**本章要点及学习指导**

本章重点掌握判断分析法的类型及预测技巧,主要包括集合意见预测法、德尔菲法、类推预测法、指标判断分析法等。在这里学习者要熟悉各种判断分析预测法的运用条件和优、缺点,能很好地运用这些预测法进行市场预测,以便提高预测效果,做出准确的市场预测。

**引导案例：**

图书出版商 A 拟出版一套儿童读物，为了降低经营风险，拟采用德尔菲法对该套图书的销售量进行预测。该出版商首先选择了书店经理、书评家、读者、编审、销售代表共 15 人组成专家小组。将该套图书和一些相关的背景材料发给各位专家，要求大家对该套图书的最低销售量、最可能销售量和最高销售量进行判断分析，并给出各自的预测数量，同时说明自己作出判断的主要理由。然后，预测组织者将专家们第一轮的预测意见收集整理，并将结果反馈给各位专家，要求各位专家根据第一轮的预测结果，对预测问题进行重新思考分析，进行第二轮的预测。除书店经理 B 外，其他专家在第二轮预测中都做了不同程度的修正。预测组织者把第二轮的预测意见收集整理，发给专家进行第三轮的预测，如此反复，经过五轮之后，各位专家都不再修改自己的预测结果，意见趋于一致。最终预测结果为最低销售量 56 万册，最高销售量 70 万册，最可能销售量 46 万册。图书出版商 A 依据这个意见作出了营销决策。

**问题探究：**

1. 德尔菲法的特点是什么？
2. 采用该方法预测应注意哪些问题？

定性预测法也称为判断分析预测法，是指预测者根据已掌握的历史资料和直观感觉，凭借自己精深的业务知识、丰富的专业经验和综合分析能力，运用个人或集体的经验和智慧，对事物的未来发展特点和趋势做出性质和程度上的分析判断。这种方法的主要特点是，主要凭借人的经验以及分析能力对事物发展的性质进行预测，着重对事物发展的趋势、方向和重大转折点进行预测。在实际应用中，该方法主要有经验判断分析法和指标判断分析法。

# 第一节　经验判断分析法

经验判断分析法在应用中主要有集合意见预测法、德尔菲法和类推预测法等。

## 一、集合意见预测法

集合意见预测法即是在市场预测的过程中集合了企业各有关方面人员(经营管理人员、业务人员以及技术人员等)的经验、意见，对市场的发展特点和未来发展趋势进行分析判断。这种方法主要适用于近、短期的预测。其预测的准确程度取决于参与预测人员所拥有的专业知识和经验的丰富程度。

### (一)集合意见预测法的步骤

(1) 预测组织者根据经营管理的需要，确定参与预测的人员，向其说明预测的目的、要求和期限，并提供相关的资料。

(2) 参与预测的人员根据预测要求，在充分研究相关资料的基础上，依据自己的经验和分析判断能力提出各自的预测方案。

一般来说，预测方案包括定性分析和定量描述两部分。定性分析的内容包括市场现状、产品销售趋势、消费需求变化的特点；市场竞争现状及趋势、新产品投入市场的可能性；企业流动资金的来源和使用情况、商品库存结构及变化；生产组织及经营管理措施的改善等情况。

在定性分析的基础上进行定量分析，通常包括以下三个方面内容。

① 判断未来市场的可能状态(给出两种或两种以上的方案，如最高销量、最可能销量、最低销量)。

② 判断各种可能状态出现的概率(主观概率，如达到最高销量的概率 0.3、达到最可能销量概率 0.5、达到最低销量 0.2)。

③ 判断每种状态下市场可能达到的水平(即状态值，如最高可实现销售量 500 万件，最可能实现销售量 400 万件；最低可实现销售量 200 万件)。

(3) 预测组织者计算各相关参与预测人员的方案期望值。

方案期望值=各种状态出现的主观概率×状态值

(4) 计算各类参与人员的综合期望值。

这里需要把所有参与预测的人员分类，如分成销售人员、管理人员、财务人员、生产人员等，然后采用平均数、加权平均数统计法或中位数法分别计算各类人员的综合期望值。

(5) 确定最终预测值。

综合考虑各类预测人员的经验、权威、才能和职务等因素为其确定权数，然后采用加权平均法确定最终预测值。

## (二)应用举例

【例 8-1】某企业组织销售、财务和生产三个部门的相关人员对本企业下一年的销售额进行预测。

(1) 销售、财务和生产三个部门的相关人员根据自己的经验，做出表 8-1 至表 8-3 所列的预测，并计算期望值。

(2) 计算销售、财务和生产三个部门参与预测人员意见的综合期望值。

销售人员综合期望值=4830×0.3+4700×0.2+4500×0.1+5140×0.2+4540×0.2=4775

财务人员综合期望值=4930×0.3+5170×0.4+4830×0.3=4996

生产人员综合期望值=5030×0.5+4990×0.3+4700×0.2=4952

(3) 进行预测。根据三类人员对企业营销状况掌握程度和预测经验的差异，确定不同的权数：销售人员为 3，财务人员为 2，生产人员为 1，则企业下一年的销售额预测值=(4775×3+4996×2+4952×1)/(3+2+1)≈4878(万元)。

表 8-1 销售人员的预测　　　　　　　　　　　　　　　　　　单位：万元

| 销售人员 | 估计值 | | | | | | 期望值 | 权数 |
|---|---|---|---|---|---|---|---|---|
| | 最高值 | 概率 | 中等值 | 概率 | 最低值 | 概率 | | |
| 小章 | 5100 | 0.3 | 4800 | 0.5 | 4500 | 0.2 | 4830 | 0.3 |
| 小王 | 5000 | 0.2 | 4700 | 0.6 | 4400 | 0.2 | 4700 | 0.2 |
| 小赵 | 4800 | 0.2 | 4500 | 0.5 | 4300 | 0.3 | 4500 | 0.1 |
| 小李 | 5000 | 0.3 | 4600 | 0.6 | 4400 | 0.2 | 5140 | 0.2 |
| 小孙 | 4700 | 0.3 | 4500 | 0.5 | 4400 | 0.2 | 4540 | 0.2 |

表 8-2 财务人员的预测　　　　　　　　　　　　　　　　　　单位：万元

| 销售人员 | 估计值 | | | | | | 期望值 | 权数 |
|---|---|---|---|---|---|---|---|---|
| | 最高值 | 概率 | 中等值 | 概率 | 最低值 | 概率 | | |
| 小刚 | 5200 | 0.3 | 4900 | 0.5 | 4600 | 0.2 | 4930 | 0.3 |
| 小明 | 5000 | 0.2 | 4700 | 0.6 | 4500 | 0.3 | 5170 | 0.4 |
| 小辉 | 5100 | 0.3 | 4800 | 0.5 | 4500 | 0.2 | 4830 | 0.3 |

表 8-3 生产人员的预测　　　　　　　　　　　　　　　　　　单位：万元

| 销售人员 | 估计值 | | | | | | 期望值 | 权数 |
|---|---|---|---|---|---|---|---|---|
| | 最高值 | 概率 | 中等值 | 概率 | 最低值 | 概率 | | |
| 小鹏 | 5300 | 0.3 | 5000 | 0.4 | 4800 | 0.3 | 5030 | 0.5 |
| 小莉 | 5100 | 0.2 | 5000 | 0.5 | 4900 | 0.3 | 4990 | 0.3 |
| 小雨 | 4900 | 0.4 | 4600 | 0.4 | 4500 | 0.2 | 4700 | 0.2 |

【课堂讨论】

集合意见法的优、缺点分别是什么？

【应用提示】

集合意见法通常在缺乏历史数据或对其他方法缺乏经验的情况下更适用。

## 二、德尔菲法

### (一)德尔菲法的预测步骤

德尔菲法又名专家意见法或专家函询调查法，是采用匿名的方式，用表格或问卷的方法背对背地征询专家小组成员的预测意见，经过几轮征询，使专家小组的预测意见趋于集中，最后做出符合市场未来发展趋势的预测结论。具体来说，德尔菲法的预测步骤如下。

(1) 设计、印制征询表格或问卷。

预测组织者根据预测目的，把需要预测的内容设计成问卷或征询表格，设计时要充分考虑突出中心、语言简练、有启发性，便于专家发表意见。

(2) 选择专家。

专家的选择直接关系到预测结果的准确程度，一般来说要遵循自愿原则，要有广泛的代表性，一般采取"三三制"的原则，即本单位、本部门对预测问题有研究的专家占 1/3，与本单位、本部门有业务联系，关系密切的人员占 1/3，行业中有影响力的比较权威的人士占 1/3。选择专家的总人数一般是 10～50 人为宜，重大问题的预测可扩大到 100 人以上。

(3) 反复征询专家意见。

预测组织者将征询表格和相关的背景材料发给各位专家，请专家以书面方式来回答，专家匿名寄回第一轮预测意见后，组织者将意见进行综合、分类整理，发给各位专家，专家在此基础上可以坚持自己原来的意见也可以修改、补充自己的意见，进行第二轮的预测，组织者收回意见再进行整理分析，如此多轮反馈，一般在 3～5 轮后各位专家的意见会逐渐趋于一致。

(4) 整理最终意见，得出预测结果。

对各位专家最后一轮的意见进行整理分析，即可得到最终的预测结果。

【应用指南】

预测结果的统计处理方法主要有三种，即算术平均数法、加权平均数法和中位数法。

### (二)应用举例

【例 8-2】某企业研发出一种新产品，为了预测该产品的年市场销售量，该企业聘请了 10 位专家进行预测。预测组织者事先将征询意见表和公司该产品的功能、特点以及行业同类产品的价格、销售情况等背景材料发给专家参考，采用德尔菲法进行预测，经过三轮之后专家的意见趋于一致，专家预测数值结果如表 8-4 所示。

表 8-4  专家预测数值　　　　　　　　　　　　　　　　　　单位：万台

| 专家 | 第一轮 | | | 第二轮 | | | 第三轮 | | |
| --- | --- | --- | --- | --- | --- | --- | --- | --- | --- |
| | 最低值 | 中间值 | 最高值 | 最低值 | 中间值 | 最高值 | 最低值 | 中间值 | 最高值 |
| 1 | 5 | 7 | 10 | 7 | 9 | 12 | 7 | 9 | 12 |
| 2 | 9 | 14 | 18 | 12 | 15 | 18 | 11 | 14 | 17 |
| 3 | 4 | 8 | 11 | 6 | 10 | 13 | 8 | 11 | 14 |
| 4 | 8 | 10 | 16 | 10 | 14 | 16 | 9 | 11 | 13 |
| 5 | 7 | 8 | 10 | 9 | 11 | 15 | 10 | 14 | 16 |
| 6 | 14 | 16 | 18 | 12 | 18 | 22 | 11 | 16 | 20 |
| 7 | 6 | 10 | 15 | 7 | 10 | 15 | 7 | 12 | 15 |
| 8 | 8 | 10 | 19 | 10 | 12 | 20 | 8 | 10 | 12 |
| 平均数 | 8 | 10 | 15 | 9 | 12 | 16 | 9 | 12 | 15 |
| 全距 | 10 | 9 | 9 | 6 | 9 | 10 | 4 | 7 | 8 |

从预测过程来看，第一、二、三轮的预测值的全距(极差)越来越小，说明各专家的意见逐渐趋于一致。

对预测结果的各种统计处理方法如下。

(1) 简单平均法。

将 8 位专家的第三轮预测意见平均数作为预测值，即

预测销售量=(9+12+15)÷3=12(万台)

(2) 加权平均法。

假如最低、中间、最高三种销售量的概率分别为 0.2、0.5、0.3，则

预测销售量=(9×0.2+12×0.5+15×0.3)÷(0.2+0.5+0.3)=12.3(万台)

(3) 中位数法。

先将第三轮意见按数值大小排列，具体如下。

最低值：7、7、8、8、9、10、11、11。　　　中位数为 8.5

中间值：9、10、11、11、12、12、14、16。　中位数为 11.5

最高值：12、12、13、14、15、16、17、20。中位数为 14.5

将最低、中间、最高值按 0.2、0.5、0.3 的权数加权平均，则

预测销售量=(8.5×0.2+11.5×0.5+14.5×0.3)÷(0.2+0.5+0.3)=11.8(万台)

通过以上几种统计方法的测算，可以得出该新产品年市场销售量将达到 11.8 万～12.3 万台。

【课堂讨论】

德尔菲法的优、缺点分别是什么？

## 三、类推预测法

类推预测法又称为类比预测法,是指根据市场及其环境因素之间的相似性,从一个市场发展变化特点及趋势推测另一个市场发展趋势的方法。

### (一)类推预测法的原理

类推预测法主要根据市场及相关影响因素的共性进行预测,同时也注意地区、行业、产品之间的差异以及文化习俗、购买力、消费心理等方面的不同,这种方法主要是提供一种定性分析与预测的思路。

类推预测法的主要类型有以下几种。

#### 1. 产品类推预测

根据某些产品之间在功能、结果、档次以及生命周期等方面的相似性,由一种产品的市场销售状况,判断推测另一种产品的市场销售趋势。

#### 2. 行业类推预测

很多产品的发展是从某一行业开始,然后逐渐向其他行业推广,同时在进入新市场时往往要对原来的产品进行改进。

#### 3. 地区类推预测

同类产品在不同地区的销售存在着领先与滞后的时差,因此可以根据领先地区的市场情况类推滞后地区的市场发展趋势。

#### 4. 国际类推预测

通常是指根据发达国家的产品市场发展趋势来推测相对落后国家的产品市场发展趋势。

### (二)类推预测法的应用

【例 8-3】已知 A 地家用电脑普及率 2015 年已达到 83.5 台/百户,已进入经济寿命周期的成熟期,而 B 地处在经济寿命周期的成长期。A、B 两地电脑普及率如表 8-5 所示。

表 8-5 A、B 两地电脑普及率

| 项 目 | 2005 年 | 2015 年 |
| --- | --- | --- |
| (1) A 地电脑普及率/% | 36.8 | 83.5 |
| B 地电脑普及率/% | 25.7 | 64.5 |
| (2) A 地居民年消费水平/元 | 4930 | 5872 |
| B 地居民年消费水平/元 | 3334 | 3778 |

那么根据表 8-5 所给的资料，即可预测 B 地家用电脑普及率再过 4～5 年即可达到 A 地 2015 年的水平，而进入经济寿命周期的成熟期，即达到 A 地普及率现有水平所需的时间 $n$ 为

$$n = \frac{83.5 - 64.5}{64.5 - 25.7} = 4.9 \text{（年）}$$

$$\text{或 } n = \frac{\lg \frac{5872}{3778}}{\lg 1.332} = 3.5 \text{（年）}$$

**【应用指南】**

> 类推预测法一般适合于中、长期的预测，通常用于预测新产品的市场开拓、潜在市场需求量、产品生命周期的变化和产品市场销售趋势等。

# 第二节　指标判断分析法

指标判断分析法是根据经济发展指标的变化与市场现象变化之间的关系，由经济指标的变化来分析、判断和预测市场未来变化的方法。

## 一、市场景气指标预测法

### (一)市场景气指标预测法的基本原理

市场景气通常是指市场运行的状态，即繁荣、萧条(疲软)、衰退和复苏。一般是呈现出周期性波动。

市场景气指标预测即是从大量的经济统计指标中选择能灵敏反映市场周期性波动走势的若干指标，对整个市场或某类商品市场的形势和运行状态进行评价和预警，揭示市场周期变动的规律，为企业经营决策和宏观经济调控提供依据。市场景气指标预测方法主要有景气扩散指数法、景气综合指数法、企业景气调查法和压力指数法等。这里主要介绍景气扩散指数法。

市场景气循环统计指标的类型有以下几种。

**1. 同步指标**

它是指周期波动过程、形态和周期长度与周期变动指标基本一致的统计指标，具有同步性变动的特征。同步指标可佐证和指示市场周期波动的过程和当前所处的阶段。

**2. 先行指标**

它是指在时间上领先经济周期变动的指标。由于先行指标在市场经济波动到达高峰或

低谷之前，首先出现高峰或低谷，因而可利用先行指标判断、预警和监测市场运行的景气状况，揭示周期变动的原因。

### 3. 滞后指标

它是指时间上落在市场周期波动后面的指标，滞后指标可作为经济失衡的标志。

## (二)景气扩散指数法的应用

景气扩散指数通常是指研究时期内(月、季、年)的一组领先统计指标中上升的和持平的指标数目占全部指标数目的比例。扩散指数(DI)的计算公式为

$$扩散指数=(上升的指标数目+持平的指标数目\times 0..5)/全部指标数目\times 100\%$$

扩散指数的取值在 0～100 之间，其数值大小与经济周期波动的关系一般如下。

(1) 扩散指数由 50 向 100 上升时，经济加速增长，处在扩张期。
(2) 扩散指数由 100 向 50 下降时，经济增长放慢，处在收缩期。
(3) 扩散指数由 50 向 0 下降时，经济增长下降，处在萧条期。
(4) 扩散指数由 0 向 50 上升时，经济增长回升，进入复苏期。

设计扩散指数时应注意以下几点。

(1) 应选择一组先于经济周期变动的领先指标计算扩散指数，以便用于判断和监测市场或经济运行的景气状况。若领先指标的逐期变化不规则影响扩散指数的预警能力时，扩散指数中也可包括一些同步指标。此外，指标数目应为两位数，以保证指标的代表性。

(2) 扩散指数的计算时距，有月、季、年之分，采用何种时距取决于预警的目的和期限。当采用月距和季距计算扩散指数时，为了消除季节变动的影响，应考察各指标与上年同期对比的增减变化，然后计算扩散指数。

(3) 扩散指数是对现实生活中大量经济指标的抽象，用它进行预警时一些重大事件的影响可能被忽略。因此，应注意分析其他重要因素或事件的影响。此外，扩散指数只能预警经济周期波动的趋向，不能预测市场或经济周期波动的幅度，它是在定量分析的基础上进行定性预警。

(4) 设计若干地区(部门、行业、企业、产品品种、股票种类等)组成的扩散指数，既要注意所选指标的同一性，又要注意地区(部门、行业、企业、产品品种、股票种类等)的代表性。同时，观察数目应尽可能多一些，代表面尽可能大一些。

【例 8-4】表 8-6 是某市消费品零售额与扩散指数关系分析表，其中扩散指数是根据 GDP、工业增加值、居民人均收入、建筑业生产指数、财政收入、就业人数、货币供应量、银行信贷余额等指标变动情况测定的。扩散指数的变动大约领先消费品零售额指数变动 1 年，即当年扩散指数的大小直接影响下一年消费品零售额的增减变化。2007 年扩散指数为 88.12%，比上年上升 15.76 个百分点，因而可判断 2008 年消费品零售额的增长将加快。

表 8-6　某市消费品零售额环比指数与扩散指数

| 年　份 | 消费品零售额环比指数/% | 扩散指数 | 年　份 | 消费品零售额环比指数/% | 扩散指数/% |
|---|---|---|---|---|---|
| 1994 | 113.75 | 75.00 | 2001 | 97.57 | 50.00 |
| 1995 | 116.93 | 66.63 | 2002 | 103.63 | 66.67 |
| 1996 | 114.82 | 75.00 | 2003 | 112.77 | 75.00 |
| 1997 | 117.46 | 75.00 | 2004 | 119.80 | 83.33 |
| 1999 | 119.10 | 83.33 | 2005 | 125.18 | 66.67 |
| 1999 | 126.71 | 58.33 | 2006 | 110.65 | 72.36 |
| 2000 | 103.92 | 41.67 | 2007 | 112.54 | 88.12 |

## 二、转导法

### (一)转导法的原理

转导法又称为经济指标法，是根据政府机关公布国民经济计划和统计资料以及已有的宏观市场调查数据，利用过去各种经济指标之间的比例关系，推算出预测结果的市场预测方法。

【应用条件】

转导法通常在国民经济发展和市场供求状况比较稳定和协调的情况下适用。

### (二)转导法的应用

【例 8-5】某企业主要经营小家电商品，现预测 2016 年的产品销售额。根据国家统计部门发布的资料，2015 年上半年我国社会消费品零售总额达到 141 577 亿元。从历年统计数据来看，上半年零售总额平均占全年零售总额的 45%，预计 2016 年零售总额在剔除物价上涨因素影响后将逼近年递增 19.3%；根据 2014 年资料，家用电器销售额占社会零售总额的 0.4%，小家电销售额占家用电器销售额的 18%，而该企业所在城市小家电销售额占全国小家电销售额的 7%，该企业的小家电销售额占该城市小家电销售额的 45%。

解：

(1) 2015 年全年销售额预测值=141 577÷45%=314 615.56(亿元)。

(2) 2016 年全年销售额预测值=314 615.56×(1+19.3%)=375 336.36(亿元)。

(3) 2016 年家电销售额=375 336.36×0.4%=1501.35 (亿元)。

(4) 2016 年小家电销售额=1501.35×18%=270.24(亿元)。

(5) 2016 年城市小家电销售额=270.24×7%=18.92 (亿元)。

(6) 2016 年该企业小家电销售额=18.92×45%=8.52(亿元)。

## 三、联测法

### (一)联测法的原理

联测法是指以某一企业的调查资料或某一地区抽样调查资料为基础进行分析、判断，从而对某一行业或某一商品市场的销售量进行预测。

**【应用提示】**

> 运用联测法，其关键在于局部普查资料应具有典型性，抽样调查的样本应是总体的缩影，即能反映总体的面貌。

### (二)联测法的应用

**【例 8-6】** 某空调厂家为开拓四个城市产品市场，拟用联测法预测 2017 年此四个城市居民家庭对空调的需求量。

居民家庭对空调的需求受气候、收入水平、供电状况等因素的影响。假设用 $X_1$、$X_2$、$X_3$、$X_4$ 分别代表企业准备开拓的四个城市，四个城市的居民收入水平、气候条件、供电状况都大致相当。所以，可以用某一城市市场抽样调查资料，分析判断后联测其他三个城市的市场需求量。

采用联测法的预测步骤如下。

(1) 了解四个城市市场上一年的空调销售量及城市居民户数的资料，如表 8-7 所示。

表 8-7 四城市 2016 年空调市场销售量及城市居民户数资料

| 市场 | $X_1$ | $X_2$ | $X_3$ | $X_4$ |
| --- | --- | --- | --- | --- |
| 实际销售量/台 | 2000 | 1600 | 2400 | 1200 |
| 居民家庭/万户 | 5 | 4.5 | 6.2 | 3.2 |
| 销售率/(台/户) | 0.04 | 0.036 | 0.039 | 0.038 |

(2) 根据企业条件与市场调查难易程度选择某一市场进行抽样调查，测算该市场 2017 年的市场需求。假设选择 $X_1$ 城市进行市场抽样调查，经调查得到以下资料：$X_1$ 市场 2017 年每 100 户对空调的需求量为 8 台，即需求率为 0.08。那么，$X_1$ 城市 2017 年空调市场需求量为

$$0.08 \times 50\,000 = 4000(台)$$

(3) 根据 $X_1$ 城市 2017 年空调市场需求率测算其他三个城市 2017 年的市场需求率。

由表 8-7 可知，各城市市场 2016 年实际销售量的差异是较大的，除居民收入水平、气候条件、供电状况影响需求之外，城市居民家庭户数也有很大影响。为消除各市居民家庭

户数对销售量的影响，可以用销售率反映各城市的消费水平，即

$$销售率 = \frac{实际销售量}{居民家庭数}$$

各地市场销售率的差异可以近似地反映各市场之间需求水平的差异。这样，两城市销售率之比近似两城市需求率之比。假设四城市的销售率分别为 $C_1$、$C_2$、$C_3$、$C_4$，需求率分别为 $D_1$、$D_2$、$D_3$、$D_4$。需求率与销售率之间的关系式为

$$\frac{D_i}{D_j} \approx \frac{C_i}{C_j} \quad i=1,2,3,4；j=1,2,3,4$$

经分析认为，2017 年四城市的空调器销售情况基本与 2016 年持平。那么，可以用 2016 年四城市的销售资料求出的销售率和 2017 年 $X_1$ 城市调查结果得到的需求率资料来联测 $X_2$、$X_3$、$X_4$ 三城市 2017 年的空调需求率。

计算公式为

$$D_j \approx \frac{C_j D_1}{C_1} \quad j=2,3,4$$

这样，

$$D_2 \approx \frac{C_2 D_1}{C_1} = 0.036 \times \frac{0.08}{0.04} = 0.072$$

$$D_3 \approx \frac{C_3 D_1}{C_1} = 0.039 \times \frac{0.08}{0.04} = 0.078$$

$$D_4 \approx \frac{C_4 D_1}{C_1} = 0.038 \times \frac{0.08}{0.04} = 0.076$$

由各城市的需求率就能推算出各城市市场需求量。

$X_1$ 城市市场需求量 $= 0.08 \times 50\,000 = 4000$（台）

$X_2$ 城市市场需求量 $= 0.072 \times 45\,000 = 3240$（台）

$X_3$ 城市市场需求量 $= 0.078 \times 62\,000 = 4836$（台）

$X_4$ 城市市场需求量 $= 0.076 \times 32\,000 = 2432$（台）

## 四、购买力区域指数法

购买力区域指数是衡量不同地区需求程度的综合性评价指标，又称市场潜在需求指数。购买力区域指数的综合计算有以下两种。

**1. 比例法购买力区域指数**

比例法购买力区域指数，通常是以各地区的总户数、居民收入或国内生产总值、商品零售额的比例指标为基础，采用加权平均法合并为一个综合性的指数来作为购买力区域指数。权数一般为：总户数为 2，收入性指标为 5，商品零售额为 3。

【例 8-7】以表 8-8 所列资料为例，用比例法计算购买力区域指数如表 8-8 所示，其中

A 县购买力指数计算式为

$$A县购买力指数 = \frac{12.18 \times 2 + 43.44 \times 5 + 33.99 \times 3}{10} = 34.353\%$$

其他县的购买力指数计算方法与此相同。从表中可看出，A 县购买力最高，其次是 D 县和 E 县，C 县的购买力最弱。若已知汽车在该地区的总需求量为 44 千台，则可用购买力指数推算各县的销售潜量，如表 8-8 最右一栏。

表 8-8  某地购买力区域指数计算表

| 地区 | 总户数比例/% | 国内生产总值比例/% | 商品零售额比例/% | 购买力区域指数/% | 汽车潜在需求量/千台 |
|---|---|---|---|---|---|
| A 县 | 12.18 | 43.44 | 33.99 | 24.353 | 15.12 |
| B 县 | 15.81 | 8.24 | 11.65 | 10.777 | 4.74 |
| C 县 | 8.65 | 6.93 | 10.36 | 8.303 | 3.65 |
| D 县 | 14.95 | 12.17 | 11.22 | 12.441 | 5.47 |
| E 县 | 15.06 | 11.15 | 12.27 | 12.298 | 5.42 |
| F 县 | 14.40 | 10.97 | 10.26 | 11.433 | 5.03 |
| G 县 | 18.95 | 7.10 | 10.15 | 10.385 | 4.57 |
| 合计 | 100.00 | 100.00 | 100.00 | 100.00 | 44.00 |

## 2．比较法购买力区域指数

通常选择若干反映购买力大小的因素指标，区分为质因素和量因素两大类，并以某典型地区的水平作为基准，通过计算比较相对数来构造综合性的购买力指数。其中质因素主要是一些平均指标，如人均国内生产总值、职工年均工资、农民年均收入、人均储蓄余额及人均商品零售额等。量因素主要是反映消费规模的因素指标，如总人口或家庭总户数。

【例 8-8】表 8-9 是某地区比较法购买力指数计算表，其中以甲县作为对比的基准(购买力指数定为 100%)，其他地区的购买力指数计算公式为

购买力指数=质因素平均值×占甲县人口百分率

若要预测某商品在各地的市场需求潜量，即以各地的购买力指数分别乘商品在甲县的估计需求量即可。如甲县某商品的估计需求量为 8500t，则其他各县潜在需求量分别为 8066.5t、5744.3t、8857t。

表 8-9  某地购买力区域指数计算表

| 因素 | 甲县 | 乙县 | 丙县 | 丁县 |
|---|---|---|---|---|
| (1) 人均国内生产总值/元 | 4470 | 8319 | 5271 | 4659 |
| 占甲县/% | 100.00 | 186.11 | 117.92 | 104.23 |
| (2) 职工年均工资/元 | 11396 | 12756 | 10804 | 12448 |
| 占甲县/% | 100.00 | 111.93 | 94.81 | 109.23 |
| (3) 农民年均收入/元 | 3021 | 4149 | 3252 | 3042 |
| 占甲县/% | 100.00 | 137.34 | 107.65 | 100.70 |
| (4) 人均储蓄金额/元 | 3612 | 3822 | 2316 | 1866 |
| 占甲县/% | 100.00 | 211.63 | 128.24 | 103.32 |
| (5) 人均商品零售额/元 | 1434 | 2070 | 1992 | 1542 |
| 占甲县/% | 100.00 | 144.35 | 138.91 | 107.53 |
| 质因素相对数平均值 | 100.00 | 158.27 | 117.51 | 105.00 |
| 量因素：总人口/万人 | 131.78 | 79.02 | 75.79 | 130.78 |
| 占甲县/% | 100.00 | 59.96 | 57.51 | 99.24 |
| 购买力指数/% | 100.00 | 94.90 | 67.58 | 104.20 |

## 第三节  其他判断分析法

### 一、市场测试法

市场测试法也称为销售试验法，是指对试销商品在某一特定地区或消费对象市场进行销售试验，依据销售试验资料进行销售预测。试销的商品一般是那些未在当地市场上销售过或未正式进入市场的新产品或改进的老产品。通过试销，了解顾客对试销商品的购买态度；了解消费者对产品花色、外观、质量的意见；了解产品价格是否合适，以及顾客消费量、支付能力等信息反映出的市场需求情况。所以市场测试法是一种行之有效的预测方法。对试销的结果要进行分析总结，将顾客意见反馈给生产部门研究改进。同时，还可以根据顾客消费的有关信息对未来市场需求和销售量做出估计。

【例 8-9】某企业试制一种新型洗浴液，选择某城市中一典型的区域试销该产品。试销结果表明，该消费区中有 40%的家庭使用过这种洗浴液，而且其中有 28%的家庭重复购买，即试销区顾客对这种产品的重复购买率为 40%×28%=11.2%，试销区每年家庭消费量平均为 1.5kg。企业将这一新产品投放整个城市。企业该产品在这个城市的年销售量预测值可按下面预测模型推算，即

$$Y = QND$$

式中　$Y$——年销售量预测值；

　　　$Q$——每单位用户(家庭)年内平均消费量；

　　　$N$——整个市场的总用户；

　　　$D$——用户重复购买率。

将典型试销区的试销结果 $Q=1.5$kg、$D=11.2\%$ 和整个城市的家庭总户数 $N$ 代入预测模型，便可得出新洗浴液在这个城市的年销售量。假设 $N=300$ 万户，则

$$Y=1.5\times 3\,000\,000\times 11.2\%=504\,000(\text{kg})$$

这个城市新型洗浴液年销售量为 504 000kg，预示着一个非常可观的市场前景，该企业应下决心扩大这种产品的生产和销售。

## 二、市场因子推演法

市场因子是指市场中能引起对某种商品需要的相关因子(通常指能决定商品的使用者的实际需要因素)。例如，每年的结婚对数是家具、耐用家电商品的需求量的市场因子；人口结构的变化和人口增长速度是日用商品需要量的市场因子；婴儿出生率是婴儿用品需要量的市场因子等。

市场因子推演法是通过分析市场因子来推算某类商品的市场潜量，即推算某类产品的最大市场总需要量。

【例 8-10】某家用电器公司通过市场调查得知，当地市场中，每 100 对新婚夫妇需要购买的成套家用电器(包括彩电、电冰箱、洗衣机、录像机、微波炉等)为 40 套。通过调查历年当地市场结婚对数资料，推测下一年度结婚对数为 8000，则下年度用市场因子推演法预测新婚市场家用电器的市场潜量可用下式计算，即

$$Y = QN$$

式中　$Y$——预测期商品市场潜量；

　　　$Q$——相关的单位市场因子购买商品数量；

　　　$N$——预测期相关的市场因子总数量。

由上面的调查资料可知，当地市场单位新婚夫妇(单位市场因子)购买家用电器数量为 $\frac{40}{100}=0.4$ (套)。这样，下年度用市场因子推演法预测的家用电器的市场潜量为 $Y=0.4\times 8000=3200$ (套)。

企业根据成套家用电器的平均价格的销售额，就可测算出 3200 套市场潜量对应的总金额。

# 思考与训练

1. 什么是定性预测方法？定性预测法有哪几种？
2. 集合意见法的预测步骤是什么？

# 应 用 分 析

1. 某百货商店为预测下年度商店销售额，召集有关人员召开会议。与会者对下年度的预测意见及相应权数分配见下表。试用集合意见法产生综合预测值。

| 参加人员 | 最高状态 | | 一般状态 | | 最低状态 | | 权  数 |
|---|---|---|---|---|---|---|---|
| | 销售额/万元 | 概率 | 销售额/万元 | 概率 | 销售额/万元 | 概率 | |
| 经理 | 1500 | 0.6 | | | 1250 | 0.4 | 3 |
| 副经理 | 1400 | 0.3 | 1300 | 0.5 | 1200 | 0.2 | 2.5 |
| 业务科长 | 1500 | 0.2 | 1400 | 0.6 | 1300 | 0.2 | 1 |
| 计划科长 | 1600 | 0.2 | 1450 | 0.6 | 1350 | 0.2 | 1 |
| 财务科长 | 1300 | 0.3 | 1200 | 0.5 | 1100 | 0.2 | 2.5 |

2. 某地区有常住人口 15 万人，预测 2010 年年末可比年初人口增加 2%。该地区食用油消费量资料见下表。

| 年份/年 | 2005 | 2006 | 2007 | 2008 | 2009 |
|---|---|---|---|---|---|
| 人均消费量/kg | 5.4 | 6.1 | 6.6 | 6.8 | 7.5 |

根据上述资料，要求如下。

(1) 运用增长率估计法(按定基的平均增加率为预测期增长率)推算出 2010 年该地区人均食用油消费水平。

(2) 根据 2010 年人均食用油消费水平，预测出该地区全部居民的食用油消费量的预测值。

(3) 设该地区某企业的食用油零售量的市场份额为 15%，试推算出该企业食用油零售量的预测值。

# 第九章

## 时间序列分析预测法

**本章要点及学习指导**

本章重点掌握移动平均预测法、指数平滑预测法、趋势曲线模型预测法和季节变动趋势预测法的应用;能够运用各种定量预测方法对市场进行预测分析;熟练掌握各种定量预测方法的适用条件。

引导案例：

### 美国内华达职业健康诊所保险理赔

美国内华达职业健康诊所(Nevada Occupational Health Clinic)是一家私人诊所，它位于内华达州的 Sparks 市。这个诊所专攻工业医疗，并且在该地区经营已经超过 15 年。1991 年初，该诊所进入了增长的阶段。在其后的 26 个月里，该诊所每个月的账单收入从 57 000 美元增长到超过 300 000 美元。直至 1993 年 4 月 6 日，当诊所的主建筑物被烧毁时，诊所一直经历着戏剧性的增长。

诊所的保险单包括财产和设备，也包括出于正常商业经营的中断而引起的收入损失。确定实物财产和设备在火灾中的损失额，受理财产的保险索赔要求是一个相对简单的事情。但是在进行重建诊所的 7 个月中，确定收入的损失额是很复杂的，它涉及业主和保险公司之间的讨价还价。对如果没有发生火灾，诊所的账单收入"将会发生什么变化"的计算，没有预先制订的规则。为了估计失去的收入，诊所用一种预测方法来测算在 7 个月的停业期间将要实现的营业增长。在火灾前的账单收入的实际历史资料，将为拥有线性趋势和季节成分的预测模型提供基础资料。这个预测模型使诊所得到其损失收入的一个准确的估计值，这个估计值最终被保险公司接受。

这是一个时间序列分析预测法在保险业中应用的成功实例。这个案例中的时间序列分析预测法的统计思想对现代季节管理同样具有重要的启迪和现实意义。例如，对于企业销售收入和销售成本的预测，当然要观察过去的实际资料，根据这些历史资料可以对其发展水平、发展速度进行分析，也可能得到销售的一般水平或趋势，如销售收入随时间增长或下降的趋势；对这些资料的进一步观察，还可能显示一种季节轨迹，如每年的销售高峰出现在第三季度，而销售低谷出现在第一季度以后。通过观察历史资料，可以对过去的销售轨迹有较好的了解，因此对产品的未来销售情况可以做出较为准确、公正的判断。

(资料来源：张灿鹏，郭砚常. 市场调查与分析预测. 北京：清华大学出版社，
北京交通大学出版社，2008)

问题探究：

1. 时间序列预测法的特点是什么？
2. 采用该方法预测应注意哪些问题？

# 第一节 时间序列预测法概述

本节介绍时间序列的概念，时间序列数据的变动趋势类型，以及时间序列预测法的主要步骤。

## 一、时间序列数据与时间序列预测法

### (一)时间序列

时间序列即把反映某种社会经济现象在不同时间上发展变化的数据按时间先后顺序排列起来所形成的数列。其时间单位可以是日、周、旬、月、季、年等。

例如,某企业连续 11 个月的产品销售量就构成了一个 $n=11$ 的时间序列,如表 9-1 所列。

表 9-1 某企业连续 11 个月销售量　　　　　　　单位:万件

| 月份 | 1 | 2 | 3 | 4 | 5 | 6 | 7 | 8 | 9 | 10 | 11 |
|---|---|---|---|---|---|---|---|---|---|---|---|
| 销售量 | 53 | 51 | 47 | 49 | 50 | 51 | 55 | 57 | 52 | 58 | 54 |

这个时间序列写成函数形式,可表示为

$$y_t = f(t) \quad t = 1,2,3,4,\cdots,n$$

式中　$t$——时间;

　　　$y_t$——时间序列在 $t$ 时刻的数值;

　　　$n$——时间序列中数据的个数。

### (二)时间序列数据的变动趋势类型

长期趋势:时间序列在长时期内呈现出来的持续增长或持续减少的变动态势。

季节变动:时间序列在一年内重复出现的周期性波动。其一般是受气候、生产、节假日或风俗习惯等因素影响的结果。

循环变动:时间序列呈现出的非固定长度的周期性变动。波动的周期可能会持续一段时间,它不是朝着单一方向的持续变动,而是涨落相同的交替波动。

随机变动:这种变动一般是由偶然因素造成的,通常总是夹杂在时间序列中,使时间序列产生一种波浪形或振荡式的变动。

【小资料】

| 数据的几种类型 |
|---|
| 水平型:数据不是有规律地倾向于增加或减少,而是在某一稳定值附近忽高忽低的变化。 |
| 季节型:是按某种季节性因素而起伏波动的序列。 |
| 趋势型:数值在一段时间内普遍趋于增加或减少,有一定的规律趋向。 |
| 随机型:由一些偶然发生的事件所引起的随机变化的情况。 |

### (三)时间序列预测法

时间序列预测法是把某一经济变量的实际观察值按时间先后顺序依次排列,构成一组统计的时间序列,然后应用某种数学方法建立模型,使其向外延伸,来预计该经济变量未来发展趋势和变化规律的预测技术。

时间序列预测法的前提假设:假设事物发展总存在一个过程;假设事物只发生量变而不发生质变;假设时间是影响预测目标的唯一变量。

时间序列预测法的适用条件:必须能搜集到连续的时间序列数据;由于经济现象不可能长时间的简单重复,所以时间序列预测法只能作出近期与短期的有效预测,对中长期预测有很大的局限性。

## 二、时间序列预测法的主要步骤

(1) 收集整理历史数据资料,编制时间序列。通常收集的历史数据资料的时间跨度越长越好,同时保证在总体范围一致、时间长度可比、指标数值内容与计算方法统一。

(2) 绘制曲线图,确定变动趋势的类型。

(3) 根据时间序列的趋势变动类型,选择预测方法。

(4) 进行预测分析。

【知识拓展】

**时间序列预测法的类型**

时间序列预测法可用于短期、中期和长期预测。根据对资料分析方法的不同,又可分为简单序时平均数法、加权序时平均数法、移动平均法、加权移动平均法、指数平滑法、趋势曲线预测法和季节性趋势预测法等。

# 第二节 移动平均预测法和指数平滑预测法

本节主要介绍移动平均预测法和指数平滑预测法的原理及应用。

## 一、移动平均预测法

移动平均预测法是通过对历史数据的移动平均,消除随机因素影响,建立模型进行预测。一般包括一次移动平均预测法、二次移动平均预测法和多次移动平均预测法。

**1. 一次移动平均预测法的基本原理**

设有市场调查取得的时间序列数据 $y_1, y_2, y_3, y_4, y_5, \cdots, y_t$,其长期趋势基本平稳,则可采用

一次移动平均法进行预测，其第 $t$ 期的一次简单移动平均数就是第 $t+1$ 的预测值，计算公式为

$$\hat{Y}_{t+1} = M_t^{(1)} = \frac{y_t + y_{t-1} + \cdots + y_{t-n+1}}{n}$$

式中：$\hat{Y}_{t+1}$——第 $t+1$ 期的预测值；

$M_t^{(1)}$——第 $t$ 期的一次移动平均数；

$y_t$——第 $t$ 期的实际值；

$N$——移动平均的项数。

其预测标准误差为

$$S = \sqrt{\frac{\sum_{t=1}^{n}(y_{t+1} - \hat{Y}_{t+1})^2}{N-n}}$$

式中：$N$——时间序列 $\{y_t\}$ 所含原始数据的个数。

预测误差是衡量预测精度的一个数量指标，其值越小，预测精度越高。

【应用指南】

**移动项数 $n$ 的取值原则**

在资料期数较多时，$n$ 值可适当取大些，而资料期数较少时，$n$ 值只能取小些；在历史资料具有比较明显的季节性变化或循环周期性变化时，跨期 $n$ 应等于季节周期或循环周期；如果希望反映历史资料的长期变化趋势时，则 $n$ 应取大些，如果要求反映近期数据的变化趋势时，则 $n$ 应取小些。

2. 一次移动平均预测法的应用举例

【例 9-1】已知 A 企业某产品 2015 年 1—12 月份的销售额资料如表 9-2 所示，试运用一次移动平均法预测该企业 2016 年 1 月份的销售额。

表 9-2　某企业产品销售额资料　　　　　　　　　　　　单位：万元

| 月份 | 1 | 2 | 3 | 4 | 5 | 6 | 7 | 8 | 9 | 10 | 11 | 12 |
|---|---|---|---|---|---|---|---|---|---|---|---|---|
| 销售额 | 490 | 530 | 550 | 590 | 500 | 510 | 520 | 520 | 560 | 520 | 530 | 590 |

解：

(1) 选择预测方法。从表 9-2 可知，该企业近 12 个月的销售额基本在 530 万元水平上波动，从形势估计未来一年变化不会太大，水平基本稳定，故可用一次移动平均法预测。

(2) 选择 $n$，$n$ 的大小直接关系到原时间序列资料的修匀程度，这里设 $n=3$，计算 2016 年 1 月的预测值。

(3) 计算移动平均值，得出预测值如表 9-3 所列。

表 9-3  计算预测值

| 月份 | 销售额/万元 | $M_t^{(1)}$ (n=3) | $\hat{Y}_{t+1}$ (n=3) | 预测误差 | 预测误差平方 |
|---|---|---|---|---|---|
| 2015 年 1 月 | 490 | | | | |
| 2 | 530 | | | | |
| 3 | 550 | 523 | | | |
| 4 | 590 | 557 | 523 | 67 | 448.9 |
| 5 | 500 | 547 | 557 | -57 | 324.9 |
| 6 | 510 | 533 | 547 | -37 | 136.9 |
| 7 | 520 | 510 | 533 | -13 | 16.9 |
| 8 | 520 | 517 | 510 | 10 | 10 |
| 9 | 560 | 533 | 517 | 43 | 184.9 |
| 10 | 520 | 533 | 533 | -13 | 16.9 |
| 11 | 530 | 536 | 533 | -3 | 0.9 |
| 12 | 590 | 547 | 536 | 54 | 291.6 |
| 13 (2016 年 1 月) | | | 547 | | |
| Σ | | | | | 1431.9 |

其中，根据公式

$$\hat{Y}_{13} = M_{12}^{(1)} = \frac{y_{12} + y_{12-1} + y_{12-3+1}}{3} = 547(万元)$$

所以 2016 年 1 月份产品销售额的预测值为 547 万元。

### 3. 加权一次移动平均预测法

简单一次移动平均预测法把参与平均的数据在预测中所起的作用同等对待，但现实中近期数据对预测值的影响更大，加权一次移动平均预测法正是基于这一点，根据各期数据在预测中所起作用的大小给予不同的权数，然后进行预测的方法。其预测公式如下。

设由市场调查取得的时间序列数据 $y_1, y_2, y_3, y_4, y_5, \cdots, y_t$，则其第 $t+1$ 期的加权一次移动平均值为

$$\hat{Y}_{t+1} = \frac{w_1 y_t + w_2 y_{t-1} + \cdots + w_n y_{t-n+1}}{w_1 + w_2 + \cdots + w_n}$$

式中  $\hat{Y}_{t+1}$——第 $t+1$ 期的预测值；

$w$——权数；

$y_t$——第 $t$ 期的实际值；

$n$——移动平均的项数。

【例 9-2】仍以例 9-1 为例，取 $n=3$，并取权数为 $w_1=3$、$w_2=2$、$w_3=1$，试用加权一

次移动平均预测法预测 2016 年 1 月份的销售额。

**解**：预测数据如表 9-4 所示。

表 9-4 预测数据

| 月份 | 销售额/万元 | $M_t^{(1)}$ (n=3) | $\hat{Y}_{t+1}$ (n=3) | 预测误差 | 预测误差平方 |
|---|---|---|---|---|---|
| 2015 年 1 月 | 490 | | | | |
| 2 | 530 | | | | |
| 3 | 550 | 533 | | | |
| 4 | 590 | 567 | 533 | 57 | 324.9 |
| 5 | 500 | 538 | 567 | −67 | 448.9 |
| 6 | 510 | 520 | 538 | −27 | 72.9 |
| 7 | 520 | 513 | 520 | 0 | 0 |
| 8 | 520 | 518 | 513 | 7 | 4.9 |
| 9 | 560 | 540 | 518 | 42 | 176.4 |
| 10 | 520 | 533 | 540 | 2 | 40 |
| 11 | 530 | 532 | 533 | 3 | 1.9 |
| 12 | 590 | 558 | 532 | 8 | 336.4 |
| 13 (2016 年 1 月) | | | 558 | | |
| Σ | | | | | 1405.8 |

其中

$$\hat{Y}_{13} = \frac{w_1 y_{12} + w_2 y_{11} + w_3 y_{10}}{w_1 + w_2 + w_3} = \frac{590 \times 3 + 530 \times 2 + 520 \times 1}{3 + 2 + 1} \approx 558 (\text{万元})$$

所以 2016 年 1 月份产品销售额的预测值为 558 万元。

### 4．二次移动平均预测法

二次移动平均预测法是在一次移动平均值的基础上，再次逐项移动平均然后进行预测的一种预测方法。

(1) 二次移动平均值的计算。

设有市场调查取得的时间序列数据 $\{y_t\}$，其简单一次移动平均数数列为 $\{M_t^{(1)}\}$，则其简单二次移动平均值为

$$M_t^{(2)} = \frac{1}{n} \sum M_t^{(1)} = \frac{M_t^{(1)} + M_{t-1}^{(1)} + \cdots + M_{t-n+1}^{(1)}}{n}$$

式中：$M_t^{(2)}$——第 $t$ 期的二次移动平均值；

$M_t^{(1)}$——第 $t$ 期的一次移动平均值；

$n$——移动平均的项数。

【应用提示】

> 二次移动平均值不能直接用于预测,当时间序列数据具有线性上升或下降趋势时,可应用二次移动平均预测法进行预测。

(2) 二次移动平均预测法的预测模型。

$$\hat{Y}_{t+T} = a_t + b_t T$$

$$a_t = 2M_t^{(1)} - M_t^{(2)}$$

$$b_t = \frac{2}{n-1}\left[M_t^{(1)} - M_t^{(2)}\right]$$

式中:$\hat{Y}_{t+T}$——第 $t+T$ 期的预测值;

$a_t$——线性模型的截距;

$b_t$——线性模型的斜率;

$t$——目前的周期序号;

$T$——由目前周期 $t$ 到预测期的间隔期数;

$M_t^{(2)}$——第 $t$ 期的二次移动平均值;

$M_t^{(1)}$——第 $t$ 期的一次移动平均值;

$n$——移动平均的项数。

(3) 二次移动平均预测法的应用举例。

【例 9-3】某企业连续 7 年的销售额如表 9-5 所列,试用二次移动平均法预测该企业 2015 年该产品的销售额(取 $n=4$ )。

表 9-5  某企业连续 7 年的销售额                单位:万元

| 年度 | 2008 | 2009 | 2010 | 2011 | 2012 | 2013 | 2014 |
|---|---|---|---|---|---|---|---|
| 销售额 | 100 | 170 | 238 | 309 | 382 | 453 | 527 |

解:利用公式计算一次移动平均值和二次移动平均值(见表 9-6)。

表 9-6  计算移动平均值

| 年　度 | 销售额/万元 | $M_t^{(1)}$ | $M_t^{(2)}$ |
|---|---|---|---|
| 2008 | 100 | — | — |
| 2009 | 170 | — | — |
| 2010 | 238 | 169 | — |
| 2011 | 309 | 239 | — |
| 2012 | 382 | 310 | 239 |
| 2013 | 453 | 381 | 310 |
| 2014 | 527 | 454 | 382 |

$$a_t = 2M_t^{(1)} - M_t^{(2)} = 2 \times 454 - 382 = 526$$

$$b_t = \frac{2}{n-1}\left[M_t^{(1)} - M_t^{(2)}\right] = (454 - 382) = 72$$

$$\hat{Y}_{2015} = \hat{Y}_{2014+1} = a_t + b_t T = 526 + 72 \times 1 = 598$$

由此得出 2015 年该产品的销售额为 598 万元。

## 三、指数平滑预测法

指数平滑预测法源于移动平均预测法，它是一种特殊的加权平均预测法。

### 1. 一次指数平滑法

(1) 一次指数平滑法的预测模型。

设有市场调查取得的时间序列数据 $y_1, y_2, y_3, y_4, y_5, \cdots, y_t$，则其第 $t$ 期的一次指数平滑值即为第 $t$+1 期的预测值。计算公式为

$$\hat{Y}_{t+1} = S_t^{(1)} = \alpha y_t + (1-\alpha) S_{t-1}^{(1)}$$

式中：$\hat{Y}_{t+1}$——第 $t$+1 期的预测值；

$S_t^{(1)}$——第 $t$ 期的一次指数平滑值；

$y_t$——第 $t$ 期的实际值；

$S_{t-1}^{(1)}$——第 $t$-1 期的一次指数平滑值；

$\alpha$——平滑系数，$0 < \alpha < 1$。

为了运用该模型进行预测，需要确定 $\alpha$ 值和初始值 $S_0^{(1)}$。

【应用指南】

> **$\alpha$ 值和初始值 $S_0^{(1)}$ 的确定**
>
> **平滑系数 $\alpha$ 的取值原则**：如果时间序列具有不规则的起伏变化，但长期趋势接近一个稳定常数，必须选择较小的 $\alpha$ 值(取 0.05~0.20)；如果时间序列具有迅速明显的变化倾向，则 $\alpha$ 应取较大值(取 0.3~0.7)；如果时间序列变化缓慢，应选较小的值(一般在 0.1~0.4 之间)。
>
> **初始值 $S_0^{(1)}$ 的确定原则**：当时间序列数据较多(50 个以上)时，初始值的影响逐步被平滑而降到最小，可取第一个实际值作为初始值，即 $S_0^{(1)} = y_1$；当时间序列数据较少(如 20 个以内)时，初始值的影响较大，可取 $\{y_t\}$ 的前几项的算术平均值作为初始值。

(2) 一次指数平滑预测法的应用举例。

【例 9-4】光明公司某产品的市场销售额按年变化的时间序列数据资料如表 9-7 所示，试用一次指数平滑法预测下年的销售额。

表9-7　光明公司某产品数据资料　　　　　　　　　　　单位：万元

| 年份/年 | 2009 | 2010 | 2011 | 2012 | 2013 | 2014 | 2015 |
|---|---|---|---|---|---|---|---|
| 销售额 | 875 | 1022 | 1104 | 1086 | 1089 | 1123 | 1248 |

**解**：第一步：选取 $\alpha$ 值。由于销售额随时间变化趋势明显，所以 $\alpha$ 取较大的值，本题选 $\alpha=0.7$。

第二步：确定初始值 $S_0^{(1)}$。由于本题的数据较少，故取前三项数据的算术平均数，即

$$S_0^{(1)}=(875+1022+1104)\div 3\approx 1000.3$$

第三步：利用公式计算各期的一次指数平滑值并预测。

$S_1^{(1)}=0.7\times 875+(1-0.7)\times 1000.3=912.6$

$S_2^{(1)}=0.7\times 1022+(1-0.7)\times 912.6=989.2$

$S_3^{(1)}=0.7\times 1104+(1-0.7)\times 989.2=1069.6$

$S_4^{(1)}=0.7\times 1086+(1-0.7)\times 1069.6=1081.1$

$S_5^{(1)}=0.7\times 1089+(1-0.7)\times 1081.1=1086.6$

$S_6^{(1)}=0.7\times 1123\times(1-0.7)\times 1086.6=1112.1$

$\hat{Y}_{2016}=S_7^{(1)}=0.7\times 1248+(1-0.7)\times 1112.1=1207.2$

**【应用提示】**

一次指数平滑预测法直接把第 $t$ 期的指数平滑值作为下一期的预测值。通常适用于时间序列数据变化平稳、增长或下降趋势不明显的情况。

**2. 二次指数平滑预测法**

(1) 二次指数平滑值的计算。

设有市场调查取得的时间序列数据 $\{y_t\}$，其一次指数平滑数列为 $\{S_t^{(1)}\}$，则其二次指数平滑值为

$$S_t^{(2)}=\alpha S_t^{(1)}+(1-\alpha)\cdot S_{t-1}^{(2)}$$

式中：$S_t^{(2)}$——第 $t$ 期的二次指数平滑值；

　　　$S_t^{(1)}$——第 $t$ 期的一次指数平滑值；

　　　$\alpha$——平滑系数，$0<\alpha<1$。

**【应用提示】**

二次指数平滑值不能直接用于预测，当时间序列数据具有线性增长趋势时，可应用二次指数平滑预测法进行预测。

(2) 二次指数平滑预测模型。

$$\hat{Y}_{t+T} = a_t + b_t T$$
$$a_t = 2S_t^{(1)} - S_t^{(2)}$$
$$b_t = \frac{\alpha}{1-\alpha}\left[S_t^{(1)} - S_t^{(2)}\right]$$

式中：$\hat{Y}_{t+T}$——第 $t+T$ 期的预测值；

$a_t$——线性模型的截距；

$b_t$——线性模型的斜率；

$S_t^{(2)}$——第 $t$ 期的二次指数平滑值；

$S_t^{(1)}$——第 $t$ 期的一次指数平滑值；

$t$——目前的周期序号；

$T$——由目前周期 $t$ 到预测期的间隔期数。

(3) 二次指数平滑预测法应用举例。

【例 9-5】某企业连续 12 年某产品的销售量如表 9-8 所示，试用二次指数平滑法预测 2016 年和 2017 年的销售量。

表 9-8  某企业连续 12 年产品销量 　　　　　　　　　　　单位：万件

| 年份 | 2004 | 2005 | 2006 | 2007 | 2008 | 2009 | 2010 | 2011 | 2012 | 2013 | 2014 | 2015 |
|---|---|---|---|---|---|---|---|---|---|---|---|---|
| 销量 | 445 | 486 | 518 | 523 | 541 | 580 | 625 | 665 | 716 | 741 | 796 | 830 |

**解**：第一步：已知的时间序列数据呈线性增长趋势，故选择二次指数平滑预测法，取 $\alpha$ =0.6。

第二步：确定初始值 $S_0^{(1)}$ 和 $S_0^{(2)}$。

$S_0^{(1)}$ =(445+486)÷2≈466， $S_0^{(2)}$ =( $S_0^{(1)}$ + $S_1^{(1)}$ )÷2≈459.7

第三步：利用公式计算一次指数平滑值和二次指数平滑值，如表 9-9 的第 4、5 行所示。

表 9-9  某企业连续 12 年产品销量及指数平滑值 　　　　　　　　　　　单位：万件

| 年序 | 1 | 2 | 3 | 4 | 5 | 6 | 7 | 8 | 9 | 10 | 11 | 12 |
|---|---|---|---|---|---|---|---|---|---|---|---|---|
| 年份 | 2004 | 2005 | 2006 | 2007 | 2008 | 2009 | 2010 | 2011 | 2012 | 2013 | 2014 | 2015 |
| 销量 $y_t$ | 445 | 486 | 518 | 523 | 541 | 580 | 625 | 665 | 716 | 741 | 796 | 830 |
| $S_t^{(1)}$ | 453.4 | 473.0 | 500.0 | 513.8 | 513.9 | 553.6 | 596.4 | 637.6 | 684.6 | 718.4 | 765.0 | 804.0 |
| $S_t^{(2)}$ | 455.9 | 466.2 | 486.5 | 502.9 | 509.5 | 536.0 | 572.2 | 611.4 | 655.3 | 693.2 | 736.3 | 776.9 |

第四步：建立预测模型。

$$\hat{Y}_{t+T} = a_t + b_t T$$
$$a_{12} = 2S_{12}^{(1)} - S_{12}^{(2)} \quad a_t = 2 \times 804.0 - 776.9 = 831.1$$

$$b_{12} = \frac{0.6}{1-0.6}\left[S_{12}^{(1)} - S_{12}^{(2)}\right] = 1.5 \times 27.1 = 40.65$$

于是预测模型为

$$\hat{Y}_{12+T} = a_{12} + b_{12} \cdot T = 831.1 + 40.65T$$

第五步:预测。

$$\hat{Y}_{2016} = \hat{Y}_{2015+1} = 831.1 + 40.65 \times 1 = 871.75$$
$$\hat{Y}_{2017} = \hat{Y}_{2015+2} = 831.1 + 40.65 \times 2 = 1012.4$$

## 第三节 趋势曲线模型预测法

### 一、直线趋势模型预测法

#### 1. 直线趋势预测模型

有市场调查取得的时间序列数据 $\{y_t\}$,$t=1,2,3,\cdots$,如果其在长期内呈连续不断增长或减少的变动趋势,且逐期增减量大体相同时,可采用直线趋势模型预测法。预测模型为

$$\hat{Y}_t = a + bt$$

式中:$\hat{Y}_t$——趋势预测值;

$a$——趋势直线的截距;

$b$——趋势直线的斜率;

$t$——时间。

要运用该模型进行预测,需要求出 $a$ 和 $b$ 的估计值。

在实际中,为了使计算简单,常选择令 $\sum t = 0$。方法如下:当时间序列数据个数 $n$ 为奇数时,取数据最中间的那个时间为 $t=0$,时序的间隔为 1,则原时间数据依次变为 $t=-(n-1)/2,\cdots,-2,-1,0,1,2,\cdots,(n-1)/2$;当时间序列数据个数 $n$ 为偶数时,位于数据资料中间的两个数据序号 $t$ 分别设为 $-1$ 和 $1$,时序间隔为 2,则原时间数据依次变为 $t=-(n-1),\cdots,-3,-1,1,3,\cdots,n-1$。这时由于 $\sum t = 0$,则 $a$、$b$ 两个参数的计算就可以简化为

$$a = \frac{\sum Y}{n}$$
$$b = \frac{\sum tY}{\sum t^2}$$

#### 2. 直线趋势模型预测法的应用举例

【例 9-6】某公司连续八年空调产品的销售情况如表 9-10 所示,试用直线趋势法预测 2016 年的销售量。

表 9-10　某公司连续八年空调产品销售量　　　　　　　　　　　　　　单位：万台

| 年份 | 2008 | 2009 | 2010 | 2011 | 2012 | 2013 | 2014 | 2015 |
|---|---|---|---|---|---|---|---|---|
| 销量 | 50 | 60 | 70 | 81 | 90 | 99 | 108 | 117 |

**解**：(1) 绘制散点图(图 9-1)，发现其在直角坐标系中接近一条直线，因此可以选择直线趋势模型预测法进行预测。预测模型为

$$\hat{Y}_t = a + bt$$

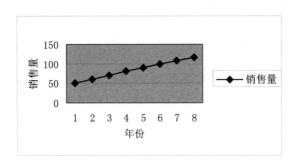

**图 9-1　某公司空调产品的销售量折线图**

(2) 求出参数 $a$ 和 $b$，建立预测模型。

已知 $n=8$ 为偶数，令 $\sum t = 0$，则如表 9-11 所示。

表 9-11　某企业连续八年空调产品销售量模型参数计算表　　　　　　　　单位：万台

| 年份 | 销售量 $y_t$ | $t$ | $t^2$ | $t y_t$ |
|---|---|---|---|---|
| 2008 | 50 | -7 | 49 | -350 |
| 2009 | 60 | -5 | 25 | -300 |
| 2010 | 70 | -3 | 9 | -210 |
| 2011 | 81 | -1 | 1 | -81 |
| 2012 | 90 | 1 | 1 | 90 |
| 2013 | 99 | 3 | 9 | 297 |
| 2014 | 108 | 5 | 25 | 540 |
| 2015 | 117 | 7 | 49 | 819 |
| ∑ | 675 | 0 | 168 | 805 |

其中 $\sum Y = 675$，$\sum t = 0$，$\sum t^2 = 168$，$\sum tY = 805$，$n = 8$

所以 $a = \dfrac{\sum Y}{n} = 675 \div 8 = 84.375$，$b = \dfrac{\sum tY}{\sum t^2} = 805 \div 168 = 4.79$

预测模型为 $\hat{Y}_t = a + bt = 84.375 + 4.79\,t$

(3) 2016 年的预测销售量。

2016 年对应的 $t$ 为 9，因此 $\hat{Y}_t = a + bt = 84.375 + 4.79 \times 9 = 127.485$(万台)。

【应用提示】

在市场预测中，当一个时间序列在长期内呈现连续不断增长或减少的变动趋势，但其逐期增减量相差很大时，须运用曲线趋势模型进行预测。

## 二、二次抛物线趋势模型预测法

### 1. 二次抛物线趋势预测模型

有市场调查取得的时间序列数据$\{y_t\}$，$t=1,2,3,\cdots$，其一次逐期增减量相差很大，但二次增减量大致相同时，可采用二次抛物线趋势模型进行预测。预测模型为

$$\hat{Y}_t = a + bt + ct^2$$

式中：$\hat{Y}_t$——趋势预测值；

$a$、$b$、$c$——模型参数；

$t$——时间。

要进行预测，需计算 $a$、$b$、$c$ 的值，为使计算简便，通常令 $\sum t = 0$(方法同直线趋势模型预测法)，则

$$b = \frac{\sum ty}{\sum t^2}$$

$$c = \frac{n\sum t^2 y - \sum t^2 \sum y}{n\sum t^4 - (\sum t^2)^2}$$

$$a = \frac{\sum y - c\sum t^2}{n} = \bar{y} - c(\overline{t^2})$$

### 2. 二次抛物线趋势模型预测法应用举例

【例 9-7】某家电企业连续 9 年彩电的销售量如表 9-12 所示，试预测下一年的彩电销售量。

表 9-12 某家电企业连续九年销量　　　　　　　　　　单位：万台

| 年份/年 | 2007 | 2008 | 2009 | 2010 | 2011 | 2012 | 2013 | 2014 | 2015 |
|---|---|---|---|---|---|---|---|---|---|
| 销售量 | 1012 | 1043 | 1080 | 1126 | 1179 | 1239 | 1307 | 1382 | 1464 |

解：(1) 选择预测模型。分析连续 9 年的数据(见表 9-13)，可以发现其二次增减量大致相同，故可以选择二次抛物线趋势模型进行预测，并建立预测模型 $\hat{Y}_t = a + bt + ct^2$。

(2) 确定时间 $t$，计算模型参数 $a$、$b$、$c$。

表 9-13　某家电企业销量模型参数计算表

| 年份 | $t$ | 销售量 $y_t$ | $ty$ | $t^2$ | $t^2 y_t$ | $t^4$ |
|---|---|---|---|---|---|---|
| 2007 | -4 | 1012 | -4048 | 16 | 16 192 | 256 |
| 2008 | -3 | 1043 | -3129 | 9 | 9387 | 81 |
| 2009 | -2 | 1080 | -2160 | 4 | 4320 | 16 |
| 2010 | -1 | 1126 | -1126 | 1 | 1126 | 1 |
| 2011 | 0 | 1179 | 0 | 0 | 0 | 0 |
| 2012 | 1 | 1239 | 1239 | 1 | 1239 | 1 |
| 2013 | 2 | 1307 | 2614 | 4 | 5228 | 16 |
| 2014 | 3 | 1382 | 4146 | 9 | 12 438 | 81 |
| 2015 | 4 | 1464 | 5856 | 16 | 23 424 | 256 |
| Σ | 0 | 10 832 | 3392 | 60 | 73 354 | 708 |

由表 9-13 可知，$\sum y = 10\,832$，$\sum ty = 3392$，$\sum t^2 = 60$，$\sum t^2 y = 73\,354$，$\sum t^4 = 708$

根据公式，可得

$$b = \frac{\sum ty}{\sum t^2} = 3392 \div 60 = 56.53$$

$$c = \frac{n\sum t^2 y - \sum t^2 \sum y}{n\sum t^4 - (\sum t^2)^2} = \frac{9 \times 73\,354 - 60 \times 10\,832}{9 \times 708 - 60 \times 60} = 3.70$$

$$a = \frac{\sum y - c \times \sum t^2}{n} = \frac{10\,832 - 3.70 \times 60}{9} = 1178.89$$

预测模型 $\hat{Y}_t = a + bt + ct^2 = 1178.89 + 56.53t + 3.70 t^2$

当 $t=5$ 时，2016 年的预测值 $\hat{Y}_t = a + bt + ct^2 = 1178.89 + 56.53 \times 5 + 3.70 \times 5^2 = 1552.54$(万台)。

## 三、指数曲线趋势模型预测法

### 1. 指数曲线趋势预测模型

有市场调查取得的时间序列数据 $\{y_t\}$，$t=1,2,3,\cdots$，随时间推移其环比增长速度大致相同，呈指数曲线变化趋势，可选择采用指数曲线趋势模型预测法进行预测。预测模型为

$$\hat{y}_t = ab^t$$

式中：$\hat{Y}_t$——趋势预测值；

$a$、$b$——模型参数；

$t$——时间。

指数曲线趋势预测模型，可转化成直线趋势预测模型，将 $\hat{y}_t = ab^t$ 的两边取对数，可得

$$\lg \hat{y}_t = \lg a + t \lg b$$

令 $\hat{Y}_t = \lg \hat{y}_t$，$A = \lg a$，$B = \lg b$，可转化成直线趋势预测模型，即

$$\hat{Y}_t = A + Bt$$

令 $\sum t = 0$，则 $A = \dfrac{\sum Y_t}{n} = \dfrac{\sum \lg y_t}{n}$，$B = \dfrac{\sum t Y_t}{\sum t^2} = \dfrac{\sum t \lg y_t}{\sum t^2}$。

求出 $A$、$B$，即可利用公式 $\hat{Y}_t = A + Bt$ 进行预测，也可通过对 $A$、$B$ 取反对数，求得 $a$、$b$，再利用公式 $\hat{y}_t = ab^t$ 进行预测。

### 2. 指数曲线趋势模型预测法应用举例

【例 9-8】某家电企业微波炉产品近 6 年的销售量资料如表 9-14 所示，试用指数曲线趋势模型预测法预测下一年的销售量。

表 9-14　某家电企业微波炉销售量　　　　　　　　　　单位：万台

| 年份/年 | 2010 | 2011 | 2012 | 2013 | 2014 | 2015 |
|---|---|---|---|---|---|---|
| 销量 | 10.6 | 13.3 | 16.5 | 20.6 | 26.0 | 32.1 |

解：(1) 选择预测模型。分析连续 6 年的数据，可以发现其环比增长速度大致相同，故可以选择指数曲线趋势模型进行预测，并建立预测模型 $\hat{y}_t = ab^t$。

(2) 确定时间变量 $t$ 的值，如表 9-15 所示，并将原始时间序列数据取对数，计算参数值。

表 9-15　某家电企业微波炉产品销售量模型参数计算表

| 年份 | $t$ | 销量 $y_t$ | $Y_t = \lg y_t$ | $t^2$ | $tY_t$ | $Y_t^2$ |
|---|---|---|---|---|---|---|
| 2010 | -5 | 10.6 | 1.0253 | 25 | -5.1265 | 1.0512 |
| 2011 | -3 | 13.3 | 1.1239 | 9 | -3.3717 | 1.2632 |
| 2012 | -1 | 16.5 | 1.2175 | 1 | -1.2175 | 1.4823 |
| 2013 | 1 | 20.6 | 1.3139 | 1 | 1.3139 | 1.7263 |
| 2014 | 3 | 26.0 | 1.4150 | 9 | 4.2450 | 2.0022 |
| 2015 | 5 | 32.1 | 1.5065 | 25 | 7.5325 | 2.2695 |
| $\sum$ | 0 |  | 7.6021 | 70 | 3.3757 | 9.7947 |

由此可知，$n=6$，$\sum Y_t = \sum \lg y_t = 7.6021$，$\sum t^2 = 70$，$\sum tY_t = 3.3757$，

因此，$A = \dfrac{\sum Y_t}{n} = \dfrac{\sum \lg y_t}{n} = 7.6021 \div 6 = 1.2670$

$B = \dfrac{\sum tY_t}{\sum t^2} = \dfrac{\sum t \lg y_t}{\sum t^2} = 3.3757 \div 70 = 0.0482$

建立预测模型为：$\hat{Y}_t = A + Bt = 1.2670 + 0.0482t$

或者通过取反对数变换为 $\hat{y}_t = ab^t = 18.4927(1.1173)^t$ 形式。

(3) 利用模型进行预测。

下一年 $t=7$，代入模型，即得下一年的预测值，即

$\hat{y}_t = 18.4927(1.1382)^t = 18.4927(1.1173)^7 = 18.4927 \times 2.1736 \approx 40.20$(万台)

## 四、修正指数曲线趋势模型预测法

### 1. 修正指数曲线趋势预测模型

有市场调查取得的时间序列数据$\{y_t\}$，$t=1,2,3,\cdots$，其初期发展增长趋势较快，而后增长较慢，时间序列数据逐期增减量近似以固定比率变动，并以 $y=k$ 为模型渐进线，可选择采用修正指数曲线趋势模型预测法进行预测。预测模型为

$$\hat{y}_t = k + ab^t$$

式中：$\hat{y}_t$——趋势预测值；

$t$——时间；

$k$、$a$、$b$——参数，$k>0, a<0, 0<b<1$。

应用该模型进行预测，要求解三个参数，为此需应用三和法。即将时间序列数据资料平均分成三段，每段数据个数相等，为 $m$，并分别对每段数据按模型相加求和。这样三段就得到三个方程式，解此联立方程组就可求出参数估计值。

$$b = \sqrt[m]{\frac{\sum_3 y_t - \sum_2 y_t}{\sum_2 y_t - \sum_1 y_t}}$$

$$a = \frac{b-1}{(b^m-1)^2}(\sum_2 y_t - \sum_1 y_t)$$

$$k = \frac{1}{m}\left(\sum_1 y_t - a \times \frac{b^m-1}{b-1}\right)$$

其中：$\sum_1 y_t$、$\sum_2 y_t$、$\sum_3 y_t$ 分别表示对第三、第二、第一段时间序列数据的求和。时间数据 $t$ 从 0 开始编排，如果数据不能被 3 整除，那么余数是几就将距离预测年度最远的几个观察值舍去。

### 2. 修正指数曲线趋势模型预测法应用举例

**【例 9-9】** 星光公司某品牌化肥的销量连续 12 年的统计资料如表 9-16 所示，试预测下一年的销售量。

表 9-16　星光公司化肥销售量统计资料　　　　　　　　　　(单位：万 t)

| 年份/年 | 2003 | 2004 | 2005 | 2006 | 2007 | 2008 | 2009 | 2010 | 2011 | 2012 | 2013 | 2014 |
|---|---|---|---|---|---|---|---|---|---|---|---|---|
| 销售量 | 156 | 188 | 217 | 243 | 266 | 287 | 305 | 321 | 335 | 347 | 358 | 368 |

**解：**(1) 选择预测模型。分析连续 12 年的数据特点(表 9-17)，适合选择修正指数曲线

趋势模型进行预测，并建立预测模型 $\hat{y}_t = k + ab^t$。

(2) 确定时间变量 $t$ 的值，如表 9-17 所示，利用三和法计算参数值。

表 9-17　星光公司化肥销售量模型参数计算表

| 年份 | $t$ | 销售量 $y_t$ | 发展速度/% | 逐期增减量 | 对前期增减量的比率/% | |
|---|---|---|---|---|---|---|
| 2003 | 0 | 156 | | | | |
| 2004 | 1 | 188 | 121 | 32 | | $\sum_1 y_t = 804$ |
| 2005 | 2 | 217 | 115 | 29 | 91 | |
| 2006 | 3 | 243 | 112 | 26 | 90 | |
| 2007 | 4 | 266 | 109 | 23 | 88 | |
| 2008 | 5 | 287 | 108 | 21 | 91 | $\sum_2 y_t = 1179$ |
| 2009 | 6 | 305 | 106 | 18 | 89 | |
| 2010 | 7 | 321 | 105 | 16 | 89 | |
| 2011 | 8 | 335 | 104 | 14 | 88 | |
| 2012 | 9 | 347 | 104 | 12 | 86 | $\sum_3 y_t = 1408$ |
| 2013 | 10 | 358 | 103 | 11 | 92 | |
| 2014 | 11 | 368 | 103 | 10 | 91 | |

利用公式计算可得

$$b = \sqrt[m]{\frac{\sum_3 y_t - \sum_2 y_t}{\sum_2 y_t - \sum_1 y_t}} = \sqrt[4]{\frac{1408 - 1179}{1179 - 804}} = 0.8859$$

$$a = \frac{b-1}{(b^m-1)^2}(\sum_2 y_t - \sum_1 y_t) = -290.08$$

$$k = \frac{1}{m}\left(\sum_1 y_t - a \times \frac{b^m-1}{b-1}\right) = 445.065$$

从而得预测模型：$\hat{y}_t = 445.065 - 290.08(0.8859)^t$

(3) 利用模型进行预测。

取 $t=12$，得下一年的预测值为：$\hat{y}_t = 445.065 - 290.08(0.8859)^{12} = 377.3$(万 t)

## 五、龚柏兹曲线趋势模型预测法

### 1. 龚柏兹曲线趋势预测模型

龚柏兹曲线是英国统计学家和数学家龚柏兹在 1825 年研究人寿保险问题时提出的。

龚柏兹曲线是一条渐进曲线，当预测对象的发展趋势有极限时，且有相近增长趋势时，可考虑应用。预测模型为

$$\hat{y}_t = ka^{b^t}$$

式中：$\hat{y}_t$——趋势预测值；

$t$——时间；

$k$——渐近线值(极限值)；

$a, b$——参数。

应用该模型预测时，需对模型取常用对数并利用三段和的方法求得参数值，即

$$\lg y_t = \lg k + (\lg a) \times b^t$$

$a$、$b$、$k$ 三参数的计算公式为

$$b = \sqrt[m]{\frac{\sum_3 \lg y_t - \sum_2 \lg y_t}{\sum_2 \lg y_t - \sum_1 \lg y_t}}$$

$$\lg a = \frac{b-1}{(b^m-1)^2}\left(\sum_2 \lg y_t - \sum_1 \lg y_t\right)$$

$$\lg k = \frac{1}{m}\left(\sum_1 \lg y_t - \lg a \frac{b^m-1}{b-1}\right)$$

其中：$\sum_1 \lg y_t$、$\sum_2 \lg y_t$、$\sum_3 \lg y_t$ 分别表示对第三、第二、第一段数据的求和。时间数据 $t$ 从 0 开始编排。

【应用提示】

在时间序列数据取对数后的逐期增减量近似以固定比率变动，可应用龚柏兹曲线趋势预测模型进行预测。

**2. 龚柏兹曲线趋势模型预测法应用举例**

【例 9-10】某企业年产值的统计资料如表 9-18 所示，根据企业设备能力及数据分析，认为企业的生产能力已趋于稳定，建设产品全部售出，使用龚柏兹曲线趋势预测模型预测下一年的产值。

表9-18　某企业年产值统计资料

| 年份/年 | 2007 | 2008 | 2009 | 2010 | 2011 | 2012 | 2013 | 2014 | 2015 |
|---|---|---|---|---|---|---|---|---|---|
| 产值 | 4.98 | 6.21 | 7.18 | 8.02 | 8.75 | 9.20 | 9.62 | 9.90 | 10.10 |

解：(1) 选择预测模型。分析连续 9 年的数据特点(表 9-18)，适合选择龚柏兹曲线趋势模型进行预测，并建立预测模型 $\hat{y}_t = ka^{b^t}$。

(2) 确定时间变量 $t$ 的值，如表 9-19 所示，利用三和法计算参数值。

根据公式，可得

$b=0.7187$；　$\lg a = -0.3322$　$a=0.4564$；　$\lg k = 1.0285$　$k=10.678$

于是得预测模型：$\hat{y}_t = 10.678(0.4654^{0.7187^t})$

表 9-19　某企业产值模型参数计算表

| 年　份 | $t$ | 年产值(千万元) $y_t$ | $\lg y_t$ | |
|---|---|---|---|---|
| 2007 | 0 | 4.94 | 0.6937 | |
| 2008 | 1 | 6.21 | 0.7931 | |
| 2009 | 2 | 7.18 | 0.8561 | $\sum_1 \lg y_t$ =2.3429 |
| 2010 | 3 | 8.02 | 0.9042 | |
| 2011 | 4 | 8.75 | 0.9420 | |
| 2012 | 5 | 9.20 | 0.9638 | $\sum_2 \lg y_t$ =2.5098 |
| 2013 | 6 | 9.62 | 0.9832 | |
| 2014 | 7 | 9.90 | 0.9956 | $\sum_3 \lg y_t$ =2.9831 |
| 2015 | 8 | 10.10 | 1.004 | |

(3) 利用模型进行预测。

取 $t$=9，得下一年的预测值为：$\hat{y}_{2016}$=10.27(千万元)。

## 六、逻辑斯谛曲线趋势模型预测法

### 1. 逻辑斯谛曲线趋势预测模型

当时间序列数据发展初期变化缓慢，随后增长速度很快，而达到一定速度后，其增长率逐渐下降，终至平复时，可采用逻辑斯谛曲线趋势预测法进行预测。其预测模型为

$$\hat{y}_t = \frac{1}{k+ab^t}$$

式中：$\hat{y}_t$——趋势预测值；

　　　　$t$——时间；

　　　　$k$，$a$，$b$——均为大于 0 的参数。

为求参数，可将其转换为

$$\frac{1}{\hat{y}_t} = k + ab^t$$

由此

$$b = \sqrt[m]{\frac{\sum_3 \frac{1}{y_t} - \sum_2 \frac{1}{y_t}}{\sum_2 \frac{1}{y_t} - \sum_1 \frac{1}{y_t}}}$$

$$a = \frac{b-1}{(b^m-1)^2}\left(\sum_2 \frac{1}{y_t} - \sum_1 \frac{1}{y_t}\right)$$

$$k = \frac{1}{m}(\sum_1 \frac{1}{y_t} - a \times \frac{b^m - 1}{b - 1})$$

其中：$\sum_1 \frac{1}{y_t}$、$\sum_2 \frac{1}{y_t}$、$\sum_3 \frac{1}{y_t}$ 分别表示对第三、第二、第一段数据的求和。时间数据 $t$ 从 0 开始编排。

【应用提示】

在时间序列数据取倒数后的逐期增减量近似以固定比率变动，可应用逻辑斯谛曲线趋势预测模型进行预测。现实中，在一定条件下，某种耐用消费品的普及过程、流行商品的累计销售额等都适合应用逻辑斯谛曲线表示。

2. 逻辑斯谛曲线趋势模型预测法应用举例

【例 9-11】某企业连续 9 年面粉的产量如表 9-20 所示，试用逻辑斯谛曲线趋势预测模型预测下一年的产量。

表 9-20　某企业连续 9 年面粉产量表

| 年份/年 | 2007 | 2008 | 2009 | 2010 | 2011 | 2012 | 2013 | 2014 | 2015 |
|---|---|---|---|---|---|---|---|---|---|
| 产值/千万元 | 1072 | 1257 | 1345 | 2037 | 2179 | 2480 | 2971 | 2999 | 3060 |

解：(1) 选择预测模型。分析连续 9 年的数据特点(表 9-20)，适合选择逻辑斯谛曲线趋势模型进行预测，并建立预测模型 $\hat{y}_t = \dfrac{1}{k + ab^t}$。

(2) 确定时间变量 $t$ 的值，如表 9-21 所示，利用三和法计算参数值。

表 9-21　某企业连续 9 年面粉产量模型参数计算表

| 年份 | t | 年产值/千万元 $y_t$ | 100000/$y_t$ | $\sum(100000/y_t)$ |
|---|---|---|---|---|
| 2007 | 0 | 1072 | 93.3 | |
| 2008 | 1 | 1257 | 79.6 | $\sum_1$=247.2 |
| 2009 | 2 | 1345 | 74.3 | |
| 2010 | 3 | 2037 | 49.1 | |
| 2011 | 4 | 2179 | 45.9 | $\sum_2$=135.3 |
| 2012 | 5 | 2480 | 40.3 | |
| 2013 | 6 | 2971 | 33.7 | |
| 2014 | 7 | 2999 | 33.3 | $\sum_3$=99.7 |
| 2015 | 8 | 3060 | 32.7 | |

根据公式，可得

$$b = \sqrt[m]{\dfrac{\sum_3 \dfrac{1}{y_t} - \sum_2 \dfrac{1}{y_t}}{\sum_2 \dfrac{1}{y_t} - \sum_1 \dfrac{1}{y_t}}} = \sqrt[3]{\dfrac{99.7 - 135.3}{135.3 - 247.2}} = 0.6826$$

$$a = \dfrac{b-1}{(b^m-1)^2}(\sum_2 \dfrac{1}{y_t} - \sum_1 \dfrac{1}{y_t}) = \dfrac{0.6826-1}{(0.6826^3-1)^2} \times (135.3 - 247.2) = 76.38$$

$$k = \dfrac{1}{m}(\sum_1 \dfrac{1}{y_t} - a \times \dfrac{b^m-1}{b-1}) = \dfrac{1}{3} \times (247.2 - 76.38 \times \dfrac{0.6826^3-1}{0.6826-1}) = 27.7$$

于是得预测模型为

$$\dfrac{100000}{y_t} = 27.7 + 76.38 \times (0.6826)^t$$

(3) 利用模型进行预测。

取 $t=9$，得下一年的预测值为 $\dfrac{100000}{y_t} = 27.7 + 76.38 \times (0.6826)^9$

$\hat{y}_9 = 3315.6$(万吨)

【应用指南】

逻辑斯谛曲线和龚柏兹曲线有一个相同的应用条件，即预测对象的增长必须存在极限，但逻辑斯谛曲线是对称曲线，又称S形曲线，龚柏兹曲线是不对称曲线。

# 第四节 季节变动预测法

季节变动预测法是根据时间序列数据所表现出来的季节性周期变动的规律和特点，利用季节模型，预测经济现象在未来时期不同季节发展趋势及状况的方法。

某些经济现象的时间序列由于受自然气候、生产条件、消费习俗等因素的影响，在一年内随季节的更替而呈现出有规律的周期性变动，即季节变动。各种季节性商品的销售，如电风扇、毛衫、雨伞等商品都呈现出季节变动，对于此类商品的市场需求预测即可应用季节变动预测法。

研究市场现象季节变动，所收集的市场现象时间序列资料一般是月份或季度资料，而且一般必须至少有3年或5年以上的资料。

时间序列的季节变动往往并不单独存在，而是伴随趋势变动存在。对于含有季节变动的时间序列，可以建立季节模型加以预测。季节模型有三种，即无趋势变动的季节模型、季节叠加趋势模型和季节交乘趋势模型。前一种是不含趋势变动，只含季节变动的，后两种是既含趋势变动又有季节变动的模型。

## 一、无趋势变动的季节模型

### 1. 无趋势变动的季节模型及预测步骤

对于只含季节变动,不含趋势变动的时间序列,一般采取季节水平模型对其进行预测。季节水平模型为

$$\hat{Y}_t = \bar{Y} f_t$$

式中:$\bar{Y}$——时序的平均水平,可以是预测前一年的月(或季)平均水平;

$f_t$——季节指数,表示季节变动的数量状态。

$f_t$ 的计算公式为

$$f_t = \frac{\text{同月(或季)平均数}}{\text{已知年份月(或季)总平均数}}$$

无趋势变动季节模型的预测步骤如下。

(1) 收集各月(或同季)的时间序列数据资料(一般要求有 3 年以上的数据)。

(2) 计算各年同月(或同季)平均数。

(3) 计算总平均数。

(4) 计算季节指数。

(5) 进行预测。

### 2. 无趋势季节变动预测法的应用举例

【例 9-12】某商场家电部 1999—2001 年电风扇的销售量资料如表 9-22 所示。试预测 2002 年各月的销售量。

表 9-22 某商场电风扇销量表　　　　　　　　　　单位:台

| 年份<br>月 | 1999 | 2000 | 2001 | 合 计 | 月 平 均 | 季节指数 |
|---|---|---|---|---|---|---|
| 1 | 5 | 4 | 3 | 12 | 4 | 10.8 |
| 2 | 4 | 5 | 3 | 12 | 4 | 10.8 |
| 3 | 10 | 11 | 6 | 27 | 9 | 24.3 |
| 4 | 22 | 23 | 18 | 63 | 21 | 56.8 |
| 5 | 40 | 51 | 32 | 123 | 41 | 110.8 |
| 6 | 108 | 110 | 100 | 318 | 106 | 286.5 |
| 7 | 94 | 96 | 92 | 282 | 94 | 254.1 |
| 8 | 85 | 80 | 81 | 246 | 82 | 221.6 |

续表

| 年份 月 | 1999 | 2000 | 2001 | 合 计 | 月平均 | 季节指数 |
|---|---|---|---|---|---|---|
| 9 | 62 | 57 | 58 | 177 | 59 | 159.5 |
| 10 | 20 | 15 | 13 | 48 | 16 | 43.2 |
| 11 | 5 | 4 | 3 | 12 | 4 | 10.8 |
| 12 | 6 | 4 | 2 | 12 | 4 | 10.8 |
| 合计 | 461 | 460 | 411 | 1332 | 444 | 1200.0 |
| 年平均 | 38.4 | 38.3 | 34.3 | 111.0 | 37.0 | 100.0 |

预测步骤如下。

第一步,确定预测模型。

描绘散点图,如图 9-2 所示。

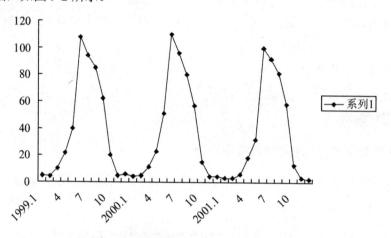

图 9-2 某商场电风扇销量折线图

从图 9-2 中可见,电风扇的销售量基本上不存在增长或下降趋势,可以采用季节水平模型进行预测,建立预测模型 $\hat{Y} = \bar{Y}f_t$。

第二步,具体计算各个数据。

计算各年同月平均销售量,资料如表 9-22 第 6 栏所示。

如 1 月份为 $\bar{y}_1 = \dfrac{5+4+3}{3} = 4$

计算所有月份的总平均销售量为

$$\bar{y} = \dfrac{461+460+411}{36} = 37$$

第三步,计算季节指数(即月份比率),资料如表 9-22 第 7 栏所示。

$f_1 = \dfrac{\bar{y}_1}{\bar{y}} = \dfrac{4}{37} = 10.8\%$,其他各月的季节指数的计算以此类推。

第四步，预测下一年各月的销售量。公式为
$$\hat{Y} = \overline{Y} f_t$$
式中，$\overline{Y}$ 取上一年，即 2001 年的月平均数(34.3)。

如第三月份的预测值为
$$\hat{y}_3 = 34.3 \times 24.3\% = 8.33 \approx 8 \,(台)$$

其他各月依此类推计算。2002 年各月的销售量的预测值如表 9-23 所示。

表 9-23　某商场 2002 年各月的销售量的预测值表

| 月　份 | 销售量/台 | 月　份 | 销售量/台 |
| --- | --- | --- | --- |
| 1 | 4 | 7 | 87 |
| 2 | 4 | 8 | 76 |
| 3 | 8 | 9 | 55 |
| 4 | 19 | 10 | 15 |
| 5 | 38 | 11 | 4 |
| 6 | 98 | 12 | 4 |

## 二、含趋势变动的季节模型

### 1. 季节型叠加趋势预测模型

如果时间序列数据既有季节变动又有趋势变动，且其每年所出现的季节变动幅度，不随市场现象的趋势变动而变化，此时需要采取季节型叠加趋势预测模型进行预测。

预测模型为
$$\hat{Y}_t = a + bt + d_i$$
式中：$a + bt$——现象的趋势值部分；
　　　$d_i$——季节增量。

模型的建立分两步：先分离出时序趋势变动；再计算季节增量。

第一步，确定趋势直线方程 $F_t = a + bt$，$a$、$b$ 可用最小二乘法、经验公式和目估法确定。

【应用指南】

| 应用经验法求 $a$、$b$ |
| --- |
| $b = \dfrac{\overline{Y_{(J)}} - \overline{Y_{(I)}}}{t - 12} \qquad a = \overline{Y_{(I)}} - 6.5 b$ |
| 式中：$\overline{Y_{(I)}}$ 和 $\overline{Y_{(J)}}$ 分别为时序数据第一年和最后一年的平均值。 |

第二步，确定季节增量 $d_i$。

$$d_t = Y_t - F_t \qquad \bar{d}_i = \frac{d_i + d_{i+T} + \cdots + d_{i+(m-1)T}}{m}$$

式中：对于月份数据，$i=1,2,3,\cdots,12$；对于季度数据，$i=1,2,3,4$；$T$ 为时序数据的季节周期长度；$m$ 为已知时序数据季节周期数。

【应用举例】

【例 9-13】某家电连锁销售商 2001—2002 年各月的电视机销售量如表 9-24 所示。预测 2003 年各月的销售量。

表 9-24  某家电连锁销售商 2001—2002 年各月的电视机销售量表        单位：台

| 时序 $t$ | 时间(2001 年) | 销售量 $Y_t$ | 时序 $t$ | 时间(2002 年) | 销售量 $Y_t$ |
|---|---|---|---|---|---|
| 1 | 1 | 121 | 13 | 1 | 116 |
| 2 | 2 | 118 | 14 | 2 | 118 |
| 3 | 3 | 115 | 15 | 3 | 99 |
| 4 | 4 | 100 | 16 | 4 | 93 |
| 5 | 5 | 94 | 17 | 5 | 76 |
| 6 | 6 | 82 | 18 | 6 | 77 |
| 7 | 7 | 74 | 19 | 7 | 71 |
| 8 | 8 | 77 | 20 | 8 | 69 |
| 9 | 9 | 80 | 21 | 9 | 62 |
| 10 | 10 | 79 | 22 | 10 | 72 |
| 11 | 11 | 88 | 23 | 11 | 72 |
| 12 | 12 | 97 | 24 | 12 | 90 |

第一步，确定预测模型。

描散点图，如图 9-3 所示。

从图 9-3 中可以看出，电视机销量有下降趋势，且有明显的季节变动，时序的波动幅度变化不大，可以考虑建立季节型叠加趋势模型。

第二步，分离直线趋势，确定直线趋势方程 $F_t = a + bt$。

采用经验公式法，计算得

$$\bar{Y}_1 = \frac{121+118+115+100+94+82+74+77+80+79+88+97}{12} = 93.83$$

$$\bar{Y}_2 = \frac{116+118+99+93+76+77+71+69+62+72+72+90}{12} = 84.58$$

则 $b = \dfrac{\overline{Y_2} - \overline{Y_1}}{24 - 12} = \dfrac{84.58 - 93.83}{24 - 12} = -0.77$

$a = 93.83 - 6.5b = 93.83 - 6.5 \times (-0.77) = 98.83$

则时序的趋势直线方程为

$$F_t = a + bt = 98.83 - 0.77t$$

计算时序各期趋势值 $F_t$。

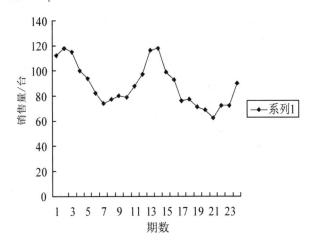

**图 9-3　某家电连锁销售商电视机销量折线图**

如第 13 期趋势值 $F_{13} = 98.83 - 0.77 \times 13 = 88.82$。

其他各期趋势值依此计算出，如表 9-25 所示。

**表 9-25　电视机销量趋势值和季节增量计算表**　　　　　　　　单位：台

| 时间(2001 年) | 销售量 $Y_t$ | 趋势值 $F_t$ | 季节增量 $d_i$ | 时间(2002 年) | 销售量 $Y_t$ | 趋势值 $F_t$ | 季节增量 $d_i$ |
|---|---|---|---|---|---|---|---|
| 1 | 122 | 98.06 | 23.94 | 1 | 116 | 88.82 | 27.18 |
| 2 | 118 | 97.29 | 20.71 | 2 | 118 | 88.05 | 29.95 |
| 3 | 115 | 96.52 | 18.48 | 3 | 99 | 87.28 | 11.72 |
| 4 | 100 | 95.75 | 4.25 | 4 | 93 | 86.51 | 6.49 |
| 5 | 94 | 94.98 | −0.98 | 5 | 76 | 85.74 | −9.74 |
| 6 | 82 | 94.21 | −12.21 | 6 | 77 | 84.97 | −7.97 |
| 7 | 74 | 93.44 | −19.44 | 7 | 71 | 84.2 | −13.2 |
| 8 | 77 | 92.67 | −15.67 | 8 | 69 | 83.43 | −14.43 |
| 9 | 80 | 91.9 | −11.9 | 9 | 62 | 82.66 | −20.66 |
| 10 | 79 | 91.13 | −12.13 | 10 | 72 | 81.89 | −9.89 |
| 11 | 88 | 90.36 | −2.36 | 11 | 72 | 81.12 | −9.12 |
| 12 | 97 | 89.59 | 7.41 | 12 | 90 | 80.35 | 9.65 |

第三步，确定季节增量 $d_i$，如表 9-25 所示。

如第 5 月份的平均的季节增量为 $\bar{d}_5 = \dfrac{d_5 + d_{5+12}}{2} = \dfrac{-0.98 - 9.74}{2} = -5.4$

其他各月的平均季节增量依此计算得出，如表 9-26 所示。

表 9-26　各月季节增量计算表

| 月　份 | $d_i$ | 月　份 | $d_i$ |
|---|---|---|---|
| 1 | 25.6 | 7 | -16.3 |
| 2 | 25.3 | 8 | -15.1 |
| 3 | 15.0 | 9 | -16.3 |
| 4 | 5.4 | 10 | -11.0 |
| 5 | -5.4 | 11 | -5.7 |
| 6 | -10.0 | 12 | 8.5 |

预测模型为：$\hat{Y}_t = 98.83 - 0.77t + d_i$。

第四步，进行预测。

根据建立的预测模型预测出该家电连锁销售商 2003 年各月的电视机销量，如表 9-27 所示。

表 9-27　2003 年各月销售量预测值

| 月　份 | 销　售　量 | 月　份 | 销　售　量 |
|---|---|---|---|
| 1 | 105 | 7 | 58 |
| 2 | 104 | 8 | 59 |
| 3 | 93 | 9 | 57 |
| 4 | 83 | 10 | 62 |
| 5 | 71 | 11 | 66 |
| 6 | 66 | 12 | 80 |

## 2. 季节型交乘趋势模型

有些时间序列，既存在明显的季节变动又含有长期趋势变动，而且时间序列的季节变动幅度随着现象的趋势变动而加大。对此需采用季节型交乘趋势模型进行预测。

预测模型为

$$\hat{Y}_t = (a + bt)f_i$$

式中：$a + bt$——时间序列线性趋势变动部分；

$f_i$——时间序列各月(季)的季节指数。

模型的建立分以下两步。

第一步，确定趋势直线方程。参数 $a$、$b$ 可用最小二乘法、目估法和经验公式确定。

第二步，计算季节指数 $f_i$。

先计算样本季节指数，即

$$S_t = \frac{Y_t}{F_t}$$

式中：$S_t$——样本季节指数；

$Y_t$——时间序列的实际观察值；

$F_t$——分离出的直线趋势值。

由于这些季节指数又称为样本季节指数，它是用样本值直接计算的，只反映季节影响给各期带来的实际波动。而反映时间序列季节变动规律的是理论季节指数 $f_t$，即

$$f_t = \frac{S_i + S_{i+t} + S_{i+2t} + \cdots + S_{i+(m-1)t}}{m} \quad (i=1,2,3,\cdots,n)$$

【应用举例】

【例 9-14】现有某地区某种产品产量近三年的月份资料，试预测该种产品 2003 年各月的产量，如表 9-28 所示。

表 9-28　某地区某种产品近三年各月产量资料表

单位：万台

| 时间 | 时序 | 销售量 | 时间 | 时序 | 销售量 | 时间 | 时序 | 销售量 |
|---|---|---|---|---|---|---|---|---|
| 2000.1 | 1 | 6 | 2001.1 | 13 | 9 | 2002.1 | 25 | 12 |
| 2 | 2 | 7 | 2 | 14 | 10 | 2 | 26 | 15 |
| 3 | 3 | 8 | 3 | 15 | 12 | 3 | 27 | 17 |
| 4 | 4 | 8 | 4 | 16 | 13 | 4 | 28 | 19 |
| 5 | 5 | 10 | 5 | 17 | 15 | 5 | 29 | 21 |
| 6 | 6 | 14 | 6 | 18 | 20 | 6 | 30 | 25 |
| 7 | 7 | 16 | 7 | 19 | 24 | 7 | 31 | 36 |
| 8 | 8 | 22 | 8 | 20 | 29 | 8 | 32 | 42 |
| 9 | 9 | 20 | 9 | 21 | 26 | 9 | 33 | 38 |
| 10 | 10 | 10 | 10 | 22 | 15 | 10 | 34 | 22 |
| 11 | 11 | 5 | 11 | 23 | 9 | 11 | 35 | 16 |
| 12 | 12 | 6 | 12 | 24 | 10 | 12 | 36 | 14 |

第一步，绘制该时间序列的折线图，折线图如图 9-4 所示。

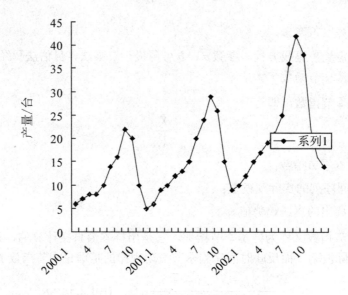

图 9-4 某地区某种产品产量折线图

从图 9-4 中可以看出，该现象既有明显的季节变动，也含有明显的趋势变动，而且季节变动的幅度随趋势增加而加大，适合用季节交乘趋势模型对它进行预测。

第二步，确定直线趋势方程采用最小二乘法。

估计出参数 $a=7.3063$、$b=0.5075$。

趋势方程为 $F_t = a + bt = 7.3063 + 0.5075t$，计算各期的趋势值，如表 9-29 所示。

表 9-29  某地区某种产品产量趋势值和季节指数计算表

| 时间 | 趋势值 | 季节指数 | 时间 | 趋势值 | 季节指数 | 时间 | 趋势值 | 季节指数 |
| --- | --- | --- | --- | --- | --- | --- | --- | --- |
| 2000.1 | 7.81 | 0.77 | 2001.1 | 13.90 | 0.65 | 2002.1 | 19.99 | 0.6 |
| 2 | 8.32 | 0.84 | 2 | 14.41 | 0.69 | 2 | 20.50 | 0.73 |
| 3 | 8.83 | 0.91 | 3 | 14.92 | 0.80 | 3 | 21.01 | 0.81 |
| 4 | 9.34 | 0.86 | 4 | 15.43 | 0.84 | 4 | 21.52 | 0.88 |
| 5 | 9.84 | 1.02 | 5 | 15.93 | 0.94 | 5 | 22.02 | 0.95 |
| 6 | 10.35 | 1.35 | 6 | 16.44 | 1.22 | 6 | 22.53 | 1.11 |
| 7 | 10.86 | 1.47 | 7 | 16.95 | 1.42 | 7 | 23.04 | 1.56 |
| 8 | 11.37 | 1.94 | 8 | 17.46 | 1.66 | 8 | 23.55 | 1.78 |
| 9 | 11.87 | 1.68 | 9 | 17.96 | 1.45 | 9 | 24.05 | 1.58 |
| 10 | 12.38 | 0.81 | 10 | 18.47 | 0.81 | 10 | 24.56 | 0.9 |
| 11 | 12.89 | 0.39 | 11 | 18.98 | 0.47 | 11 | 25.07 | 0.64 |
| 12 | 13.40 | 0.45 | 12 | 19.49 | 0.51 | 12 | 25.58 | 0.55 |

第三步，计算季节指数。

利用式 $f_t = S_i + S_{i+t} + S_{i+2t} + \cdots + S_{i+(m-1)t}$，计算出各期的样本季节指数。

样本季节指数为 $S_t = \dfrac{Y_t}{F_t}$，具体见表 9-29，并在样本季节指数的基础上计算各期的理论季节指数。

理论季节指数为 $f_t = \dfrac{S_i + S_{i+t} + S_{i+2t} + \cdots + S_{i+(m-1)t}}{m}$，具体如表 9-30 所示。

表 9-30 某地区某种产品产量理论季节指数计算表

| 月 份 | $f_t$ | 月 份 | $f_t$ |
| --- | --- | --- | --- |
| 1 | 0.67 | 7 | 1.49 |
| 2 | 0.75 | 8 | 1.79 |
| 3 | 0.84 | 9 | 4.57 |
| 4 | 0.86 | 10 | 0.83 |
| 5 | 0.97 | 11 | 0.5 |
| 6 | 1.22 | 12 | 0.5 |

预测模型为

$$\hat{Y}_t = (a + bt) \times f_t = (7.3063 + 0.5075\, t) \times f_t$$

第四步，进行预测。

根据建立的预测模型预测出 2003 年该地区该种产品各月的产量，如表 9-31 所示。

表 9-31 某地区某种产品产量 2003 年各月产量预测表

单位：万台

| 月 份 | 产 量 | 月 份 | 产 量 |
| --- | --- | --- | --- |
| 1 | 17.48 | 7 | 43.40 |
| 2 | 19.94 | 8 | 53.05 |
| 3 | 22.76 | 9 | 47.33 |
| 4 | 23.74 | 10 | 25.44 |
| 5 | 21.21 | 11 | 15.58 |
| 6 | 34.92 | 12 | 15.83 |

## 思考与训练

1. 二次移动平均预测法的适用条件是什么？
2. 二次指数平滑预测法的适用条件是什么？
3. 曲线趋势预测模型预测法有几种类型？
4. 在什么情况下采用季节变动预测法？

# 应用分析

1. 西部某地区 1993—1999 年的棉花产量如下表所示。

单位：万吨

| 年　份 | 1993 | 1994 | 1995 | 1996 | 1997 | 1998 | 1999 |
|---|---|---|---|---|---|---|---|
| 棉花产量 | 161 | 172 | 166 | 175 | 181 | 178 | 192 |

试用指数平滑法预测 2000 年的棉花产量(分别取 $\alpha=0.1$ 和 $\alpha=0.6$ 进行预测，取预测误差较小者为正式预测平滑系数，以第一期水平为初始值)。

2. 某粮库历年收购的粮食产量入库量资料如下表所示。

单位：万吨

| 年　份 | 1993 | 1994 | 1995 | 1996 | 1997 | 1998 |
|---|---|---|---|---|---|---|
| 入库量 | 9.5 | 12.5 | 14 | 16 | 18 | 21 |

要求：运用直线趋势预测法预测 2001 年的粮食入库量。

3. 某公司 1994—2002 年的产品产量情况如下表所示，作图判断变动趋势，并采用适当的趋势预测模型预测出下一年的产量。

单位：万台

| 年　份 | 1994 | 1995 | 1996 | 1997 | 1998 | 1999 | 2000 | 2001 | 2002 |
|---|---|---|---|---|---|---|---|---|---|
| 产　量 | 4.9 | 6.0 | 7.2 | 7.6 | 8.4 | 8.5 | 8.6 | 9.2 | 9.0 |

4. 某产品专卖店 2004—2007 年各季节销售额资料如下表所示。试用季节指数预测法预测 2008 年各个季节的零售额。

单位：万元

| 年　份 | 一季度 | 二季度 | 三季度 | 四季度 |
|---|---|---|---|---|
| 2004 | 51 | 75 | 87 | 54 |
| 2005 | 65 | 67 | 82 | 62 |
| 2006 | 76 | 77 | 89 | 73 |
| 2007 | 74 | 80 | 95 | 72 |

5. 某产品过去 9 年的销售量数据如下表所示。请选择适当的预测模型预测 2010 年的销售量。

单位：元

| 年　份 | 2001 | 2002 | 2003 | 2004 | 2005 | 2006 | 2007 | 2008 | 2009 |
|---|---|---|---|---|---|---|---|---|---|
| 销售量 | 2750 | 3110 | 3434 | 3709 | 3935 | 4123 | 4290 | 4432 | 4557 |

6. 某城市过去 9 年的空调拥有量如下表所示，试选用适当的预测模型预测 2012 年的空调的拥有量。

单位：万台

| 年　份 | 2001 | 2002 | 2003 | 2004 | 2005 | 2006 | 2007 | 2008 | 2009 |
|---|---|---|---|---|---|---|---|---|---|
| 拥有量 | 19.7 | 21.2 | 23.3 | 25.1 | 26.5 | 27.6 | 28.5 | 29.0 | 29.3 |

# 第十章

## 回归分析预测法与马尔科夫预测法

**本章要点及学习指导**

本章重点掌握回归分析预测法和马尔科夫预测法的预测过程。学习者在学习本章内容时要了解为什么采用这两种预测方法,也就是这两种预测方法的运用价值。具体内容包括回归分析预测法和马尔科夫预测法的概念、相关关系类型、预测步骤、实际生活中预测实例分析等。

**引导案例:**

### 森林害虫发生与影响因素的相关关系

森林害虫种群数量变化和气候及生物中的某些因素的变化有着密切的关系。薛贤清应用逐步回归方法分析了 11 个省区 22 个县市或林场的马尾松毛虫发生数量与当地气候条件的相互关系,并建立了预测模型。例如,福建连江的预测模型为

$$y = 26.417 - 0.425 \times 11 + 0.871 \times 12$$

式中: $y$——马尾松毛虫发生面积;

11,12——气象因子。

于诚铭等 1987 年对黑龙江省桦南、尚志、桦川、龙江四个县建立的落叶松毛虫种群数量动态模型采用的也是逐步回归的方法。以上案例说明在森林虫害预测预报工作中,需要考虑的虫情指标往往在两个或两个以上。在进行市场预测时人们不仅需要考虑这些指标相互之间的关系,还要考虑每个影响因素对这些指标的影响。

(资料来源:张炎. 社会统计学原理与方法. 南京:南京大学出版社,2000)

**问题探究:**

1. 分析回归分析预测法的特点。
2. 回归分析预测法与时间序列预测法的区别是什么?

# 第一节 回归分析预测法

在社会经济活动中,任何事物的产生和变化总是由一定的原因引起,并对其他事物产生影响。换言之,各种社会经济活动总是存在于一定的相互联系中。各种事物之间的联系方式构成相应的相互关系。而事物之间的相互关系可以分为两种类型:一类是变量之间存在确定性的函数关系,称之为确定性关系;另一类是变量之间有着密切的关系,但没有确定的关系,就是不能从一个或一组变量确定另一个变量的值,称之为非确定性相互关系,或称为相关关系。

例如,圆的面积 $S$ 与圆的半径 $r$ 之间,有着确定的函数关系 $S = \pi r^2$,但儿子的身高与父亲的身高之间的关系就不存在确定的函数关系。一般来说,父亲身材高一些,儿子也长得高一些,但也仅仅呈现出某种趋势,这两个变量之间的关系是相关关系;再有,某产品在某地区的销量,与此地区的收入水平、广告投入费、产品价格等因素之间都有着密切的关系,但不是确定性关系,而是相关关系。再如,国民经济发展速度与社会商品零售总额之间、消费品需求量与居民收入水平等因素之间都有着密切的关系,但也不是确定性关系,而是相关关系。

社会经济活动的相关关系种类很多。可以从不同的角度划分为以下几类。

(1) 按照相关关系的性质，有正相关和负相关之分。正相关是指具有相关关系的变量之间的变动方向一致，即同增同减。例如，在一般情况下，商品的价格和该商品的供应量之间具有正相关关系。负相关是指具有相关关系的变量之间的变动方向不一致，此增彼减。例如，在一般情况下，商品的价格与该商品需求量之间具有负相关关系。

(2) 按相关关系包含的变量个数，有单相关和复相关之分。单相关是指两个变量之间的相关关系。复相关是三个或三个以上变量之间的相关关系。

(3) 按相关关系的形式，有线性相关和非线性相关之分。线性相关是指变量之间的变动关系在直角坐标系中呈直线或平面图形，可以用线性回归方程表示。非线性相关是指变量之间的变动关系在直角坐标系中呈曲线或曲面图形，可以用非线性回归方程表示。

此外，按照变量之间的相关程度，还可以分为完全相关、不完全相关和不相关等多种。

## 一、回归分析预测法的概念与步骤

"回归"一词，由遗传学家高尔登最早使用，主要用于研究生物的遗传。他在研究人类身高的遗传性时，发现父代身材较高者，子代身高要低于父代身高，但高于种族平均身高；父代身材较低者，子代身高要高于父代身高，但低于种族平均身高。他由此得出，生物界后代有回归到其种族原有特征的趋势。此后，回归的含义逐步被扩大，用于表明一种变量的变化，会导致另一种变量的变化，即有着"前因后果"的变量之间的相关关系。

任何一种经济现象的结果都有其特定的发生原因，同样任何原因都会产生一定的结果。回归分析预测法就是在分析市场现象自变量和因变量之间相关关系的基础上，建立变量之间的回归方程，并将回归方程作为预测模型，根据自变量在预测期的数量变化来进行预测的一种方法。

回归分析预测法的预测步骤主要有以下五步。

### 1．确定预测目标和影响因素

通常情况下，市场预测的目标必定是因变量，研究者可根据研究预测的目的确定预测目标。明确预测的具体目标，也就确定了因变量。确定影响因素，实际工作中就是确定自变量，预测者既要对历史资料和现实进行分析，又要根据自己的理论水平、专业知识和实践经验进行科学性分析，必要时可以运用假设技术，先进行假设再进行检验，以确定主要的影响因素。

如预测具体目标是下一年度的销售量，那么销售量 $Y$ 就是因变量。通过市场调查和查阅资料，寻找与预测目标的相关影响因素，即自变量，并从中选出主要的影响因素。

### 2．进行相关分析、方差分析和显著性检验

回归分析是对具有因果关系的影响因素(自变量)和预测对象(因变量)所进行的数理统计分析。对于任何给定的一组因变量、自变量观察样本资料，用最小二乘法都可以计算出回

归方程参数,建立回归方程式。相关分析是借用统计方法计算自变量、因变量观察样本资料的相关系数,说明变量之间线性相关的密切程度,并通过显著性检验指出线性相关密切程度的显著性水平。这种只有当自变量与因变量确实存在某种关系时,建立的回归方程才有意义。进行相关分析,一般要求出相关系数,以相关系数的大小来判断自变量和因变量的相关程度。

#### 3. 建立回归预测模型

依据自变量和因变量的历史统计资料进行计算,在此基础上建立回归分析方程,即回归分析预测模型。

用数学表达式表示为

$$y = a + b_1 x_1 + b_2 x_2 + \cdots + b_n x_n$$

#### 4. 检验回归预测模型、计算预测误差

回归预测模型是否可用于实际预测,取决于对回归预测模型的检验和对预测误差的计算。回归方程只有通过各种检验且预测误差较小,才能将回归方程作为预测模型进行预测。

#### 5. 计算并确定预测值

利用回归预测模型计算预测值,并对预测值进行综合分析,确定最后的预测值。

应用回归预测法时应首先确定变量之间是否存在相关关系。如果变量之间不存在相关关系,对这些变量应用回归预测法就会得出错误的结果。

正确应用回归分析预测时应注意以下三个问题。

(1) 用定性分析判断现象之间的依存关系。
(2) 避免回归预测的任何意外情况。
(3) 应选用合适的数据资料。

## 二、回归分析预测法的类型

回归分析预测法有多种类型。依据相关关系中自变量的个数不同分类,可分为一元回归分析预测法和多元回归分析预测法。在一元回归分析预测法中,自变量只有一个,而在多元回归分析预测法中,自变量有两个以上。依据自变量和因变量之间的相关关系不同,可分为线性回归预测和非线性回归预测。本章只介绍一元线性回归分析预测法。

## 三、一元线性回归分析预测模型与应用

#### 1. 一元线性回归分析预测模型

设自变量为 $x$,因变量为 $y$,$(x, y)$,$i=1,2,3,\cdots,n$ 为其 $n$ 组数据,$y$ 与 $x$ 有线性关系,

则一元线性回归预测方程的模型为

$$\hat{y} = a + bx$$

式中：$x$——自变量；

　　　$\hat{y}$——回归预测值或拟合值；

　　　$a$——回归直线在纵轴上的截距；

　　　$b$——直线回归方程的斜率，在实际应用中表示自变量 $x$ 每变动一个单位时因变量 $y$ 的平均变动数量。

采用最小二乘法，令 $\sum(y_i - \hat{y}_i)^2 = $ 最小值，来估计模型的回归系数，则

$$b = \frac{n\sum xy - \sum x \sum y}{n\sum x^2 - (\sum x)^2}$$

$$a = \frac{\sum y}{n} - b \times \frac{\sum x}{n}$$

于是，可建立预测模型为

$$\hat{y} = a + bx$$

回归模型建立后，能否用来实际进行预测，取决于它与实际市场调查的数据是否有较好的拟合度、模型的线性关系是否显著等，为此需要在实际预测前对模型进行一系列的检验。用于模型检验的方法主要有标准离差检验、相关系数检验、$F$ 检验等，这里主要介绍相关系数检验。

相关系数主要用来检验自变量与因变量之间的线性相关关系的显著程度。

相关系数用 $r$ 表示，计算公式为

$$r = \frac{\sum(x - \bar{x})(y - \bar{y})}{\sqrt{\sum(x - \bar{x})^2 \sum(y - \bar{y})^2}}$$

或

$$r = \frac{n\sum x_i y_i - (\sum x_i)(\sum y_i)}{\sqrt{n\sum x_i^2 - (\sum x_i)^2}\sqrt{n\sum y_i^2 - (\sum y_i)^2}}$$

式中：$r$——相关系数；

　　　$x$——自变量的值；

　　　$\bar{x}$——自变量的平均数；

　　　$y$——因变量的值；

　　　$\bar{y}$——因变量的平均数。

相关系数的值介于-1～+1 之间，即-1≤$r$≤+1。其性质如下。

当 $r<0$ 时，两变量为负相关；当 $r>0$ 时，表示两变量正相关；当 $r=0$ 时，表示两变量间无线性相关关系；当|$r$|=1 时，表示两变量为完全线性相关，即为函数关系。

当 0<|$r$|<1 时，表示两变量存在一定程度的线性相关。且|$r$|越接近 1，两变量间线性关系越密切；|$r$|越接近于 0，表示两变量的线性相关越弱。一般来说：|$r$|<0.4 为低度线性相

关；$0.4 \leqslant |r| < 0.7$ 为显著性相关；$0.7 \leqslant |r| < 1$ 为高度线性相关。

### 2. 一元线性回归预测法的应用举例

【例 10-1】过去 9 年某企业的广告投入与产品销售额之间的资料如表 10-1 所示，若下一年的广告投入为 65 万元，请运用回归分析模型预测可能带来的销售额是多少？(计算过程和结果均保留两位小数)

表 10-1　某企业广告投入与产品销售额资料　　　　　　　　　　单位：万元

| 年份 | 1 | 2 | 3 | 4 | 5 | 6 | 7 | 8 | 9 |
|---|---|---|---|---|---|---|---|---|---|
| 广告投入 | 20 | 23 | 28 | 35 | 41 | 46 | 50 | 55 | 58 |
| 销售额 | 55 | 59 | 66 | 70 | 83 | 96 | 118 | 129 | 140 |

解：(1) 根据所给数据，计算各项数值如表 10-2 所示。

表 10-2　某企业广告投入与产品销售额关系模型参数计算表

| 年份 | 广告投入 $x$/万元 | 销售额 $y$/万元 | $x^2$ | $xy$ | $y^2$ |
|---|---|---|---|---|---|
| 1 | 20 | 55 | 400 | 1100 | 3025 |
| 2 | 23 | 59 | 529 | 1357 | 3481 |
| 3 | 28 | 66 | 784 | 1568 | 4356 |
| 4 | 35 | 70 | 1225 | 2450 | 4900 |
| 5 | 41 | 83 | 1681 | 3403 | 6889 |
| 6 | 46 | 96 | 2116 | 4416 | 9216 |
| 7 | 50 | 118 | 2500 | 5900 | 13924 |
| 8 | 55 | 129 | 3025 | 7096 | 16641 |
| 9 | 58 | 140 | 3364 | 8120 | 19600 |
| 合计 | 356 | 816 | 15624 | 35410 | 82032 |

(2) 代入公式，计算参数，建立预测模型。

此例 $n=9$，$\bar{x}=39.56$，$\bar{y}=90.67$，所以可求得

$$b = \frac{n\sum xy - \sum x \sum y}{n\sum x^2 - (\sum x)^2}$$

=(9×35410−356×816)/(9×15624−356²)=28194/13880=2.03

$$a = \frac{\sum y}{n} - b \times \frac{\sum x}{n}$$

=816/9−2.03×356/9=90.67−2.03×39.56=90.67−80.31=10.36

预测模型为：$\hat{y} = a + bx$　　　　　$\hat{y}=10.36+2.03 x$

(3) 进行相关性检验。

$$r = \frac{n\sum x_i y_i - (\sum x_i)(\sum y_i)}{\sqrt{n\sum x_i^2 - (\sum x_i)^2}\sqrt{n\sum y_i^2 - (\sum y_i)^2}}$$

$= (9 \times 35410 - 356 \times 816) / (\sqrt{9 \times 15624 - 356^2}\sqrt{9 \times 82032 - 816^2})$

$= (318690 - 290496)/(\sqrt{140616 - 126736}\sqrt{738288 - 665856})$

$= 28194/(\sqrt{13880}\sqrt{72432}) = 28194/(117.81 \times 269.13) = 28194/31706.21 = 0.89$

这里 $r = 0.89$，可以判断 $x$ 与 $y$ 是高度线性相关的，可以用于预测。

(4) 进行预测，将 $x = 65$ 代入模型，即可得

$$\hat{y} = 10.36 + 2.03 x = 10.36 + 2.03 \times 65 = 142.31$$

即若下一年的广告投入为 65 万元，则可能带来 142.31 万元的销售额。

## 第二节　马尔科夫预测法

### 一、马尔科夫预测法基本原理

马尔科夫预测法是以俄国著名数学家马尔科夫的名字命名的一种特殊的市场预测方法。主要用于预测市场占有率和期望利润，本书主要介绍市场占有率的预测。

#### 1. 状态和状态转移

设预测对象为一系统，若该系统在某一时刻可能出现的事件 $E_1, E_2, \cdots, E_N$，为两两互斥，在一次试验下能且只能出现其中之一 $E_i(i = 1, 2, \cdots, N)$，则称 $E_i$ 为状态，称该系统从一状态 $E_i$ 变化到另一状态 $E_j$ 的过程为状态转移，这时称系统实现了状态转移，并把整个系统不断实现状态转移的过程称为马尔科夫过程。

马尔科夫过程的特征：一是无后效性，即系统的第 $n$ 次试验结果出现的状态只与第 $n-1$ 次时所处的状态有关，与它以前所处的状态无关；二是稳定性，即在较长时间内，该过程逐渐趋于稳定状态，与初始状态无关。

具有上述两个特征的马尔科夫过程称为马尔科夫链。

马尔科夫预测法就是建立在系统的"状态"和"状态转移"具有这样两个性质的马尔科夫链基础上的一种动态随机数学模型。

【应用知识】

| 概率向量与概率矩阵 |
|---|
| 在一个行向量或列向量中，如果每个元素都是非负且其和等于 1，则称该向量为概率向量，如 $A = (0.2 \quad 0.5 \quad 0.3)$ |
| 由概率向量构成的矩阵称为概率矩阵，如 |

$$B = \begin{bmatrix} 0.3 & 0.2 & 0.1 & 0.4 \\ 0.2 & 0.1 & 0 & 0.7 \\ 0.1 & 0.1 & 0.6 & 0.2 \\ 0.5 & 0.2 & 0.1 & 0.2 \end{bmatrix} \quad 就是一概率矩阵$$

元素均大于 0 的概率矩阵称为正规矩阵。

概率矩阵具有两个性质：若 $A$、$B$ 都是概率矩阵，则 $AB$ 也是概率矩阵；若 $A$ 是概率矩阵，则 $A^n$ 也是概率矩阵。

#### 2. 转移矩阵

系统由状态 $E_i$ 经过一次状态到状态 $E_j$ 的概率为 $P_{ij}$，系统全部一次转移概率的集合所组成的矩阵称为一次(一步)转移矩阵，记为

$$P = P^{(1)} = \begin{bmatrix} P_{11} & P_{12} & \cdots & P_{1n} \\ P_{21} & P_{22} & \cdots & P_{2n} \\ \vdots & \vdots & \ddots & \vdots \\ P_{m1} & P_{m2} & \cdots & P_{mn} \end{bmatrix}$$

$K$ 次转移矩阵记为 $P^K$。

转移矩阵的性质有两个，即 $P^{(K)} = P^{(K-1)}P$；$P^{(K)} = P^K$。

## 二、马尔科夫预测模型及其应用

设系统在 $K=0$ 时所处的初始状态为已知，经过 $K$ 次转移后所处状态 $E_i$ 的概率为 $S_i^{(k)}$，$S_i^{(k)} \geq 0$，且 $\sum_{i=1}^{n} S_i^{(k)} = 1$，则马尔科夫预测模型为

$$S_j^{(k)} = \sum_{i=1}^{n} S_i^{(k-1)} P_{ij} \quad k=1, 2, 3, \cdots$$

若记系统在 $K=0$ 时的初始状态向量为：$S^{(0)} = (S_1^{(0)} \quad S_2^{(0)} \quad \cdots \quad S_n^{(0)})$

经过 $K$ 次转移后所处的状态向量为：$S^{(K)} = (S_1^{(K)} \quad S_2^{(K)} \quad \cdots \quad S_n^{(K)})$ ($K=1,2,3,\cdots$)

根据转移矩阵的性质，可知

$$S^{(1)} = S^{(0)}P$$
$$S^{(2)} = S^{(1)}P = S^{(0)}P^2$$
$$\vdots$$
$$S^{(K)} = S^{(K-1)}P = \cdots = S^{(0)}P^K$$

此式即为马尔科夫预测模型。

由此可以看出，系统在经过 $K$ 次转移后所处的状态 $S^{(K)}$ 只取决于它的初始状态 $S^{(0)}$ 和转移矩阵 $P$。

**【应用指南】**

马尔科夫预测法主要用于短期预测。其预测的步骤如下。

(1) 确定初始状态向量。
(2) 确定一次转移概率矩阵。
(3) 利用马尔科夫预测模型进行预测。

假设市场上有 A、B、C 三家企业,生产同一类保健品,共同供应市场,消费者可以在各企业间自由选择,但不超出这三家企业。在 5 月初的市场调查结果显示,A 企业上月份的顾客有 60%本月份仍购买该企业产品,有 20%转移购买 B 企业产品,有 20%转移购买 C 企业产品;B 企业上月份的顾客有 70%本月份仍购买该企业产品,有 20%转移购买 C 企业产品,有 10%转移购买 A 企业产品;C 企业上月份的顾客有 80%本月份仍购买该企业产品,有 10%转移购买 B 企业产品,有 10%转移购买 A 企业产品。

又知上个月市场共销售 100 万盒保健品,其中 A 企业销售 30 万盒,B 企业销售 40 万盒,C 企业销售 30 万盒。

求:(1) 列出一次转移概率矩阵和初始状态向量;(2)预测下一个月的市场占有率。

**解**:设状态 1、2、3 分别代表购买 A、B、C 企业的产品。

一次转移概率矩阵 $P=\begin{bmatrix} 0.6 & 0.2 & 0.2 \\ 0.1 & 0.7 & 0.2 \\ 0.1 & 0.1 & 0.8 \end{bmatrix}$

初始状态向量 $S^{(0)}=(0.3 \quad 0.4 \quad 0.3)$

(2) 由上个月到下个月,转移次数(步数)为 2,求得下月份的市场占有率为

$$S^{(2)}=S^{(0)}P^2=(0.225 \quad 0.347 \quad 0.428)$$

【应用提示】

应用马尔科夫预测法可以对产品未来市场发展趋势进行分析,从而可以采取相应措施提高市场占有率,如设法保持原有顾客;尽量争取其他顾客;既要保持原有顾客又要争取新的顾客。

# 思考与训练

1. 什么是相关关系?相关关系有哪几种类型?
2. 回归分析包括哪些步骤?
3. 何谓一元回归分析?
4. 什么是马尔科夫预测法?如何进行马尔科夫预测?
5. 马尔科夫预测的适用条件是什么?

# 应 用 分 析

1. 某企业研究广告支出费对销售额的影响,现获得近 10 个季度的统计资料(表 10-3)。试分析企业广告支出费对销售额有无显著作用?如果企业下季度准备支出广告费 58 万元,估计企业销售额将为多少?如果希望企业季度销售额达到 800 万~1000 万元,那么应该投入多少广告费?

表 10-3　某企业 10 个季度的销售额与广告费资料表

单位:万元

| 季　度 | 1 | 2 | 3 | 4 | 5 | 6 | 7 | 8 | 9 | 10 |
| --- | --- | --- | --- | --- | --- | --- | --- | --- | --- | --- |
| 销　售　额 | 280 | 310 | 500 | 530 | 610 | 700 | 600 | 660 | 630 | 650 |
| 广　告　费 | 25 | 28 | 34 | 38 | 47 | 62 | 45 | 56 | 54 | 55 |

2. 某地区有 A、B、C 三家企业,生产同一种产品,共同供应 1000 家用户,各用户在这三家企业间自由选择(没有其他的企业,也没有新的用户),假定在 11 月末经过市场调查得知,A、B、C 三家企业拥有的用户情况分别是 450、300、250。而 12 月末各用户可能的流动情况如表 10-4 所示。请预测下个月三家企业市场用户的市场占有率。

表 10-4　12 月末各用户可能的流动情况

| 从＼到 | A | B | C | 合　计 |
| --- | --- | --- | --- | --- |
| A | 30 | 10 | 410 | 450 |
| B | 20 | 250 | 30 | 300 |
| C | 230 | 10 | 10 | 250 |
| 合计 | 280 | 270 | 450 | 1000 |

# 参 考 文 献

[1] 王忠联，王志文，袁国敏．市场调查与预测[M]．沈阳：辽宁大学出版社，1995
[2] 简明，胡玉立．市场预测与管理决策(第三版)[M]．北京：中国人民大学出版社，2003
[3] 陈启杰．市场调查与预测[M]．上海：上海财经大学出版社，2004
[4] 魏炳麒．市场调查与预测[M]．大连：东北财经大学出版社，2005
[5] 韩德昌，李桂华，刘丽雁．市场调查与预测教程[M]．北京：清华大学出版社，2008
[6] 张灿鹏，郭砚常．市场调查与分析预测[M]．北京：清华大学出版社，北京交通大学出版社，2008
[7] 卢显文．马尔科夫预测分析的应用[J]．江苏广播电视大学学报，2002
[8] 杨峻，吴忠林．企业马尔科夫预测的 Excel VBA 实现[J]．中国管理信息化，2009-12(14)
[9] 王亚芬．市场占有率预测的好方法——马尔科夫预测法的实证分析[J]．技术经济与管理研究，2002(5)
[10] 钱晓星．新田公司摩托车销售预测研究[M]，2002
[11] 弗润斯特(澳)．网上市场调查[M]．北京：机械工业出版社，2002
[12] 马连福．现代市场调查与预测(第二版)[M]．北京：首都经济贸易大学出版社，2005
[13] 陆军，梅清豪．市场调研(第二版)[M]．北京：电子工业出版社，2009
[14] 刘玉洁，周鹏．市场调研与预测[M]．大连：大连理工大学出版社，2005
[15] 孙国辉．市场调查与预测[M]．北京：中国财政经济出版社，2002
[16] 陈殿阁．市场调查与预测[M]．北京：清华大学出版社，北京交通大学出版社，2004
[17] 王静．现代市场调查[M]．北京：首都经济贸易大学出版社，1995
[18] 徐金发等．寻求成功——市场调查与预测案例分析[M]．杭州：杭州大学出版社，1994
[19] 刘勇．体育市场调查与分析[M]．北京：高等教育出版社，2004